本书受贵州绿色发展战略高端智库、贵州财经大学应用经济学学科建设资助

中国当代消费文明与可持续发展研究

赵 丽◎著

中国社会科学出版社

图书在版编目（CIP）数据

中国当代消费文明与可持续发展研究/赵丽著 .—北京：中国社会科学出版社，2020.7
ISBN 978 – 7 – 5203 – 5533 – 9

Ⅰ.①中⋯　Ⅱ.①赵⋯　Ⅲ.①消费市场—研究—中国　Ⅳ.①F126.1

中国版本图书馆 CIP 数据核字（2019）第 247694 号

出 版 人	赵剑英
责任编辑	刘晓红
责任校对	周晓东
责任印制	戴　宽

出　　版	中国社会科学出版社
社　　址	北京鼓楼西大街甲 158 号
邮　　编	100720
网　　址	http：//www.csspw.cn
发 行 部	010 – 84083685
门 市 部	010 – 84029450
经　　销	新华书店及其他书店
印刷装订	北京市十月印刷有限公司
版　　次	2020 年 7 月第 1 版
印　　次	2020 年 7 月第 1 次印刷
开　　本	710×1000　1/16
印　　张	18.75
插　　页	2
字　　数	285 千字
定　　价	108.00 元

凡购买中国社会科学出版社图书，如有质量问题请与本社营销中心联系调换
电话：010 – 84083683
版权所有　侵权必究

摘　要

随着我国社会主义市场经济的不断完善,消费对拉动经济增长的作用越来越大,"扩大内需,刺激消费"成为一项国策,中国居民尤其是城市居民消费价值观及消费行为发生了深刻变革。这种变革一方面加速了消费结构升级,引起供给侧结构性的变革,即通过消费结构的升级引导产业结构优化,最终促进了经济的快速增长和社会发展;另一方面随着经济发展程度的提升和居民消费水平的提高,超前消费、过度消费、奢侈消费等现象也带来了众多社会问题,如环境污染、能源紧缺、民众心理失衡等。这些社会问题正影响着中国可持续发展的进程。我国自然资源总量大、人均少、稀缺程度高,资源利用率低且浪费严重,如果采取以美国为代表的发达国家居民的消费模式,中国的发展将难以为继。综观人类社会,绝大多数阶段是处于生产力发展水平不足,难以适应人类发展要求的阶段,供给不足或难以满足人类需求是其基本特征。在当代,生产力得到极大发展,部分行业供给过剩或生产过剩成为影响经济发展的突出矛盾,故刺激消费、扩大消费成为国家和企业的重要工作,在此过程中非理性消费被视为理所当然和常态,质疑非理性消费往往被认为不合时宜。直至后工业化或信息化社会阶段,资源和环境问题成为影响可持续发展的最大因素时,国家提出了生态文明建设理论和实践议题,成为解决可持续发展的伟大理论和实践工具。但是,生态文明的最终执行者是具有经济属性与社会属性的消费者。消费者在消费价值观念的指引下,在宏观消费机制的控制系统中,采用一定消费方式作用于消费对象。这个消费方式是否环保与适度,将会影响生态文明的建设进程。因此,当生态文明理论与复杂的消费系统融合时,被我们命名为消费文明，消费文明与可持续发展的研究主题油然而生。

尽管消费文明在人类有了经济活动之后就一直存在，但基于现实特征研究者未曾给予足够关注，即使有研究也多从社会学角度进行，其实消费文明是生态文明的重要组成部分，是生态文明在消费领域的具体化，是践行生态文明的重要路径。在生态文明理论的基础上，从经济学角度观察消费文明，消费文明是一区域居民消费水平、消费结构、消费倾向的综合表现。消费水平反映了居民的消费数量，是消费在量上的特征；消费结构反映了居民消费的商品类别，是消费在质上的特征；消费倾向反映了消费者在处理现在消费与未来消费时的态度，是消费在时序上的特征。这三者共同确定了一个民族的消费文明状态。

消费文明如何推动可持续发展？在现有文献中鲜有研究者对此议题进行探讨。首先，消费文明的理论体系不健全。消费文明从来没有被当作一个主题进行过研究，零星的文字出现在少数学者的消费行为倡导上，号召大家进行文明消费。其次，消费文明对可持续发展的作用机理几乎没有被讨论过。在现有文献中，只有少数学者从消费观念、消费结构、消费模式角度论述消费与发展的关系，这种论述是微观层面的消费问题与宏观层面的发展问题之间关系的直接架接，没有考虑中观层面的力量——产业结构。

事实上，消费者对消费品数量、质量及时间的要求，影响着产业的规模、结构及生产阶段。消费者的消费水平越高，对商品的数量需求越高，产业发展需要扩大生产以满足消费需求。消费者在食品、衣着、日用品及服务、交通通信、医疗保健、教育文化、住房及其他类别上的消费比重，直接影响着产业的生产布局，决定着产业结构中各部门的生产比例。随着生活水平的提高，居民对商品不仅有量的要求，更有质的要求。高质量、高性能的产品受到消费者的青睐，由此推动产业结构优化升级。消费倾向是对市场前景的判断，当消费者消费倾向比较强烈时，市场需求旺盛，产业优化升级可继续沿着已确定的方向发展。

产业结构优化升级的直接作用是推动可持续发展。在消费文明的演变下，产业结构优化升级向满足居民正常合理的消费需求发展。当某阶段的消费文明造成社会需求不足或者大量浪费时，产业优化升级的难度增大；当某阶段的消费文明能带来资源节约与关系和谐时，产业结构优化升级的阻力较小。产业结构优化升级联结着微观层面的消费活动和宏观层面的发展问题，是消费文明与可持续发展的最佳中间机制。

虽然逻辑推理认为消费文明与可持续发展通过产业结构优化升级发生关联，但是这一论断需要解答若干问题后才能让人信服。消费文明是什么，消费文明与产业结构优化升级的关系如何，产业结构优化升级与可持续发展的关系如何，在可持续发展下，消费者应具有怎样的消费意识和行为，围绕着这些问题，本书通过理论分析法、数据对比法、问卷调查法、聚类分析法和演绎归纳方法，研究了以下五个方面的内容，并对上述问题尝试性地予以解答：

（1）消费文明具有深刻内涵，是一个运行系统。本书通过对"文明"一词的含义追踪溯源，从文明、生态文明引申至消费文明，给出了消费文明的概念，构建了消费文明的运行系统和量度指标。消费文明是消费主体在物质资料的创造与使用过程中处理人与物、人与人、人与自然关系时的一种状态。消费文明的主体可以是个人、家庭、团体等，不同层面主体的消费文明表现程度不同。消费文化由发展文化、启蒙文化、交流文化和休闲文化构成。消费文明依赖于生存系统、逻辑系统、引导系统、知识系统、交流系统和权力系统，能够自动形成，而且在形成过程中，文化、政策、法律等能提升形成速度和质量。在消费经济中，消费文明可以通过消费水平、消费结构、消费倾向加以量度。

（2）消费文明与产业结构优化升级密切相关。本书梳理了1949—2013年的中国居民消费水平、消费结构、消费倾向以及产业结构、劳动就业等数据，将其划分为四个时段，对比分析不同时段下消费文明与产业结构优化升级的关系。结果发现，不同类型的消费文明与相应的产业结构相对应，并随着消费文明的发展而推动产业结构优化升级。在分析中华人民共和国成立以来消费文明与产业结构发展特征的基础上，发现在计划型消费文明下，第二产业比重最大，第一产业其次，第三产业比重最小；在生存型消费文明下，第二产业的比重缩小，但比重依然最大，第三产业与第一产业产值逐渐接近并超过第一产业；在小康至富裕型消费文明下，第三产业与第二产业的产值逐渐接近并超过第二产业，跃居第一，第二产业的比重第二，远远超过第一产业，第一产业产值最小，与第二产业、第三产业有较大差距。

(3) 产业结构优化升级是可持续发展的重要保证。在分析产业结构优化与可持续发展关系的基础上，本书构建了基于投入产出分析的目标规划模型，发现当产业结构优化的方向与可持续发展的目标相一致时，产业结构优化促进可持续发展，并改变着消费者的消费文明形态。产业结构优化升级可实现可持续发展的生态化、社会化和经济化。将可持续发展作为产业结构优化升级的目标时，发现在最优经济增长方案、最优能源消耗方案、最优人类发展方案和综合方案中，经济总量和劳动力就业都得到了增长；能源消耗在最低能源消费方案中得到了节约，在综合方案中消费量增长量最少；消费量在第一产业、第二产业的比重比实际值有所下降，第三产业的消费比重上升。在可持续发展下，经过产业结构的优化，消费者的消费结构将会发生变化。

(4) 文明消费方式是消费文明发展到当前阶段的必然选择。消费者在利他主义的消费心理下，具有文明消费的外在动力；在消费者预防性储蓄理论下，消费者通过文明消费可以积累更多财富，从而使消费者进行文明消费有了内在动力。

(5) 文明消费方式对可持续发展具有重要影响。文明消费科学地界定了消费关系，并指出所蕴含的社会消费关系，是平等、和谐的社会群体关系。这有利于降低搜寻成本、交易成本和沉没成本，有利于提高资源利用效率，发生代际正外部性，促进社会全面可持续发展。通过迭代交叠模型，在政府对文明消费程度进行补贴与税收的情况下，证明了文明消费程度对资源积累的影响。文明消费程度的提高降低了消费倾向，提高了资源储备。在积极的财政政策下，文明消费程度不会停留在中立状态。

(6) 居民文明消费方式有具体的表现特征。本书从消费水平、消费结构、消费倾向三方面构建了文明消费方式的具体表现，从消费观念、消费行为、消费结果上设计调查问卷，在贵阳市发放并回收数据，通过聚类分析，发现文明消费程度高的消费者在消费结构上关注的内容依次是居住、用品、衣着、休闲、医疗、食品、交通；文明消费程度与消费水平并不必然成正比例关系；文明消费程度高的消费者个人可持续发展的程度高。

(7) 居民文明消费方式的实施需要政府规制与产业升级。本书在剖析文明消费方式指标的基础上,结合消费文明运行系统,通过归纳,发现虽然消费文明能够自发形成,但受到社会现实条件的制约,从消费角度必须借助于政府引导与规制,从生产角度必须推动产业结构优化升级。政府引导与规制体现在消费文化的塑造、消费对象的升级及消费机制的强化上;产业结构优化升级体现在产业要素升级、依托于信息技术的产业融合与新兴产业培育上。

全书整体思路是:消费文明规范和提升文明消费水平能够促进中国经济可持续发展。基于这一主旨,基本思维路径是:在当前消费模式下,中国可持续发展面临挑战;虽然可持续发展是个老话题,这方面的现象和文献较多,但绝大部分从生产和供给入手进行分析,而本书从居民生活消费角度对这一问题进行研究,梳理了文明的相关理论,探讨了消费文明概念、内涵、形成机理及量度指标等,形成了创新点一:全面且系统地界定了消费文明。通过深入研究中国当代消费文明,剖析中国消费文明发展对产业结构优化升级的影响,并验证产业结构优化升级与可持续发展的关系,由此形成了创新点二:通过产业结构优化升级证明了消费文明与可持续发展的关系。可持续发展下的消费文明形态落实到消费者个体上时,要求消费者施行文明的消费方式,由此形成了创新点三:构建了具有中国特色的文明消费指标。

当然,由于研究内容比较宏大,笔者的理论水平和研究功底有限,文中难免存在不足之处。但本书是消费文明研究的开端,将消费文明丰富的内容在经济学领域进行了思考与扩展,为今后消费文明的深度挖掘贡献一点思路与笔墨。

关键词:消费文明;消费方式;消费结构;产业结构;可持续发展

Abstract

With the further development of market economy, the consumption has significant effect on economic growth. The "boosting domestic demand, stimulating consumption" has become a national policy. The residents, especially the urban residents' consumption values and consumer behavior have profoundly changed. On the one hand, this kind of change speeds up the consumption structure upgrade. Therefore, the consumption structure guides the optimization direction of industrial structure. Finally the economic development has been promoted. However, on the other hand, many social problems has been brought by the phenomenon such as excessive consumption, luxurious consumption, which includes environmental pollution, energy shortage, people's psychological unbalance, etc. These social problems are affecting the process of sustainable development. In our country, large amount of natural resources but less per capita, if we take consumption pattern like America residents, the development of China may be unsustainable. Throughout the human being's history, the most stages are at the level of unenough productivity development with difficulty to meet the requirements of the human being's development. The basic character of this stage is unsufficient supply or difficult to meet the human being's demand. In modern times, the main contradiction of economic development is excess supply and produce. Thus stimulating consumption and expanding consumption become the important work of the country and the enterprise. In this process, it is reasonable of irrational consumption while doubting it unreasonable. Until in the industrialization or information social stage, resources and environmental problems have become the biggest factor that influence the sustainable development, then the ecological civilization theory and practice issues countries was put forward, which became the great theoretical and practical tools. However, the ultimate enforcers of ecological civilization are consumers with economic and social attribute. Under the guidance of consumption values, the consumers take usage of goods with some consumption pattern in the macro consumption mechanism. Whether the consumption pattern is environmental or moderate will affect the process of ecological civilization construction. Therefore, when the ecological civilization theory integrates with the complex consumption system, consumption civilization is named. The research topic consumption civilization and the sustainable development was arised spontaneously.

Despite the consumption civilization has been exited since the human have economic activities, but the researchers have not pay enough attention on it for the real condition even some studies from the perspective of sociology. In fact, consumption civilization is an important part of ecological civilization. It is the embodied affairs in the field of consumption for ecological civilization. It is an important path to the practice of ecological civilization. Based on the theory of ecological civilization, consumption civilization is the integrated performance of a regional residents' consumption level, consumption structure and consumption tendency. Consumption level reflects the residents' consumption quantity, and consumption structure reflects the consumer goods category, which is the character of consumption on the quality. Consumption tendency reflects the consumers' attitude when dealing with current consumption and future consumption, which is the character of consumption on the time. The three dimensions determine the state of consumption civilization with together in a nation.

How the consumption civilization promotes sustainable development? In the existing literature few researchers are on this subject. First of all, the theory system of consumption civilization is not sound. Consumption civilization has never been studied as a theme. Sporadic words appeared on the advocate about consumption behavior, which called on everyone to take civil consumption behavior. Secondly, the mechanism of consumption civilization with effect on the sustainable development has been barely discussed. In the existing literature, only a few scholars have discussed the relationship between consumption and development from the perspective of consumption idea, consumption structure and consumption model, which is the directly bridge between micro consumption problem and the macro development problem, without considering the power of the medium level—industrial structure optimization and upgrading.

Actually, the consumers' demand for quantity, quality and time of goods are affecting the industry scale, structure and production phase. With higher consumer's consumption level, the demand for the quantity of goods is higher too. Then in order to meet the consumers' demand, the production in some industries can be expanded. The ration of consumption in the food, clothing, daily necessities and services, transportation, communications, health care, education, culture, housing and other categories will directly impact on industrial production layout and determine the proportion of each department of the industrial structure. With the improvement of living standards, the residents' demand for goods is more than just the amount but the qualitative requirements. High quality and high performance products favored by consumers, thus promote industrial structure upgrading. Propensity to consumption is the judgment for the future market. When the consumption tendency is strong, the market demand is high, the industry optimization and upgrade can continue along the determined direction of development.

Direct effect of optimization and upgrading of industrial structure is to promote sustainable development. Under the evolution of consumption civilization, optimization and upgrading of industrial structure developed on the direction to meet the normal and reasonable demand. When a certain stage of the consumption civilization caused unsufficient of social demand or a large amount of waste, industrial optimization and upgrading is harder. When a certain stage of the consumption civilization brings resource – saving and harmonious relationship, the resistance power of the optimization and upgrading of industrial structure is small. Optimization and upgrading of industrial structure coupling with micro consumption activities and the macro development issues, is the joint mechanism among the consumption civilization and sustainable development.

Although consumption civilization can associate with sustainable development through the optimization and upgrading of industrial structure from logical reasoning, it is convinced by the solution to some problems. What is consumer civilization? What is the connection between consumption civilization and the optimization and upgrading of industrial structure? What is the relationship between Optimization and upgrading of industrial structure and sustainable development? Under the sustainable development, what kind of consumption consciousness and behavior the consumers should have? Around these problems, this article studied the following five aspects of content through the theoretical analysis method, data contrast method, questionnaire survey method, clustering analysis method and inductive method, tentatively to answer the above questions:

(1) Consumption civilization has a deep connotation and it is a running system. Tracked with the meaning of "civilization", this article gave the concept of consumption civilization from civilization and ecological civilization and built the operation system and measure index for consumption civilization. Consumption civilization is the ideology and behavior process when human as the main body in the consumption mechanism, purchasing, using or owning the consumption material in order to satisfy their demands so as to promote the sustainable development. The main body of consumption civilization can be individuals, families, groups. Different actors have different levels of consumption civilization. Consumption culture is constructed by the development of culture, the enlightenment of culture, communication culture and leisure culture. Consumption civilization depends on the survival system, logic system, guidance system, knowledge system, communication system and power system. Consumption civilization can automatically shape. And culture,

policy and law can improve the speed and quality in the process of formation. In the consumer economy, consumption civilization can be measured through the level of consumption, consumption structure, and consumption tendency.

(2) Consumption civilization associated with the industrial structure. This paper analyzed the data from 1949 to 2013 about the Chinese residents' consumption level, consumption structure and consumption tendency, and the industrial structure, employment. With divided the history into four periods, the results show that different types of consumption civilization correspond to the certain industrial structure, and the development of consumption civilization promotes the upgrading of the industrial structure. Based on the analysis of characteristics on Chinese civilization and development of industrial structure since the nation founding, we found that under the planned consumption civilization, the proportion of secondary industry in the GDP is the largest, the first industry second, the third industry minimum; under the survival consumption culture, the proportion of secondary industry shrink, but still the largest one, the third industry and primary industry output value approaching and more than the first industry; under the well – off to rich consumption civilization, the third industry gradually close to the secondary industry output value and finally more than the second industry, becoming the biggest one, the proportion of secondary industry lieing in second and far more than the first industry, the first industrial output value minimum.

(3) The relationship between industrial structure and sustainable development are inseparable. Based on the analysis of the relationship between industrial structure optimization and sustainable development, this article constructed the goal programming model with input – output analysis, found that when the direction of the industrial structure optimization is consistent with the goals of sustainable development, industrial structure optimization can promote sustainable development, and change the consumption civilization form. Industrial structure optimization can realize the sustainable development

in the scope of ecology, socialization and economization. When taking sustainable development as a target of industrial structure optimization, according to the input and output model design, we found economy and the labor employment growth in all the optimal solutions, including the optimal energy consumption solution, the optimal economic growth soulution, the optimal human development solution, and the comprehensive development solution. Energy consumption is the lowest in the energy consumption solution, energy consumption growth least in the comprehensive solution. Consumption value in the proportion of GDP in primary industry and secondary industry is smaller than the actual value, while rising in the tertiary industry. Under the sustainable development, through the change of industry structure, consumer's consumption structure will change too.

(4) Civilized consumption is the inevitable choice for the current stage of the consumption civilization. The altruism is the external power for consumers to choose civilized consumption. Under consumer precautionary savings theory, the consumers who take civilized consumption can accumulate more wealth than who don't.

(5) Civilized consumption has important influence to sustainable development. Civilized consumption mode scientifically defines the equal and harmonious community relationship. This is helpful to reduce the searching cost, transaction cost and sunk cost. It is beneficial to improve the efficiency of resource utilization, a generational positive externalities, and promote social sustainable development in an all – round way. By iterative overlapping model, the government provides different subsidies and collects different tax to different degree of civilized consumers. Thus it can influent on the consumers' resources accumulation. Consumers of a higher level of civilized consumption reduce the propensity to consume, improves the resource reserves. Under the proactive fiscal policy, civilized consumption level will not stay in a neutral state.

(6) Civilization consumption patterns have specific performance characteristics. This paper built the manifestation of the consumption civilization from

the consumption level, consumption structure and consumption tendency. The questionnaire had been designed from the consumption idea, consumption behavior and consumption results, and distributed and recycled in Guiyang. Through clustering analysis, found that high degree of civil consumption consumers focus on the content of consumption structure are living, applicance, clothing, leisure, health, food, transportation; Civil consumption degree and consumption level is not necessarily related with positively proportional; High degree of civil consumption consumers must be sustainable, but the sustainable consumption consumers are not necessarily the civil ones.

(7) The implementation of the civil consumption should take help from the government regulation and industry upgrade. Based on analyzing the civilization consumption index, combined with the operation system and through the deduce method, this paper found that while the consumption civilization can be spontaneously formed, but is restricted by the conditions of social reality. It must use the government guidance and regulation to realize the civil consumption. The guidance and regulation embodied in the shape of consumer culture, consumption object mechanism on the strengthening of upgrades and consumption. The industry upgrade includes the upgrade of industry factors, industrial integration and foster new industries.

The idea of this paper is that consumption civilization specification or promotion level of consumption civilization can promote China's sustainable development. Based on this purpose, the thinking path is: in the current consumption mode, sustainable development is unsustainable in China. Although sustainable development is an old topic, there are a lot of phenomenon and literatures, but most of them are analyzed from the perspective of the production and supply. This paper studied this problem from the perspective of life consumption, combed the civilization's related theory, discussed the concept, connoted and formation mechanism of consumer culture and measure index, and formed the innovation point one: comprehensively and systematically defined the consumption civilization. Again, in – depth studied of Chinese consumer culture, analyzed the influence about development of China's consumption civilization on the industrial structure optimization and upgrading, and validated the relationship between optimization and upgrading of industrial structure and sustainable development, thus formed the innovation point 2: through the optimization and upgrading of industrial structure to prove the relationship between consumption civilization and the sustainable development. Under the sustainable development, when consumption civilization applied by individual consumer, the civil consumption pattern was required, thus formed the innovation point 3: building the civil consumption index with Chinese characteristics.

Of course, with the big research content, and the author's limited theoretical level and research strength, the deficiencies unavoidably existed in the paper. But this is the beginning of research on consumption civilization. This paper carried exploring on the consumption civilization in the field of economics, contributing to the future deep thinking about this topic.

Key words: Consumption civilization; Consumption patterns; Consumption structure; Industry structure; Sustainable development

目 录

第一章 导论 ·· 1

    第一节 研究背景及选题意义 ··· 1

    第二节 研究内容与思路 ·· 8

    第三节 研究观点与创新点 ··· 14

第二章 研究理论基础 ·· 18

    第一节 消费经济理论 ·· 18

    第二节 产业结构优化理论 ··· 29

    第三节 可持续发展理论 ·· 37

第三章 消费文明理论体系构建 ·· 43

    第一节 消费文明理论溯源 ··· 43

    第二节 消费文明的理论内容 ··· 50

    第三节 消费文明与文明消费 ··· 56

第四章 消费文明演变与产业结构优化 ······································ 58

    第一节 计划型消费文明与产业结构优化 ································· 59

    第二节 生存型消费文明与产业结构优化 ································· 70

    第三节 小康至富裕型消费文明与产业结构优化 ······················ 89

    第四节 小康至富裕型消费文明发展中存在的问题 ················ 111

第五章 产业结构优化与可持续发展 ………………………………… 122

第一节 产业结构优化与可持续发展的关系辨述 …………… 122
第二节 产业结构优化的定量分析方法 ……………………… 125
第三节 产业结构优化升级模式与可持续发展 ……………… 128

第六章 文明消费的动力来源 ……………………………………… 139

第一节 文明消费需求的外在动力 …………………………… 139
第二节 文明消费需求的内在动力 …………………………… 142

第七章 文明消费对可持续发展的影响 …………………………… 161

第一节 文明消费关系影响着可持续发展 …………………… 161
第二节 文明消费程度影响着可持续发展 …………………… 170

第八章 文明消费方式的测评 ……………………………………… 178

第一节 文明消费方式的测评维度 …………………………… 178
第二节 文明消费指标体系的使用 …………………………… 199
第三节 构建文明消费指标体系及检测函数的价值 ………… 228

第九章 文明消费方式的实现策略 ………………………………… 238

第一节 政府规制 ……………………………………………… 238
第二节 产业结构优化升级 …………………………………… 244

第十章 研究总结与展望 …………………………………………… 248

附 录 …………………………………………………………………… 252
参考文献 ………………………………………………………………… 262
致 谢 …………………………………………………………………… 278

第一章 导论

第一节 研究背景及选题意义

一 研究问题的提出

20世纪末,中国经济高速增长,商品供给量充足,人均居民消费水平逐年上升,2012年全国人均消费金额达到1.4098万元,是2004年的3倍多。人均消费水平的增长使各行各业逐渐认识到消费活动的重要性。

市场经济的逻辑认为,为了实现经济繁荣,需要不断激发人们的消费需要和消费欲望,不断创造新经济增长点。鼓励消费、刺激消费是市场扩张的重要方法,这种经济运行思维使消费成了消费者的一种生活方式。消费能力的大小、水平的高低在某种程度上成为判断主体价值的标准,那些消费大量物质财富的人被视为成功的典范。这一社会现象强化了消费者的非理性选择,使经济繁荣背负沉重代价,如环境污染、极端天气、地质灾害;追求豪华高端消费致使高强度工作,造成信仰缺失、亚健康;消费水平差距过大导致心理失衡,社会报复、社会对立等有愈演愈烈之势。居民消费的众多问题已经影响到了经济、自然、人类的和谐发展,引发了我们对消费与可持续发展关系的思考:消费通过什么路径影响可持续发展,什么样的消费才能实现经济与社会的可持续发展。

可持续发展是21世纪全人类关注的议题,其标志性事件是联合国环境与发展大会于1992年6月通过的《21世纪议程》。该议程认为所有国家必须提高生产效率，改变消费方式，联合起来走可持续发展道路。议程明确提出人类要同等重视环境问题、经济问题与社会发展问题，树立环境与发展相协调的新发展观。我国在1994年3月发布了《中国21世纪议程——中国21世纪人口、环境与发展白皮书》，设计了中国可持续发展的战略与对策，其中有一项很重要的内容是人口、居民消费和社会服务以及可持续的能源生产和消费。从这两个议程可以看出，消费是实现可持续发展必不可少的方面之一。

距离《21世纪议程》的发表已过去20年，综观国内外在可持续发展方面的总体建设思路，早期较多聚焦于注重长远发展的经济增长模式。随着经济发展问题的进一步暴露，人们对可持续发展的认识逐渐加深，发现可持续发展已经不仅仅局限于经济这一方面的发展，而是经济、社会、环境和文化四个方面协调发展的结果。这一深刻认识，开拓了人们对可持续发展的思维视域，注重经济发展与自然环境发展、人类自身发展相结合，改变传统的经济—环境的二元结构模式，建立经济—环境—人类三位一体的生态经济模式。

在生态经济模式下，人们将目光聚焦于生产与能源消费、自然环境的污染上，产业结构优化是实现经济增长方式转变的良好途径。生态革命的迅速发展推动着经济模式由工业经济向知识经济转变，信息技术、生物技术和生态技术将成为经济发展的重要推力，这必然要求产业结构向高技术化、绿色化、服务化发展，降低能源消费，提高生产产出。产业结构的变化必然引起消费结构的变化，消费结构变动引起消费者消费方式的改变，而消费方式的改变会引发需求结构变化，进而推动着产业结构调整。因此，消费通过产业结构优化推动着可持续发展。

既然消费通过产业结构优化推动着可持续发展，那么，是否任一消费方式都能促进产业结构优化？答案是否定的，只有在符合可持续发展条件约束下的消费方式才能促进产业结构优化。消费方式的变革一直在进行，社会各界提出了许多观点。社会学家在观察到消费数量的极度扩张后，呼吁要勤俭节约，适度消费；但是单纯减少消费数量的方法一方面不能满足消费者对丰裕生活目标的追求，另一方面也不能抑制一些不合理的供给，如白色污染。对此，营销学家从产品供给角度提出绿色消费，通过绿色营销增强消费者对绿色产品的购买意愿。这一理念增强了消费者的环保意识，但是消费产品和服务的多元化使消费呈现结构化特征，并不是所有消费对象的绿色化都受到消费者实际消费行动的支持，绿色消费意愿与绿色消费行为有差距。这将研究者的目光转向寻找消费者消费决策的内在动因，即消费者的消费行为不仅受消费能力、消费预期、消费意愿、消费环境的制约，还受消费者道德观念的影响。哲学家倡导伦理消费，其中缺口模型①为消费者行为理性与经济性的差异提供了很好的解释。但是，伦理消费只反映了消费者自身的消费观念和价值，并没有考虑到消费关系，即消费者的个人消费行为不仅影响自身，也会影响其他人乃至整个社会的福利。因此，经济学家提出可持续消费理念，实现消费"发展性"与"可持续性"的"双赢"，然而，国外学者研究的侧重点多从宏观层面上提出"改变传统消费模式"及其政策框架，缺乏对可持续消费操作层面的分析与系统研究，使可持续消费与消费者行为的关联度不高，可持续消费与可持续发展之间的对应关系没有得到证实。

理论界对消费问题的思考与探索为引导理性消费观念起到了积极作用，但是，相关概念的提出缺乏概括性和系统性，并没有对理性消费行为产生思想意识上的震撼，也没有广泛触发消费者的理性消费行为，这引发了我们对中国消费问题的深度思考：非理性消费行为和现象的存在，表面看是生产和供给方面出了问题，实质是消费层面出了问题，因为生产的目的是消费，社会群体"不文明"的消费行为是上述问题形成的根源。社会"不文明"消费行为不是有组织的群体行动，而是自发相似行为的耦合。自发相似行为集中呈现，反映了行为主体拥有近似的消费思维意识以及将这一意识转变为消费决策的客观环境。消费思维意识的形成受消费价值观念的引导，是社会文化与制度的综合反映；而个体消费决策的客观制约是经济收入与支出，经济收入与支出映现了生产力水平下的物质价值。

---

① 伦理消费的意识与行为缺口模型（Carrington et al., 2010），该模型认为消费者有伦理消费理念，但并不一定有伦理消费行为。Michal J. Carrington, Benjamin A. Neville, Gregory J. Whitwell, "Why Ethical Consumers Don't Walk Their Talk: Towards a Framework for Understanding the Gap Between the Ethical Purchase Intentions and Actual Buying Behavior of Ethically Minded Consumers", *Journal of Business Ethics*, 2010 (97), pp. 139-158.

中国现存的消费问题反映了中国的消费文明处于较低层次，这是理论和实践长期关注消费经济行为，忽视消费行为社会背景的结果，其后果造成消费者对消费文明的无意识状态，引发众多"不文明"消费行为，对经济及社会和谐发展产生了负面作用。那么，什么是消费文明？消费文明对可持续发展的作用机理是什么？如何提升消费文明？

二 研究的理论及现实意义

文明总是与物质的丰盛程度密切相关，不论在农业文明时代，还是在工业文明时代，均从生产或供给角度对文明进行界定。而当人类从工业文明的富裕中步入消费社会时，与社会形态相匹配的文明特征应是消费文明。此时，人们不受限于物质的匮乏，释放出更多欲望需求，这固然有积极的一面，但不可否认，在某些方面和某种程度上必然存在消极的一面，甚至会造成人类社会的悲剧。因此，如何构建消费文明系统，引导社会群体进行文明消费是社会发展的时代需要。这一需要不仅是概念性警示，更应是实际的消费文明行为，这些行为能够进行衡量、评价、比较、执行，最终能够引领社会可持续消费和可持续发展。因此，在当前经济发展结构型矛盾突出的背景下，研究消费文明是实施可持续发展、生态文明建设、缓和社会冲突的重要选择，具有深刻的理论价值与实践价值。

（一）消费文明具有高度概括性和系统性

消费文明概括化和系统化了适度消费、伦理消费、可持续消费、绿色消费等概念，这些概念零碎且难成体系，在理论研究的深度和广度上皆受局限。而且，众多概念体现了消费的复杂性，对其界定反映了不同学科的特性，让消费者和政策制定者在不同的术语环境下无所适从，难以系统性地规范非理性、不健康消费行为。消费文明概念的提出，使消费理念有了清晰的逻辑，如"价高者得"反映的市场逻辑或经济逻辑，未必适应消费文明逻辑，但却使消费行为有了明确的判断依据和标杆。它将消费经济活动与日常行为结合，促进消费者自觉地文明消费。这也为绿色经济政策的制定提供了社会规范，使能源价格改革等措施具有了价值合理性依据，有利于水、电等能源阶梯定价政策的推广执行。

(二) 消费文明蕴含了和谐的消费关系

消费文明既有物质性的内容，又有精神性和制度性的内容，它在一定程度上决定着生产方式、经济运行方式和生活方式，树立和培育着人们的消费价值观、消费伦理观、消费发展观及其相关的消费文化，能够促进经济、政治、法律等制度的完善，促进社会和谐发展。同时，在经济学领域，消费关系虽然被提及，但真正将其作为一个研究方向的较少，国外文献中没有"consumption relationship"的关键词。国内以往的消费关系研究主要从消费要素之间的关系出发，研究影响消费水平的因素，比如投资与消费的关系（吴先满，2006）、政府支出与居民消费的关系（姜洋，2009）、城市化与能源消费的关系（刘耀彬，2007）等；从关系本身出发的研究，经济类文献非常有限，近10年只有9篇文章关注消费关系建立的基础，比如权力、经济、资源等，有2篇文章从经济交换理论角度研究社会养老保险、代际财富转移问题（左冬梅等，2012），有8篇文章关注消费关系建立的原则，探讨市场经济等价交换理论的成立范畴问题（张开，2011）。这些研究对人们认识消费关系的存在发挥了重要作用，但关于消费关系以及对和谐消费关系的研究非常欠缺。与此同时，在管理学及社会学领域，出现了丰富的社会关系研究文献，如市场营销的客户关系管理、人力资源的雇主—员工管理等，产生了丰富的理论，如社会交换、合理性选择、公平理论等，不论从组织层面还是从个体层面，对关系的建立、保持及评价都进行了较深入的研究。在消费关系也就是生产力的消费社会中，研究和谐的消费关系即是研究内生经济增长的新方式，消费关系的研究需要从消费文明角度扩展更深层次的内容。

(三) 消费文明包含了可持续消费的标准

可持续消费是消费文明的要求之一，在资源、环境、生态容量对人类经济总规模的限制下，消费文明通过消费机制（如产业政策、分配机制等）协调人类的经济活动，保持消费的可持续性；在消费主义抬头的社会氛围中，消费文明通过消费文化的重塑，维护可持续消费的价值观。诸如此类，在消费文明中，可持续消费不仅是消费方式，也是消费标准；不仅是经济行为，也是社会行为，消费文明建设能够将可持续消费提升到新的层次。而消费文明是在消费者生命周期内的消费，在微观上可从消费者个体角度量化消费者行为，在宏观上可从区域消费结构与经济增长的对比测量整体消费文明程度，为可持续消费的实证研究提供切入点。

（四）消费文明是生态文明建设的重要措施

生态文明是人类在社会发展过程中，特别是在人与自然、人与社会的发展中所取得的既有利于人及其社会的进步和发展，又有利于自然进化和发展的一切成果和财富。生态文明的建设目标也是消费文明的发展目标，并通过文明的消费活动实现。消费文明践行着生态文明在消费领域的实践，是生态文明建设的重要路径。但是在生态文明研究的相关文献中，从消费角度进行的研究并不多见[①]，而且只关注一个角度，即消费模式。如生态文明贵阳国际论坛秘书长章新胜（2013）认为生态文明是商业文明和工业文明的延伸，需要改变我们的生活方式、生产方式和消费模式[②]；而内蒙古大学教授包庆德（2011）认为，消费模式转型是生态文明建设的重要路径。围绕这一主题，众多学者表达了不同但相关的观点，认为生态文明下消费者应采取绿色消费、低碳消费、合理消费、可持续消费，这些观点开启了生态文明下消费问题思考的先河，但是，纷杂的概念限制了研究的深入开展，仅仅停留在观点陈述阶段，对于消费模式影响生态文明建设路径的探讨并不详细，比如影响消费者文明消费的因素有哪些、如何引导消费主体建立生态文明的消费价值观、消费文明行为对生态文明建设水平的影响程度如何等问题并没有研究。因此，有必要统一生态文明下的消费观，即生态文明下的消费模式是文明消费，是消费主体、消费文化、消费机制、消费行为、消费对象综合作用的结果。研究消费文明对完善生态文明理论具有重要意义。

（五）消费文明体现了可持续发展的要求

从生产角度讲，消费文明方式传递的信号，使厂商的生产和供给方式发生改变，将促进产业结构的调整和经济发展方式的转变，使厂商承担社会责任有了坚实的基础，使整个社会向生产发展、生活富裕、生态

---

① 截至2014年1月17日，"生态文明"和"消费"关键词组合的搜索结果只有88条记录，其中，核心期刊40篇，CSSCI18篇。

② 《生态文明贵阳国际论坛2013专刊》，http：//politics.gmw.cn/node_ 43482.htm，第32页。

良好的道路上文明发展，最终实现资源节约型、环境友好型社会。可持续发展是经济学、社会学、资源环境学共同探讨的主题，只是每个学科的侧重点不同，一致的观点是可持续发展在发展目标上不仅包括经济发展，而且包括社会发展及自然环境发展；在发展时间跨度上是代际间的长期发展，在发展评价上是多类指标的综合测量；有分歧的观点是发展方式，保守派认为应放慢经济发展速度（Sylvia，2013），改良派认为应从政策上消除经济发展中遇到的环境污染、能源消费等问题（Nora，2009），激进派认为应对现有的社会体制、经济增长方式进行改革，应反思现行的经济制度和人类福利诉求（Sander，2012），这些研究从思想观念上进行探讨，比较宏观，依据某一具体问题进行深入研究的多从文化价值（David et al.，2013）、环境意识（Yuli et al.，2013）、技术合作（Alexandra，2012）、经济政策等角度进行，尤其从经济政策角度进行的研究，文献较丰富，具有代表性的政策包括税收政策、财政政策、排污权交易制度、押金制、执行鼓励金以及环境损害责任保障制度（范柏乃等，1998）、阶梯定价政策。这些研究从增长角度对可持续发展问题进行了探讨，但是从消费角度对可持续发展的研究较少。从消费角度对可持续发展的研究主要从消费模式转变的角度介入：一是缺乏消费过程的深入，比如文明消费中资源的节省（阶梯定价对水、电的节约）、和谐消费关系避免的经济损失等；二是在消费对经济增长的关系论证中，多采用统计年鉴数据，采用不同方法验证能源消费、居民消费对GDP的贡献，缺乏绿色消费水平（如节能产品）对经济增长作用的实证研究；三是在信息技术日益发达、消费者需求为主导的市场中，文明消费如何带动产业结构发生变化，如何使产业链条上的消费通过信息技术降低能耗等都是可以深入探讨的课题。

综上所述，消费文明是消费者或组织行为的价值观、愿景，也是激励消费者或组织执行文明消费行为的重要手段。它一方面拓展了消费理论的内容，提出一种全面的消费模式，并对这一模式进行量化，为验证其对可持续发展的作用奠定基础，这是许多消费模式研究中没有做到的；另一方面将生态文明理论延伸至消费领域，相对于社会文明的宏大经济系统，消费文明的研究更具体深入；再者，在经济发展理论上，从消费角度出发，根据文明消费水平及文明消费结构，提出可持续发展路径，这种自下而上的发展策略是理论思维的创新。在现实上，中国消费文明从人的本质出发，在消费主义盛行下树立正确健康的文明消费观念，探寻中国国情与消费水平提升之间矛盾的解决方法，转变资源制约下的经济发展方式，不仅解决了消费社会中中国城镇居民的价值观问题，也为中国经济发展问题贡献了微弱力量。

第二节　研究内容与思路

一　主要研究内容

本书的研究目的，在于运用消费经济学、产业经济学、发展经济学理论，剖析当今社会中的消费问题，以及这些问题对社会经济可持续发展的影响。在问题分析中，提出消费文明的概念，通过溯源与文明相关的理论内容，构建消费文明理论系统，分析消费文明在当前社会价值体系及经济运行中的表现特征，结合不同消费文明下的产业结构特征，证明消费文明对产业结构优化的推动作用；而产业结构优化可以推动可持续发展，进而证明了消费文明与可持续发展的关系。随着消费文明的演变，在小康至富裕型消费阶段，消费者需要采取文明的消费方式。通过深入剖析文明消费的价值观念构成及行为举止特征，调查城市居民文明消费行为状况，从中发现文明消费程度不同的消费者在消费水平、消费结构、消费模式、可持续消费及可持续发展上的表现及发展趋势，反映社会经济发展问题，提出文明消费方式实现的建议。根据研究目的及研究主线，本书的主要内容分为七部分：

第一，消费文明的内涵及运行体系。消费文明是人类作为消费主体在消费文化的引导及消费机制的作用下，购买、使用或拥有消费资料以满足自身需求的思想意识及行为过程，以促进社会可持续发展。消费文明的主体可以是个人、家庭、团体等，不同层面主体的消费文明表现程度存在不同。消费文化由发展文化、启蒙文化、交流文化和休闲文化构成。消费文明依赖于生存系统、逻辑系统、引导系统、知识系统、交流系统和权力系统，能够自动形成，而且在形成过程中，文化、政策、法律等能提升形成速度和质量。消费文明的测量可通过消费水平、消费结构、消费倾向进行。

第二，消费文明与产业结构优化的关系。通过回顾中华人民共和国成立以来居民消费文明发展特征及产业发展状况，剖析消费文明演变在产业结构优化中的作用。按照经济发展阶段，将中华人民共和国成立后的消费文明划分成计划型消费文明、生存型消费文明、小康型消费文明和富裕型消费文明，在计划型消费文明下，消费需求被抑制，居民消费倾向低，产业结构布局与居民消费结构脱节，不能促进产业结构优化；在生存型消费文明下，消费基本需求得到关注，消费倾向略有上升，产业结构布局中轻工业比例上升，第二产业、第三产业的比重上升，产业结构合理化得到调整；在小康型消费文明中，消费需求得到较高程度的释放，第二产业和第三产业比例继续上升，劳动力向第二产业和第三产业转移，但居民对储蓄的热情高于消费；在富裕型消费文明中，消费者需求得到释放，消费倾向较高，第三产业超过第一产业和第二产业产值，但也带来了一些问题，比如消费需求升级与高质量产品、服务的发展不匹配，能源消费量大、消费率低，产业结构优化还有许多问题需要解决。由此可以看出，消费文明在产业结构优化中起着非常重要的作用，消费文明的发展推动着产业结构的优化。

第三，产业结构优化与可持续发展的关系。产业结构优化与可持续发展密不可分。一方面，实现可持续发展的目标要求产业结构升级。另一方面，产业结构优化是可持续发展的途径，可从根本上解决环境污染、资源浪费以及人口、就业等问题。可持续发展强调社会经济发展的系统性、整体性、协调性，要实现可持续发展，必须全面彻底地变革，实现产业结构的优化升级。根据可持续发展目标，本书构建了基于投入产出的产业结构优化调整规划方程，设置四个发展方案：最优经济增长方案、最优能源消耗方案、最优人类发展方案和综合方案，采用2010年投入产出直接消费系数，对农、林、牧、渔、水利业、采矿业、制造业、电力、燃气及水的生产和供应、建筑业、交通运输仓储和邮政业/信息传输、计算机服务和软件业、批发、零售、住宿和餐饮业、房地产业、租赁和商务服务业、金融业、居民服务和其他服务业进行了优化调整，发现在最终使用的绝对量上，四种优化的发展模式都比实际值高，其中，最优经济发展模式最多，最优能源消费模式最低，综合方案居中；在消费总量上，最优经济发展方案中的最多，其次为最优社会发展方案，再次为综合发展方案，最后为最优能源消耗方案；在消费结构上，在四种发展模式中，第一产业、第二产业的消费比重都比实际值有所下降，第三产业的消费比重都有所上升。这些结果说明产业结构的变化会影响经济发展中的投入及产出水平，进而影响可持续发展。

第四，文明消费方式存在的可能性。消费者的经济理性，使其消费行为首先具有自利动机。但消费者的社会属性使其不能完全自利，其经济行为也会受情感、观念导引和社会目标的影响。当这些因素发生作用时，人们会偏离狭义的自利，适当情境下会发生利他行为。当利他行为发生时，消费者会牺牲自己的福利，这有助于建立和谐的消费关系。当为了后代利益而牺牲当前利益时，就会节约资源，爱护环境，促进社会经济可持续发展。因此，文明消费得以发生。

第五，文明消费对可持续发展的影响。经济发展具有时间属性，文明消费不仅使行为主体在当代获得较高社会福利，也为后代积累资源，促进未来经济的可持续发展。在短期，消费主体的利他主义行为促使文明消费方式的扩散，从而形成和谐、信任、积极的消费关系，良好的消费关系是生产力，能够降低搜寻成本、交易成本和沉没成本，防止社会冲突，清除经济发展阻碍的人为因素。在长期，在预防性储蓄和跨期消费的行为假设下，考虑人际关系、资源约束、国家政策的影响，通过代际交叠模型分析文明消费程度不同的消费者在不同消费波动下的消费倾向及财富积累状况，从内生增长角度判断文明消费与经济发展的关系。

第六，文明消费方式的表现特征。近几年我国消费领域里的显著变化，反映的不只是经济问题，还涉及整个社会价值观念和生活方式的深刻变革。经济学家看到并研究更多的是消费现象后的显性因素，如经济收入、经济制度、财政制度、金融制度等，而较少研究消费现象后的社会、文化等隐性因素，如家庭结构与人口结构、社会福利状况、消费价值观、消费传统、消费道德等。消费文明遵照消费个体消费过程要素，从消费理念、消费对象、消费结构、消费结果等方面设计消费文明指标，发布调查问卷，进行实地调查，挖掘文明消费方式的特征，了解文明消费方式的表现。

第七，文明消费的实现策略。虽然消费文明有可能自发形成，但受到社会现实条件的制约，必须借助于市场监管者的规制。这些规制体现在消费文化的塑造、消费对象的升级及消费机制的强化上。首先，从消费文化上，构建消费文明价值观框架，制作消费文明价值观宣传内容，发动民众参与机制，通过舆论构建消费文明价值观导向。其次，在消费对象上，采用价格规制、税收规制及补贴规制，制定符合消费者承受能力的绿色产品价格，保证绿色产品的质量。最后，在消费机制上，通过法律构建促进文明消费的保障机制。

二　本书的研究思路

扩大内需、刺激消费是中国经济发展方式转变的重要举措，通过提高居民消费水平和升级消费结构，转换拉动经济增长的动力，从投资、出口转向消费、投资、出口三足鼎立的局面。在可持续发展目标下，经济发展模式应以结构调整和结构升级为主线，优化资源配置，提高经济效益。产业结构的调整和优化需要消费结构的推动，消费结构的变化来源于消费方式的改变。学术界对消费方式提出了诸多概念，如适度消费、绿色消费、伦理消费、可持续消费、合意消费、和谐消费等，这些概念体现了消费的复杂性，对其界定也反映了不同学科的特性，让消费者和政策制定者在不同的语言环境下无所适从，难以系统性地规范非理性、不健康消费行为。消费文明概念的提出，使这些消费理念有了总领性的口号。

但是，消费文明是经济学与社会学领域交叉融合的结果，前人并未对消费文明进行过界定，对消费文明的形成过程没有进行过梳理与归纳，对文明消费的标准没有尝试性地提出测量方法，对消费文明与经济可持续发展的关系没有进行清晰的论证。这是消费文明研究滞后于经济增长的后果。

消费文明经济研究从社会行为角度探讨符合理性行为的经济规范，围绕着富裕型消费文明下的通胀消费问题，提出可行的经济测量标准和社会教化信念与行动指南，不仅回答消费文明是什么，还回答消费文明是如何形成的，形成的条件是什么，比较好的结果是什么，文明的消费行为对经济可持续和健康发展有何影响，如何实现文明消费。本书将系统完整地完成消费文明与可持续发展的研究。

本书的思维路线图设计如图 1-1 所示：

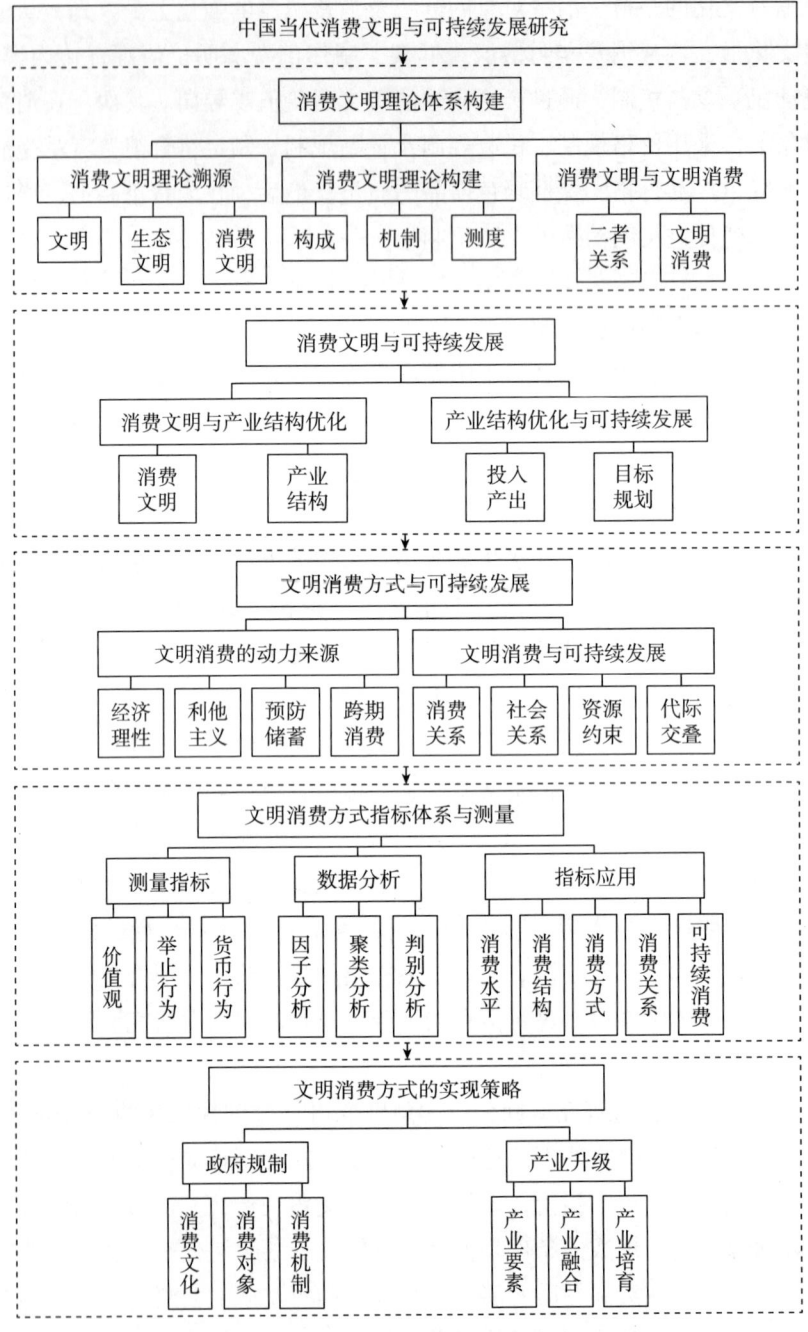

图 1-1　消费文明与可持续发展研究思路

三 研究方法

本书在获取理论支撑的基础上通过实证方法分析了我国居民消费文明行为的表现特征。消费经济学、发展经济学及产业经济学理论的发展成果为消费文明现象的分析提供了理论基础，本书通过将文明发展历程及构成因素引入消费文明形成机制中，阐述了消费文明的概念及系统；在实证研究中，通过社会调查，获取相关数据，利用统计学中的有关方法考察了文明消费行为的内隐及外显特征，在消费结构分解的意义上考察消费文明经济效果。各部分内容运用的具体研究方法如下。

（1）消费文明概念的界定，包括特征、构成因素、形成机制等通过文献演绎法加以阐释。通过阅读大量国外关于"文明"研究的文献，从一般性的社会文明特征中，结合中国当前经济发展的状况及消费现象，推理出特殊性的消费文明的基本内涵及外延，并在此框架下对文明消费与其他消费方式概念进行区分，提出消费文明的理论框架体系。

（2）消费文明与产业结构优化的关系采用数据分析归纳法。根据消费文明的测度指标，收集中华人民共和国成立后的居民消费数据和产业结构发展数据，按照消费文明水平划分为四个时期，对每一期的消费文明水平与产业结构水平进行分析，整理出清晰的消费文明演变与产业结构优化的关系脉络，从而证实消费文明与产业结构优化的关系。

（3）产业结构优化与可持续发展的关系采用目标规划法。产业结构的优化过程用可持续发展目标下投入产出系数的变化来表示，采用2010年产业投入产出直接消耗系数表，建立可持续发展下的产业优化规划模型，进行数据分析，得出产业结构变动值，以及在各种发展模式下的GDP值和消费水平及消费结构数据，证明了产业结构优化与可持续发展密不可分。

（4）文明消费的动力证明采用数理推理法。在利他主义理论支撑下，采用行为经济学分析方法，根据消费者行为决策逻辑过程，构建假设条件，并构建文明消费关系函数和效用函数，通过消费者文明消费与野蛮消费的行为博弈，对比收益，判断消费文明存在的可能性。除此之外，在预防性储蓄理论的基础上，考虑资源约束、消费关系等不确定下消费者行为的变化，构建一般均衡模型，分析不同情况下消费者财富积累的水平，以此证明消费文明的必要性。

（5）文明消费与可持续发展关系的证明采用数理验证法，在内生经济理论下，利用线性效用函数构建代际交叠模型，在建模中考虑以下因素：（a）相对于传统经济增长模型，将消费作为内生变量，政府税收、消费水平、消费倾向等进入模型，深入揭示微观、宏观层面的消费问题和规律。（b）细致划分消费群体，区别有限期界和代际财富遗承，分析不同消费文明程度的消费行为差异。（c）将消费者的价值观与宏观经济体系的发展与稳定相结合，真正体现宏观经济政策与微观个体行为的融合。

（6）文明消费方式的特征在行为经济学理论框架下进行，消费者的文明消费行为不仅是实际消费水平的文明，更重要的是消费价值观念和日常消费行为的文明。这三组指标之间相互关联，文明的消费价值观可能导致文明的消费行为及消费结构，消费行为对消费结构有直接影响作用；当把三组指标作为一个整体时，反映了单纯性消费者个体的整体文明消费水平。因此，在文明消费程度测量上将采用问卷调查法、因子分析法、聚类分析法及判别分析法。通过调查问卷，获取消费者消费行为的一手数据；通过因子分析法，获知验证文明消费指标的有效性；通过聚类分析，判别文明消费群体；通过判别分析，验证聚类的有效性；通过比较分析，比较不同文明消费程度群体的特征。

（7）文明消费方式的实现策略分析采用演绎法。根据前人研究成果的主要观点，结合文明消费要求及当前经济发展状态，找到每一个问题的关键点，根据关键点提出具体解决方法。

第三节　研究观点与创新点

一　研究观点

当前，消费文明观念及行为的推广是社会发展所急需。当生产力发展到一定水平时，人们的消费能力与消费需求大幅提升，生存消费已经不是消费者关注的焦点。此时，如果不加以正确的消费观念与行为引导，部分消费者将会陷入不良消费模式中，引发众多社会问题。

消费文明是一个大系统，涉及文化、经济、政治和社会。消费主体在消费文化及消费机制的作用下，采取一定消费行为享受消费对象。在这个活动中，消费者的消费行为会受到生存需要、价值和符号需要以及技术需要的驱动，形成生存系统、逻辑系统、引导系统、知识系统、交流系统和权利系统，推动消费文明的自然发展。

消费文明对可持续发展有推动作用。消费文明通过消费水平、消费结构及消费倾向推动着产业结构的调整与优化，产业结构优化促进着可持续发展。可持续发展必然要求文明的消费方式。

文明消费是消费文明发展的必然选择。文明消费通过构建信任的消费关系减少商业成本，通过构建和谐的社会关系降低社会成本，通过构建平衡的自然关系保证资源存量。文明消费促进了代际的财富积累与转移，当代的预防性储蓄能够增加消费者本身未来的消费收益及后代消费质量，从而促进可持续发展。

不同消费者的文明消费程度不同。文明消费程度高的消费者在消费结构上关注的焦点依次是居住、用品、衣着、休闲、医疗、食品、交通；在消费支出上的重要项目依次是交流、公平、生存、休整、资源、潜能；在消费水平上，文明消费程度高的组与文明消费程度低的组在各种消费类别上存在较大重叠部分，文明消费程度与消费水平的高低并不必然成正比例关系；从平均值上看，文明消费程度高的消费者更关注消费关系，关注程度依次是人与环境的关系、人与他人的关系和人与物的关系。文明消费程度高的消费者个人可持续发展的可能性更大。

政府规制与产业升级是文明消费的实现策略。政府需要从消费文化上引导消费群体构建消费文明价值观，通过激励机制及法律规制鼓励民众采取文明的消费行为。文明消费的标准要求产业要素升级和产业价值链升级。

二 研究创新点

虽然可持续发展是个老话题，但是从消费角度进行的研究比较少见，尤其从消费文明这个宏观系统进行研究，是消费经济学和发展经济学的新思路。本书从以下几方面进行了创新。

1. 研究视角创新

1996年，可持续发展被确定为我国基本发展战略之一。围绕着可持续发展，众多学者研究了人口增长与资源供给短缺的问题、工业化发展进程和城市化水平问题、自然资源短缺和生态环境恶化问题，从各个角度提出了可持续发展的策略。虽然这些策略为可持续发展的实现路径提供了有益参考。但是，这些策略是从生产需求角度出发开展的研究，目的是保证生产的可持续性。然而，与生产相对应，消费才是生产的起点和终点，从消费角度进行可持续发展的研究多局限于能源消费上，鲜有从居民消费角度开展的研究。

2. 构建了消费文明的理论系统

在消费经济学范畴，只有消费水平、消费结构、消费方式、消费关系等术语。消费文明借鉴了社会学中的"文明"内涵，将其延伸至经济学领域，赋予了详细的经济内涵，与整个经济运行系统相融合，构建了消费文明大系统。这是理论交叉的创新。同时，消费文明概括化和系统化了适度消费、伦理消费、可持续消费、绿色消费等概念，这些概念零碎且难成体系，在理论研究的深度和广度上皆受局限。而且，众多概念体现了消费的复杂性，对其界定也反映了不同学科的特性，让消费者和政策制定者在不同的语言环境下无所适从，难以系统性地规范非理性、不健康消费行为。文明消费方式的提出，使消费理念有了清晰的逻辑，使消费行为有了明确的判断依据和标杆。这是归纳整理的创新。

3. 对消费文明与产业结构优化的关系进行了历史性的数据证明

根据中华人民共和国成立后的消费文明发展状态，划分为计划型消费文明、生存型消费文明、小康型消费文明和富裕型消费文明，分析每一类型消费文明下的产业结构发展状况，勾画出消费文明与产业结构关系的脉络。

4. 重新定义了消费关系

消费关系不是消费水平、消费结构、消费方式的总括，而是与之平行的概念。消费关系本身是一个独立的术语，是由消费活动确立的不同主体之间的关系，关系的建立、维持、分裂过程在一定交换条件下进行，交换主体为了特定经济目标，相互之间展开权利、地位、资源、心理等方面的博弈，导致商品、货币、情感等发生变化，这种变化或许是所有权的转移，或许是信任的积累。从某种意义上说，消费关系也是一种生产力。这种定义提高了消费关系在经济学中的研究地位，可扩充许多有价值的研究，这是思维辨析的创新。

5. 设计了文明消费方式的可操作性指标

本书根据文明消费方式的内涵与目的，从文明消费价值观、文明消费举止行为、文明消费货币行为三个角度开发指标体系。这些指标揭示了文明消费思想及行为的表现内容。

第二章 研究理论基础

第一节 消费经济理论

一 消费需要

消费需要是一切消费活动的动力，消费需要的产生是消费主体对某项活动有了获得各种消费资料及服务的内在欲望和意愿。尽管众多学者对消费需求从不同角度进行了划分，如从生产过程出发，划分为自然性消费需要和社会性消费需要；从消费对象出发，划分为物质需要、精神文化需要和生态需要；从产权角度出发，划分为个人消费需要和公共消费需要；从消费主体的需求层次出发，划分为生存需要、发展需要和享受需要[①]。这些不同类型的划分，为研究不同的消费问题奠定了基础。

消费主体是消费文明的研究对象，消费需要是否符合可持续发展要求是首先考量的指标。生存需要是消费主体为维持生存而对物质生活资料和服务的需要，即对生活必需品的需要，包括食物、服装、住宅、医疗卫生、交通通信等。生存需要是维持劳动力简单再生产的低层次需要，应该首先给予满足。消费生存需要在经济不同发展水平阶段，表现出不同水平的需求。在农业社会，有良田、有茅屋，男会耕作女会编织，就可以满足生存需要；但在工业社会，随着技术的发展，人们利用自然、改造自然的力度日益增强，基本生存需要不再简单地取自自然，

[①] 尹世杰：《消费经济学》，高等教育出版社2007年版，第22—26页。

而是通过加工制造，生产出来的物品才能满足生存需求，如砖瓦房、自来水、天然气、车、手机等，这些物品不是享受生活的标志，而是生活必需品。因此，在辨别消费文明时，一定要依据社会经济发展背景进行界定。

发展需要是人类自由发展和运用自身的智力、体力和个性，提高并发挥自身素质和能力的需要，是消费主体实现自身全面发展的需要。发展需要最主要的实现方式是教育，其次是消费主体参与艺术、体育、文化和科学活动，以提高自身素质。发展需要是生存需要能够维持之后的较高层次需要，是消费文明发展的推动力。

享受需要是消费主体为追求生活享受而产生的消费需要，是消费欲望在生存需要满足之后的高层次需要。在物质高度发达的社会，享受是为了满足感官刺激的代名词，如果不加以正确引导，会产生很多社会问题。在经济发展不平衡的中国，先富裕起来的人们追求奢侈、高档次的生活，会通过示范效应让低收入群体产生钦慕效应，进而诱使低收入群体不考虑自身收入水平和发展规划，产生许多非理性消费行为，形成恶性循环。因此，享受需要在中国现阶段不仅仅是富裕群体应该约束的，更是普通大众应该警醒的。消费文明倡导合理适度的生活享受。

发展需要和享受需要不单纯受经济收入决定，在某种程度上，受消费价值观的影响作用更大。当消费主体有强烈的进取心时，即使收入处于低水平状态，仍然会以最小的生存成本以及为零的享受成本来满足发展的高成本。生存需要、发展需要和享受需要的不同比重，影响着消费主体的消费方式。

二 消费水平

消费水平是消费对象量的反映，与社会经济发展水平密切相关。当消费者以较低水平进行消费时，消费需求不能得到满足，消费者个体发展会受到制约；当消费者以超出实际需要的水平进行消费时，会造成资源的巨大浪费，容易形成攀比、奢靡等不良社会风气，会阻碍社会发展。

三　消费结构

消费结构是指收入减去储蓄后，各种生活消费支出占总支出的比例，收入高，未必消费结构的质和量就高。消费结构的质，是指消费品本身的质量，生活消费中各种消费品的相互协调状况，以及生活消费过程中的舒适和便利程度。消费结构的量，它是各种消费对象实物量和价值量的统一。实物量是人们在生活消费过程中所耗费的实物在种类、层次和数量上的比例关系；价值量是人们在生活消费过程中用于各种消费对象的货币支出及其比例关系[①]。

消费结构与消费文明的发展息息相关。卡尔·门格尔（Carl Menger, 1840—1921）在《国民经济学原理》中将财物分为四级，第一级财物为直接满足我们欲望所必需的财物（如面包、饮料、衣服、装饰品等），第二级财物为生产第一级财物的物品（如面粉、燃料、盐巴、设备以及熟练的劳动力），第三级财物为生产第二级财物的物品（如小麦、磨坊等），第四级财物为生产第三级财物的物品（如耕地、耕地所需的工具设备及劳动力）。从这个分类看，消费资料为低级财物，生产消费资料的各种生产要素如土地利用、资本利用、劳动力等为高级财物（第二级、第三级、第四级）。门格尔认为消费者对高级财物的需求是从低级财物的需求中派生出来的，福利的增进来源于对高级财物的利用，但高级财物必须向低级财物转化才能最终满足人们对消费品的需求，人类欲望被满足的过程，就是高级财物变为低级财物的过程。

恩格斯（Friedrich Engels, 1820—1895）把生活资料划分成三个层次：生存资料、发展资料和享受资料。人的消费需求，随生产力发展，总体上呈上升趋势。生存资料是较低级但保存生命的必需物品，发展资料是一切体力和智力开发的必要资料；享受资料是生产力发展到一定程度后，高度文明的人才有能力支配的附加物品。

恩特斯·恩格尔（Erich Engel, 1891—1966）采用调查统计方法研究了比利时国家的劳动者的生活消费支出构成情况，根据长期统计资料

[①] 陆彩兰：《消费结构失衡与经济发展方式的转变——基于消费结构的本质思考》，《工业技术经济》2010 年第 9 期。

分析发现，不同收入水平的家庭，其食物支出在总支出中所占的比重不同，食物支出比重随收入水平的提高而下降，这一规律即"恩格尔定律"。消费结构有微观与宏观之分，宏观消费结构是从整体（如国家）考察居民的消费结构。微观消费结构是指居民个人和家庭消费结构。

四 消费倾向

消费倾向是指收入和消费之间的函数关系，反映了一定消费者群体在不同时期对商品需求的变动趋向。消费倾向受购买力水平、商品供应品种和社会风尚等的影响。凯恩斯指出："改变消费倾向的主观和社会的动机一般说来变动迟缓，而利息率和其他客观因素的变动的短期影响又往往居于次要地位，因此，消费是收入的较稳定的函数。"[①] 当消费者收入水平较低时，可能把收入的全部用于消费，此时平均消费倾向等于1；当收入为0时，消费者会动用储蓄或借债来购买基本消费品，即平均消费倾向大于1；当收入水平较高时，消费者只需要把收入的一部分用于消费，即平均消费倾向小于1。因此，消费倾向反映了消费者消费意愿的强烈程度，可判断消费文明在消费热衷度上的倾向性。

五 消费方式

消费方式是消费者为了满足需要获取、支配、使用消费对象的方式，要受生产力发展水平和生产关系的制约，具有自然属性与社会属性。消费方式解释了消费者如何拥有消费对象、拥有什么样的消费对象，以及怎样利用他们来满足需要[②]。自经济学诞生以来，众多经济学大师对消费方式问题提出了自己的观点，这些观点就节约与奢侈、适宜与理性、现在与未来、幸福与异化做了辩证，后续学者在此基础上提出了适度消费、绿色消费、伦理消费、可持续消费等消费方式。诸多不同的消费方式反映了消费结构量和质的比例。

[①] 约翰·梅纳德·凯恩斯：《就业、利息和货币通论（重译本）》，商务印书馆2014年版，第132页。
[②] 刘妙桃、苏小明：《低碳消费：构建生态文明的必然选择》，《消费经济》2011年第2期。

1. 提倡节约消费，禁止奢侈消费

威廉·配第（William Petty, 1623—1687）就认为劳动者应多劳动少消费，通过高关税禁止奢侈消费。亚当·斯密（Adam Smith, 1723—1790）提倡能够促进社会财富积累的消费方式，他区分了生产性消费和非生产性消费，认为一个国家应该在生产性消费上多投入，在非生产性消费上节俭。他认为，节俭有利于促进资本和就业的增长，个人节俭是促进财富积累的最有效途径。同时，个人节俭可以补偿政府的浪费。

针对消费数量的问题，让·巴蒂斯特·萨伊（Jean Baptiste Say, 1767—1832）认为节约要适度。萨伊认为，消费者一般根据消费的损益估算来决定消费量是否适宜。如果收入不全部用于消费，那么其中一部分就会节约下来。这驱使人们节约开支积累资本，而能促进产业发展并推动国家富裕。过分阔绰和过分吝啬都是过失，当然，比较而言，前者对社会的损害更大。因为奢侈会损害实际需要，降低社会效用，而且奢侈成风会消费过多物质，占用了本来应该作为生产资料的原材料。

2. 提倡适宜消费与理性消费

让·巴蒂斯特·萨伊是第一个提出"最适宜的消费"。最适宜的消费是指消费者在一定消费水平下获得最大效用或满足，它包含四类：一是满足实际需要的消费，如生存、健康与满意等；二是最耐久、好质量产品的消费；三是集体消费，减少不必要的花费，使消费更经济；四是符合道德标准的消费。萨伊认为，最适宜的消费研究意义重大，仅次于研究实际财富的生产。

卡尔·门格尔（Carl Menger, 1840—1921）认为最小的重要用途决定财货价值，提出了"最小欲望满足"原理。即财货的价值是由该财物所能满足的各种欲望中"最小、最不迫切的欲望"所具有的意义决定的，因为消费者受制于他所拥有的可支配的财物量。所以，最小的欲望先被满足。

安德瑞·高兹（Andre Gorz, 1923—2007）认为，在当代西方，随着科技发展及其应用，生态危机日益严重。只有人们改变生活方式，限制消费，停止经济增长，才能改变这种灾难性的状况。高兹认为经济理性的突出特征是计算，但当人们发现并非消费越多就过得越好时，认识到并不是所有的价值都可以量化，并不是所有东西都能用金钱买到时，经济理性就会动摇。

3. 正确处理现在消费与未来消费的关系

纳索·威廉·西尼尔（Nassau William Senior，1790—1864）认为，个人消费是以牺牲和节欲为代价的，即指放弃当前的消费享乐而追求遥远的即未来的利益（享乐）。资本和储蓄都来自当前消费与享受节制，资本是资本家放弃目前享乐所做的牺牲，储蓄是对自己欲望和个人消费所作的节制。因此，工资是对工人牺牲的报酬，利润是对资本家节欲的报酬，利息是货币所有者为积累资本而放弃当前消费和节欲的报酬。

柏姆—巴维克（Eugen Bohm – Bawerk，1851—1914）认为现在消费比未来消费重要，现在物品比未来物品更重要。巴维克把物品区分为现在物品和未来物品，并指出，现在物品与未来物品由于所处时间不同，它们的价值便有差别，现在的物品通常比同一种和同一数量的未来物品更有价值。

4. 消费既可以带来幸福，也可以造成灾难

经济学家对消费的社会性需求进行了思辨，包括消费与幸福的关系、消费与尊重需求的关系、消费的符号化及异化等。

布阿吉尔贝尔（P. Pierre Le Pesant, Sieur de Boisguillebert，1646—1714）认为，人们对财富的拥有和消费涉及幸福，但他反对将金银当作财富和幸福生活的唯一源泉。货币"收藏在保险箱里，并不比石头有用"。他认为，一个国家金银数量的多寡，生活必需品和舒适品的丰裕与否，与居民的富裕生活并不相干。相反，金银一旦超出正常范围，就会背离职能，产生野心、奢侈、贪婪、游手好闲和懒惰，甚至犯罪。

保罗·萨缪尔森（Paul A. Samuelson，1915—2009）认为幸福是可以界定的，幸福感的强与弱取决于两个因素，一个是效用，另一个就是欲望。效用是人们消费某一商品和服务时所得到的满足程度。人们消费某一商品和服务时得到的满足感越强烈，在欲望既定的情况下，就越发感到幸福。据此，萨缪尔森提出了幸福方程式：

幸福 = 效用/需求

托斯丹·邦德·凡勃伦（Thorstein B Veblen，1857—1929）认为炫

耀消费是富裕的上层阶级超出实用和生存所必需的浪费、奢侈和铺张性的浪费，以向他人炫耀自己的金钱财力，获取优越于其他人的社会地位，并享受这种地位所带来的荣耀、声望和名誉。炫耀性消费是有闲阶层的消费特点，这种消费方式虽然是消费者尊重需要得到满足的外显形式，但是由于它会助长奢侈消费，并不值得推崇。

消费者的这种尊重需要形成了阶层划分的基础，一个阶层为了区别于另一个阶层通过不同消费方式加以实现，除了炫耀消费，还有艺术品消费、时尚消费、符号消费。当消费超出了它本质的特征，引起了众多不良社会现象时，消费异化现象出现。消费异化这个概念被伯特·马尔库塞（Herbert Marcuse，1989—1979）提出，他认为当代西方发达的资本主义社会既是富裕社会，又是病态社会，人们过着被异化了的生活，需求遭到扭曲，拥有丰富的物质和痛苦的精神。

消费方式的演变始终围绕经济增长、财富积累与消费者需求的满足这几个主题，尽管消费方式的表现形式多样化，但终归都提倡在满足人的健康发展的合理需求上，进行适度消费，以保证未来消费。

消费方式的不断优化有利于消费质量的提高和消费结构的不断改善，消费结构的合理化在一定程度上是消费方式文明化的结果。所以，要判断某种消费结构是否合理，首先要看其消费方式是否合理，合理的消费结构首先要求不断优化消费方式。比如，要提高消费结构中精神产品的比例，就必须实行物质产品与精神产品相协调的消费方式；要降低消费结构中食品消费的比重，就要提高交通、文教等产品的消费比重，实行注重发展的消费方式。消费方式对于消费结构和消费水平的作用则主要表现为，它是消费结构和消费水平形成的载体和途径，消费方式的选择，不仅关系到人们的消费需要能否顺利实现和满足，也关系到人们消费水平的提高与消费结构的合理化实现。

六　消费与经济增长的关系

（一）消费与生产的关系

消费是一切生产的目的。亚当·斯密在《国富论》中明确提出："消费是一切生产的唯一目的，而生产者的利益，只能促进消费者的利益时，才应当加以注意。这原则是完全自明的，简直用不着证明。"①他批评重商主义者的贸易保护政策，牺牲了消费者的利益，认为生产本身是工商业的终极目的。

先有生产后有消费。斯密认为，从产生的先后顺序上看，生产在先，消费在后；生活必需品的生产在先，非生活必需品的生产在后。斯密在《国富论》中的第一句就说："一国国民每年的劳动，本来就是供给他们每年消费的一切生活必需品和便利品的源泉。"② 他还指出："按照事物的本性。生活资料必先于便利品和奢侈品，所以，生产前者的产业，亦必先于生产后者的产业。"

消费性财富是再生产的必要条件。人口、消费、需求、价格、价值存在内在联系。弗朗斯瓦·魁奈（1694—1774）认为，财富有两大类，一类是消费性财富，用于维持人们的日常生活；另一类则是用于生产财富的财富，也就是生产资料。魁奈特别重视消费和人口以及在财物交换中价格的作用，并由此发展到价值理论。魁奈指出："人是由于自己的消费而变得有益的。""消费是再生产的不可少的条件。"③ 但这二者之间是由一个共同的重要条件联系着，那就是价格。""土地之所以是财富，只因为土地生产物是满足人类需要所必需的，使这种财富成为财富的根源。因此在有肥沃土地的王国，则人口愈多，它的财富亦愈多。"④也就是说，有人才会有消费，有消费才会有需求，有需求才会有交换，有交换才会有价格，有价格才会有价值问题。

马克思对生产与消费的关系进行了精辟解析，他认为：①消费是生产要素的基本条件。消费的过程产生着新的劳动力，消费的状况决定着这些新劳动力的素质。如果没有劳动者的生活消费，就没有社会再生

---

① 曹东勃：《大量生产—大量消费：现代经济增长癖的形成》，《社会科学战线》2008年第11期。

② 陈加乙：《论〈国富论〉的自然状态观与政治社会观》，《改革与开放》2015年第1期。

③ 朱日强：《研究评资产阶级古典经济学派关于人口与经济关系的认识》，《人口与经济》1985年第12期。

④ 薛德合、张玉新：《财富：理解人之存在与发展的经济维度》，《河北师范大学学报》（哲学社会科学版）2007年第5期。

产①。②生产的产品在消费中才得以最后完成。马克思指出:"产品不同于单纯的自然对象,它在消费中才证实自己是产品。"只有当产品进入消费过程时,生产的产品才得以最后完成②。③消费为生产创造出新的意象和内在动机。人们在消费产品的过程中,产生对与此关联产品的新需要,给生产提供了新的要求,为再生产提供了动机和目的。④消费能够促进生产者素质的提高。生产者的生理素质、技能素质和思想素质同生活消费密切相关。生产者生活质量的高低、生活环境的好坏直接影响着这一切③。

(二) 消费与积累的关系

积累就是生产量与消费量之间的差额。亚当·斯密认为,生产量与消费量之间有两种差额:第一种差额是生产量大于消费量,这种差额有利于增加积累和消费,有利于社会资本再生产;第二种差额是生产量小于消费量,这种差额既不利于积累,也不利于消费。因为一年生产的全部价值分解为收入,故生产量越大,则收入越多。而收入越多,则不仅收入中用于消费的部分更多,而且收入中节省下来转化为资本的部分也就越多。

马克思认为只有生产和消费才能促进经济增长,积累和节俭不能产生实质性的经济增长。消费是人类永恒的生存与享受条件。没有消费单纯积累货币的做法只会产生负面作用④。

经济增长来自生产与消费的循环。马克思说:"这是生产和消费的永久循环。在这庞大的年生产和年消费中,一点点实际积累几乎算不了什么;的确,人们的注意力主要不是放在巨大的生产力上,而是放在一点点积累上。人们总是用惊异的目光盯在这个积累财富,却像大河中的永不停息的、无穷无尽的波涛一样滚滚而来,并消失在被人遗忘的消费的汪洋大海中。然而,正是这种永恒的消费,不仅是一切享受的条件,

---

① 张素芬、李兰玉:《从〈《政治经济学批判》导言〉看马克思的消费理论》,《全国商情(经济理论研究)》2007年第8期。
② 李贯岐:《全面理解应用马克思主义消费理论》,《商业经济研究》1990年第5期。
③ 张素芬、李兰玉:《从〈《政治经济学批判》导言〉看马克思的消费理论》,《全国商情(经济理论研究)》2007年第8期。
④ 顾宁、谭通:《后危机时代中国经济增长模式转型研究——兼论马克思消费理论》,《中国城市经济》2010年第8期。

而且也是整个人类生存的条件。"[1]

(三)消费与收入的关系

消费与收入呈螺旋式交替上升。一方面,消费会引起收入的成倍增加。布阿吉尔贝尔指出:"货币是消费的奴仆,由消费指挥着它的进程,一旦消费中止,它就会停顿下来。"[2] 消费会引起连锁反应,使收入增加。另一方面,收入的增加反过来又会使消费成倍增加。布阿吉尔贝尔认为:"人们开支是随着资产增加而相应增加的,个人的财物要是超过生活必需之数,他就会购进舒适品;此后再有增加,就会进而购买精致的、非必需的奢侈品。"[3] 因此,消费和收入呈螺旋式交替上升,没有消费也就没有收入。

按收入水平能够划分工业化阶段。霍利斯·钱纳里(Hollis B. Chenery,1918—1994)根据对 9 个准工业国的调查研究,提出了一个工业化的"标准模式":当按 1970 年的美元市值计算,人均 GNP 介于 140—280 美元时,经济发展处于初级产品生产阶段;人均 GNP 介于 280—560 美元时,经济发展处于工业化的初级阶段;人均 GNP 介于 560—1120 美元时,经济发展处于工业化的中级阶段;人均 GNP 介于 1120—2100 美元时,经济发展处于工业化的高级阶段;人均 GNP 介于 2100—3360 美元时,经济发展处于发达经济阶段的初级阶段;人均 GNP 介于 3360—5040 美元时,经济发展处于发达阶段的高级阶段[4]。

后工业化阶段是耐用消费品普及和消费多元化的开始……钱纳里认为,在工业化的六个发展阶段中,对应着不同的产业模式。其中,第一阶段是不发达经济阶段,产业结构以农业为主。第二阶段是工业化初期阶段,产业结构逐步向现代化工业结构转变,以劳动密集型产业为主。第三阶段是工业化中期阶段,制造业向重型工业增长,非农业劳动力开始占主体,第三产业开始迅速发展,大部分属于资本密集型产业。第四

---

[1] 顾宁、谭通:《后危机时代中国经济增长模式转型研究——兼论马克思消费理论》,《中国城市经济》2010 年第 8 期。
[2] 刘天申:《评布阿吉尔贝尔的消费思想》,《消费经济》1986 年第 5 期。
[3] 郭怀亮:《论布阿吉尔贝尔的消费理论》,《渭南师范学院学报》2001 年第 4 期。
[4] 李善同、侯永志:《研究国经济发展阶段特征与"十五"时期产业发展的主要任务》,《管理世界》2001 年第 4 期。

阶段是工业化后期阶段。第一产业、第二产业协调发展，第三产业持续高速增长，特别是新兴服务业，如金融、信息、咨询服务等。第五阶段是后工业化社会。制造业内部结构向技术密集型产业转换，生活方式向现代化迈进，高质量消费品需求增加。第六阶段是现代化社会。第三产业开始分化。知识密集型产业逐渐发展壮大成独立一支，超越服务业占主导地位，人们消费欲望变化多样，追求个性。

（四）消费率与经济增长的关系

人均 GNP 与消费率的关系。钱纳里采用横截面分析和时间序列分析相结合的方法，采用世界上 101 个国家 1950—1970 年的数据，回归检验经济结构变量与人均收入水平之间的关系。结果表明，以 1964 年的美元市值算，人均 GNP 低于 100 美元时（中值 70 美元），居民消费率为 77.9%，是贫困型高消费；人均 GNP 在 100—1000 美元时，居民消费率逐年下降；而当人均 GNP 超过 1000 美元时，消费率趋于稳定，并逐步上升。钱纳里指出，这个模型对于中等收入范围内的情况解释最为有效。

大国与小国的消费率。根据人口规模，钱纳里发现在消费率变化趋势上，大国和小国之间并无差异，只是在标准值上有差异。其中，大国和小国的划分标准是 1500 万人口，大于这个标准值的为大国，小于这个标准值的为小国。当人均收入水平相同时，大国的投资率和储蓄率要比小国高很多。

高收入与低收入国家的消费率变化趋势。钱纳里认为，从总体上看，人均收入水平提高，消费率下降，投资率提高。在各个国家，储蓄率随时间推移而出现的上升幅度不太一致。虽然总体上都在上升，但是高收入国家的涨势更大一些。

（五）消费结构制约生产结构

消费结构通过需求结构制约生产结构。马克思认为，消费结构的划分会引起第 Ⅱ 部类内部结构和第 Ⅰ 部类内部结构的划分，进而影响整个产业结构的划分。他指出消费滋生出需要，需要决定生产，从而揭示了消费结构对生产结构以到整个国民经济结构的制约作用。

消费结构的变化有利于工业部门的发展。西蒙·史密斯·库兹涅茨（Simon Smith Kuznets，1901—1985）认为，由于工业部门国民收入相对比重上升、劳动力相对比重大体不变的原因，在于不仅消费结构的变化使工业的收入弹性处于有利地位，而且国民收入中用于投资的增长也在不断扩大工业市场，整个国民收入的支出结构演变导致了工业的高收入弹性，使工业实现的国民收入相对比重上升；随着工业技术进步，原有工业部门资本有机构成的提高排斥本国的劳动力，而工业部门内行业的扩张和新增又吸收劳动力，两相抵消，劳动力的相对比重趋于稳定。

第二节 产业结构优化理论

一 产业结构优化的含义

产业结构是指经济系统中不同产业部门之间的关系，如比例关系等。产业结构优化推动产业结构向合理化和高级化发展，使资源供给结构、技术结构、需求结构和就业结构相互协调，动态调整经济增长路径，实现经济系统的健康、快速增长。

产业结构优化包含两方面意义：产业结构合理化和产业结构高级化。产业结构合理化是指产业部门之间的比例关系平衡，产业中的劳动就业率、生产效率、能源消耗率、投入产出率等能维持各个产业的正常发展，产业产出的比例关系能够满足社会需求结构。产业结构合理化后才能推动产业结构向高级化发展。产业结构高级化是指产业结构内部向高技术、低能耗方向改进，以较少的投入产出较高的产值。产业结构从合理化迈向高级化的过程符合产业结构演进规律，尽管这是一个长期发展的渐进过程，但是通过产业创新扩散机制，最终会逐渐接近发展目标。产业结构优化是产业发展的必然结果。

产业结构优化的目标通常是根据人们，尤其是经济决策者，对经济形势的主观判断或期望实现的经济运行状态来确定的。因此，在不同时期或不同经济条件下，产业结构优化的目标不尽相同。如果对经济形势判断错误，则会制定错误的产业结构优化目标。

二 产业结构优化理论

产业结构优化是自然力量和人为力量共同作用的结果。一方面是产业结构随着经济发展的需要而自然调整，即产业自发演变；另一方面经济发展需要政策的推动，有意为之。因此，产业演变的基本规律和产业优化的一般理论都影响着产业结构优化的过程。

（一）产业演变规律

产业结构在工业化过程中不断从低级结构向高级结构演进。从近现代工业化发展历程看，三大产业变动具有规律性，在不同工业化发展阶段三大产业的产值比重存在差异，但在每一阶段三大产业的相对地位处于稳定状态。

1. 配第—克拉克定律

英国经济学家威廉·配第发现产业结构是造成世界各国国民收入水平存在差异和经济发展阶段不同的关键因素。工业比农业附加值高，服务业比工业附加值高，产业之间的差异让劳动者获得的收入存在差异，导致劳动力从低回报产业向高回报产业流动。科林·克拉克在配第发现的基础上，对产业结构演进趋势进行了考察。克拉克的研究表明：随着经济的发展、人均国民收入水平的提高，劳动力经历了从第一产业向第二产业、第二产业向第三产业转移的过程。这一基本趋势称为"配第—克拉克定律"。

克拉克认为，由于各产业间的收入水平存在差异，劳动力追求高收入的需求让他们总是从低收入的产业向高收入的产业转移，即从第一产业转向第二产业、第三产业。根据各国产业演变进程，发现这个现象能够得到确凿验证。通过分析一国经济发展的时间序列或不同发展水平国家在同一时点的横截面数据，都有共同的特征，在人均国民收入越高的国家，农业劳动力的数量在所有劳动力中所占的比重越小，工业和服务业中劳动力所占的比重相对来说反而越大。

2. 霍夫曼比率

德国经济学家霍夫曼围绕工业化进程中的产业结构问题，观察了20个国家的经济发展状况，收集了完整的时间序列数据。他通过测算消费资料工业化净产值和资本资料工业化净产值的比例，发现二者的比例随着工业化进程的发展不断下降。根据这个比例值（后被称为霍夫曼比例），工业化的发展阶段可被分为四段：第一阶段，消费品工业占统治地位，资本品工业不发达，霍夫曼比例在 5 左右；第二阶段，资本品工业的增长快于消费品工业的增长，但消费品工业的规模仍然比资本品工业的规模大，霍夫曼比例为 2.5；第三阶段，消费资料工业和资本资料工业的规模大体相当，霍夫曼比例是 1；第四阶段，资本品工业继续比消费品工业更快地增长，资本品工业的规模达到其至超过消费品工业的规模，霍夫曼比例在 1 以下，这是实现重工业化的重要标志[①]。由于对重工业、资本品工业和消费品工业的划分标准不同，各国在计算霍夫曼比例时，值存在差异。但是从总体上看，按霍夫曼比例公式计算的结果反映了工业化过程的发展趋势。

3. 库兹涅茨综合分析理论

库兹涅茨根据三大产业产值在国民经济中的比重，计算了不同工业化阶段的划分标准。当第一产业产值的比重高于第二、第三产业时，处于工业化起始阶段；当第一产业产值的比重低于 20%，第二产业产值的比重高于第三产业时，处于工业化中级阶段；当第一产业比重降低到 10% 左右时，进入工业化后期阶段。此后，第二产业的产值比重会下降并维持在较平稳的状态。

4. 钱纳里的"标准结构"理论

钱纳里等按照人均 GDP 水平将工业化过程分为四个不同的阶段（见表 2-1）[②]。

表 2-1　　　　　　　　　钱纳里的工业化阶段标准值

人均 GDP	1964 年美元	1970 年美元	1982 年美元	1996 年美元	1998 年美元 a/ 1998 年美元 b
第一阶段	200—400	280—560	728—1456	1240—2480	1200—2400 3010—5350

---

① 赵玉林：《产业经济学》，武汉理工大学出版社 2003 年版，第 61 页。
② 周叔莲、郭克莎：《中国工业增长与结构变动研究》，经济管理出版社 2005 年版，第 53 页。

续表

人均 GDP	1964 年美元	1970 年美元	1982 年美元	1996 年美元	1998 年美元 a/ 1998 年美元 b
第二阶段	400—800	560—1120	1456—2912	2480—4960	2400—4800 5350—8590
第三阶段	800—1500	1120—2100	2912—5460	4960—9300	4800—9000 8590—11530
第四阶段	1500—2400	2100—3360	5460—8736	9300—14880	9000—16600 11530—16580

资料来源：周叔莲、郭克莎：《中国工业增长与结构变动研究》，经济管理出版社 2005 年版，第 53 页。

在不同的人均收入水平上，产业结构和就业结构的比例存在差异。钱纳里对这一问题进行了研究[1]，结果如表 2 - 2 所示。在产业结构的变动上，随着人均收入的增加，第一产业的产值比重逐渐降低，第二产业和第三产业的产值逐渐增加，第二产业的产值增长率高于第三产业，并在总量上最终超过第三产业。在就业结构的变动上，第一产业的就业人数逐渐下降，直至成为吸纳就业人数最少的一个产业；第二产业和第三产业就业吸纳人数逐渐增加，第三产业的就业人数多于第二产业的就业人数[2]。

表 2 - 2　　　　　　　　钱纳里的产业结构变动规律

人均 GDP （1980 年美元）	产业结构（%）			就业结构（%）		
	第一产业	第二产业	第三产业	第一产业	第二产业	第三产业
100	48.0	21.0	31.0	81.0	7.0	12.0
300	39.4	28.2	32.4	74.9	9.2	15.9
500	31.7	33.4	34.6	65.1	13.2	21.7

[1] 王梦奎、陆百甫、卢中原：《新阶段的中国经济》，人民出版社 2002 年版，第 256 页。

[2] Syrquin M. & Chenery H. B., "Three Decades of Industrialization", *The World Bank Economic Reviews*, Vol. 3, 1989, pp. 152 - 153.

续表

人均 GDP (1980 年美元)	产业结构（%）			就业结构（%）		
	第一产业	第二产业	第三产业	第一产业	第二产业	第三产业
1000	22.8	39.2	37.85	1.7	19.2	29.1
2000	15.4	43.4	41.2	38.1	25.6	36.3
4000	9.7	45.6	44.7	24.2	32.6	43.2

资料来源：Syrquin M. & Chenery H. B., "Three Decades of Industrialization", *The World Bank Economic Reviews*, 1989 (3): 152 – 153.

（二）产业结构优化理论

产业结构优化是指调整产业结构，使各产业为满足生产活动所需的条件相互协调，已达到相对较优的状态。这些条件包括经济发展阶段、地理环境、资源环境、人口规模、国际局势等。产业结构优化理论主要有罗斯托的主导产业理论、筱原三代平的"需求收入弹性基准"和赫希曼产业关联理论。

1. 罗斯托的主导产业理论

罗斯托认为经济成长需要两个条件。第一，资本积累率在 10% 以上；第二，要选择和扶持主导产业的发展。因为不同产业的成长速度不同，整个经济的增长率取决于增长速度较快的部门，以及由这个部门产生的带动效应。能够快速发展的产业具有这样一些特征：①市场需求潜力较大；②技术创新或制度创新较快；③增长速度较高；④扩散效应好。

2. 筱原三代平的"需求收入弹性基准"基准

日本经济学家筱原三代平认为，"需求收入弹性基准"和"生产率上升基准"是产业结构优化的基准。

需求收入弹性是指当国民的收入增加时，消费需求也增加。消费需求是推动产业发展最直接的原动力，这个原动力也是最大的。当消费结构变化时，产业结构也会相应地发生变化。由于收入的增加能带来更大的市场销量，从而创造更多的国民生产值，所以需求收入弹性高的产业应优先发展。

生产率上升率是衡量一个部门或行业生产率增长速度的指标。生产率增长较快的部门一般有技术含量高、生产费用低、资源吸附力强的特征,这样的产业应该是经济增长的支柱力量。

3. 赫希曼产业关联理论

产业关联是不同产业之间在技术结构和需求结构上的联系。按照产业关联度强弱划分,可分为产业关联度高的产业和产业关联度低的产业。产业关联度的强弱差别使后向关联效应、前向关联效应和波及效应发生。这些关联效应的存在让主导产业的选择变得可行。经济发展应选择并支持那些能带动其他产业发展的产业,进而实现产业结构的优化。

三 影响产业结构优化的因素

在经济增长过程中,引起产业结构变动的因素较多,其中起主导作用的因素包括以下几个方面:

(一)环境因素

环境因素包括自然环境因素和社会环境因素。自然环境为产业发展提供资源禀赋,如土地、植被、空气、水源、温度和矿藏等,这些资源储量的多少、质量的高低、分布的宽窄等,直接影响着生产效率。在工业化进程中,人类对自然的无穷掠夺,让生态环境遭到了严重破坏。大气污染、洪水泛滥、森林面积减少、气温升高等自然灾害越来越频繁,每一次灾难的发生都是对生产的极大破坏。生态环境的恶化已经威胁到了人类的生存,由此可持续发展问题才被提上日程。

(二)人口因素

当人作为生产资料存在时,就是劳动力资源;当人作为消费资料存在时,就是消费主体。人口数量直接决定产业劳动力总规模的大小,人口质量直接决定产业劳动效率的高低。当资本量一定时,劳动力素质影响着边际资本—产出的比率。劳动力素质高时,同量的资本产出率比劳动力素质低时的高。产量的变化将导致供给结构的变化,供给结构的变化又会促进产业结构的调整。

(三)技术进步因素

当其他生产要素不变时,技术进步改进了产业生产效率、产品质量甚至产品结构。比如,数字技术的诞生让摄像行业的胶卷产业被淘汰,而让数码产品产业迅速发展。机械技术、自动化技术、信息技术、智能技术的发展让产业结构由劳动资本密集型向技术密集型、资本密集型和知识密集型转变。人类历史上每一次技术革命的发生，都推动着生产力的极大变革。

（四）消费结构

消费过程本身就是价值创造的过程。当一个商品被消费时，交换价值和使用价值得到释放；当一个商品被消费完时，新的消费需求产生，刺激着生产部门安排新生产。消费结构的变化推着产业结构的调整。当人们的消费具有生存消费、享受消费和发展消费的不同层次时，消费结构要求具有相应的产业结构，以生产能够满足不同层次需要的产品。

除了上述因素外，还有其他因素对产业结构的调整起着影响作用，如经济发展水平、社会制度、需求结构等。由于本书主要考察消费结构变动引起产业结构的变动，因此，着重考察以上四点内容。

四　产业结构优化的判别标准

在经济发展过程中，产业结构状态不断地变动。以美国和日本为代表的世界发达国家从20世纪80年代开始了新一轮的产业结构调整，这次调整伴随着信息技术和全球化大发展，世界产业结构转换显现出一些新趋势。产业结构优化的结果既要符合经济发展趋势，也要符合理论指标。

（一）产业结构发展趋势

1. 产业结构服务化

三大产业中的服务业都在不断扩大。从第三产业内部服务业来看，对企业和事业部门提供的服务，对个人提供的服务及对社会提供的服务均在不断扩大。在第二产业中，内部服务量显著提升。信息化管理、产品研究开发、市场营销等服务性的活动价值比例在提高。制造业内部的信息化和专业化导致众多服务可以选择外包，这促进了第三产业的发展，而第三产业的扩张又使第二产业进一步趋向专业化。在这种相互联系中，各产业相互促进，推动经济发展。

2. 产业结构高技术化

随着信息、服务、技术和知识在企业经营中的作用越来越大，产业向高加工度化和技术集约化发展。一方面，科技进步极大地促进了产业劳动生产率的提高，推动着传统产业向高新技术产业转化，使整个产业体系日益呈现高技术化。另一方面，新技术加快了产业化。新技术的出现催化了一些新产业的诞生，如信息产业、电子商务产业、大数据产业等。

3. 产业结构融合化

在知识的分解与耦合过程中，一些知识模块相近的产业集聚，形成知识产业群。知识溢出在外部性的作用下，增强了产业之间业务的交叠。三大产业会由于某些技术而聚集在一起，共同构成一个完整的生态系统，产业边界越来越模糊化。信息技术与农业、工业以及服务业的完美融合成为当今世界经济发展势不可当的潮流。

4. 产业结构绿色化

进入21世纪，生态革命迅速发展，势必推动着经济模式由工业经济向知识经济，特别是生态经济的巨大转变，引起全球社会生产技术体系的整体变革。未来社会的中心技术由信息技术、生物技术、生态技术等知识要素构成，它们将形成经济一体化协调发展的格局。生态经济及其带动的相关产业共同构成绿色经济，一方面表现为"经济的生态化"，另一方面表现为"生态的经济化"，即生态环境因素向国民经济各个领域渗透融合，甚至催生了崭新的产业形态和经济模式，从而带动传统产业升级换代。

（二）产业结构优化标准

在现有理论文献中，关于产业结构优化的评判标准主要有：

1. "标准结构"

将著名专家根据某国或地区提炼的模式作为标准，将该国的产业结构与这个标准进行比较，来确定本国产业结构的优化程度。由于这些标准是根据不同国家的发展经验和大量统计数据分析得出的，因此在条件大体相同、时间相近的情况下具有一定参考意义。目前较常用的参照标准有：钱纳里的产业结构标准模式和库兹涅茨的标准结构等。

2. 产业结构的协调度

产业协调程度是产业结构优化的核心内容，主要表现为各产业部门协调发展，产业产出能够顺畅实现各项经济活动，能够满足社会生产、分配、交换、消费的需要，紧密衔接社会大生产中的各个环节，保证人口、资源、环境的良性循环。从发展的角度看，各类产业的增长速度相对均衡，无论是高速增长还是减速增长，与相关部门间的速度差距较为合理。当各产业发展到一定程度后，利润流动达到相对均衡，各产业对经济增长的贡献力度相当。

3. 供给结构对需求结构的适应度

供给结构与需求结构越一致，产业结构的合理化程度越高。在产业类别上，如果供给的产品与需求的产品有差异，则会造成生产错位，产业布局不合理；在产品数量上，如果供给的产品量高于市场需求量，则会造成产能过剩；如果供给的产品数量低于市场需求，则会造成产能不足；都是不合理的产业结构布局。

4. 产业发展对各种经济资源的有效利用程度

产业发展需要一定资源的支撑。本国的劳动力、自然资源、资本积累是否得到了有效利用，是产业能力是否发挥到了最大化的重要指标。通过合理的资源配置和有效的要素利用，来提高产业的经济效益。

第三节　可持续发展理论

综观发展经济学的演变历程，经历了众多变化：在发展目标上，从单一指标 GDP 到非货币指标如人类追求的自由，再到综合性指标可持续发展；在发展要素上，从有形资本（自然资本、物质资本和人力资本）的关注转向无形资本，如知识资本、文化资本、制度资本等；在经济增长思想上，先后诞生了哈罗德—多马增长模型、索洛—斯旺的新古典增长模型和当今非常推崇的内生增长理论；在政府政策上，政府干预与自由市场的思想交替出现；在发展路径上，依据不同时期特点出现了价格调节市场、政策调节市场和制度调节市场的不同策略。

在当今工业化发展的高级阶段，商品极大丰富，人类追求的不仅是物质上的丰裕，还有更多人类自身的原始需求，如新鲜的空气、相对的自由、心情的舒畅等，而这些是物质无法满足的。由此，发展经济学的脉络向人文、生态伸展，关注人与自身的和谐、人与社会的和谐、人与自然的和谐，可持续发展的思想蓬勃而出。

一　可持续发展的定义

工业革命发展了生产力，生产资源利用率大幅提高，使人类赖以生存的自然环境遭到了过度开发；官僚机制使分配制度不能有效地保证公平，贫富差距拉大，消费阶层对立，引发众多社会问题，人类发展与自然环境之间的矛盾日益激化，可持续发展是急需解决的问题。

关于可持续发展的定义，学术界提出了不同的看法。从生态经济学角度出发，可持续发展的内涵是，不超越生态环境承载力，有较强的再生产能力。从社会学角度出发，可持续发展被界定为，提高人类健康水平和生活质量，创造一个平等、自由的人权环境。从经济学角度出发，可持续发展是有效合理地利用各种经济资源，在保护生态环境的基础上使经济发展实现利益最大化。

综观上述观点，虽然从不同学科出发，可持续发展的内涵看似不同，但其反映的内在本质一致，即可持续发展是一种人类满足当代及后代需要，谋求共同、协调和持续的发展。其深刻内容可从以下几方面理解：

（1）可持续发展的核心是发展。可持续发展不否定经济增长（尤其是发展中国家的经济增长），但需要重新审视如何实现经济增长，即要使经济增长同社会发展和生态改善有机结合，达到具有可持续意义的经济增长[①]。

（2）可持续发展以合理利用自然资本为基础。可持续发展要考虑环境承载力，要求降低经济社会发展中对自然资产的耗竭速率，实现人和自然之间的和谐。同时，要兼顾不同代人之间以及不同区域之间的资源配置，保证公共资源的消费公平。

（3）可持续发展的目标是经济、社会和生态相互协调。其中，经济发展是前提，生态资源的可持续利用和生态环境的改善是基础，社会关系的有序与和谐是保障。

---

① 王维、刘远：《发展中国家工业化中的环保问题》，《世界经济与政治论坛》2001年第12期。

二 可持续发展的实现方法

由于可持续发展最初是由人们对环境恶化及增长极限问题的认识演化而来的,故在可持续发展的实现路径中,大部分经济文献从环境治理、资源利用等角度探讨。但是贾绍凤和毛汉英(1999)认为,虽然发达国家在设计可持续发展时,对经济增长已不很看重,而对福利和环境、生态看得很重;但这种发展类型的设计可能对发展中国家并不适合,依据中国国情,经济发展仍是头等重要的任务,中国的可持续发展路径是在经济增长中的可持续发展。本书赞同此观点,也认为虽然改革开放后,中国的经济呈现了较快的增长速度,但人均拥有量与国外发达国家相比,仍有较大距离,同时中国内部经济发展不平衡矛盾突出,仍有很大一部分群体生活处于贫困状态,如同国外那样将环境发展置于经济发展之上,将有违社会主义建设目标的宗旨。因此,本书中所涉及的可持续发展是建立在经济发展之上的社会全面可持续发展。

从经济发展角度出发,国内外学者作了可持续发展的路径探讨。王志宏和刘荣英(1998)给出了投入产出分析模型,用简单的方法阐释了可持续发展的原理是生产、消费和对外贸易的变动。这一模型在数据的获取上是间接的,存在难度;同时,只考虑了横断面上的经济运行情况,没有反映时间序列上的经济可持续发展。万红飞等(2000)提出了环境保护、能源供需稳定、经济发展三位一体论。彭水军等(2006)通过将不可再生资源引入生产函数,构建了一个基于产品种类扩张型的四部门内生增长模型。这个模型比较好地分析了人力资本、技术、资源及消费者偏好在长期经济发展中的影响。段雪梅(2006)简析了区域的资源禀赋、技术进步和制度创新等诸多因素在区域产业结构可持续发展中起到的作用。曹玉书和尤卓雅(2010)基于经济增长理论,对资源约束、能源替代与可持续发展进行了国外研究综述,发现了三种情况下的可持续发展路径:不可再生能源约束下的外生增长、能源替代的内生经济增长、能源技术的内生增长。王如松和欧阳志云(1991)提出了社会、经济、自然复合生态系统。金春华(2013)分析了ICT(Information, Communication and Technology)对环境的直接和间接影响,得出ICT可以改善环境,促进经济增长,实现可持续发展。

从国内外可持续发展路径研究看，大多是研究资源约束或技术进步下的经济发展均衡问题，这些研究部分采用了内生经济增长模型，考虑诸多因素，如人力资本、技术、消费者偏好、资源约束、资源替代等，部分从生产投入产出角度论述经济增长。本书在这些丰硕的研究成果上，延长了研究链条，将可持续发展的影响因素扩展至消费领域，使消费方式影响消费结构、消费结构影响产业结构、产业结构影响可持续发展的逻辑过程能够得以传递。

三 消费对可持续发展的影响

消费作为生产活动的起点和终点，直接影响着资源消费量、环境承载力和人的全面发展，消费的观念是否正确、消费方式是否合理、消费水平是否适度都会对社会经济发展产生作用。人与自然进行能量交换的方式是消费，消费与客观环境发生联系，并受其制约，是人类特有的行为。人类若想进行长久消费，必须与自然、资源、环境共同协调，实现经济和社会的持久发展。在当今世界范围内，社会贫富分化加剧，资源枯竭日益恶化，环境污染越发严重，居民消费对可持续发展的影响越来越大。现有文献辨析消费与可持续发展的关系，主要从消费观念、消费模式、消费结构三个角度进行了论证。

（一）消费观念影响可持续发展

庞世伟和王英（2004）诉斥了享乐主义消费观对可持续发展的危害，认为人类消费观的变革体现着可持续发展观的价值目标。人们的消费观从根本上而言是一种价值观，体现着人们生活方式的价值认识和价值选择，从而影响着人类社会发展的价值观选择。他们认为，人类消费观的变革对社会可持续发展有着巨大的反作用。主要体现在三个方面：首先，先进的消费观有利于提高社会主体的文明素质，社会主体的文明素质体现在具有可持续发展观的识别能力，并能执行正确的行为方式，从根本上保证社会可持续的发展。其次，消费观的变革有利于形成一个更加合理的消费方式。合理的消费方式能够既满足自身当前的发展需要又能储备后续发展所需要的物质，从而促进社会可持续的发展。最后，消费观变革有利于推广可持续发展的要求，使全体社会成员在日常生活中自觉行动，从而最终实现可持续发展。肖黎明（2004）从凯恩斯节俭悖论出发，讨论了可持续发展模式中的节俭论，认为以节俭追求"双赢"，一方面要以最少的资源消费换取最大的社会经济福利；另一方面要以尽可能最大的社会财富投资于资源与环境保护之中。即在环境的发展需要上不能节俭，在人类的生活享受上必须节俭。理解这个消费观，才能够达到可持续发展模式中所要求的节俭。

（二）消费模式影响可持续发展

吴碧华等（2001）认为现代消费方式给社会经济的可持续发展带来了严重危机，应发挥科学和政策对消费的指导作用，改变不合理的消费方式，实现文明的可持续消费。司金銮（2001）从生态需要角度出发，认为可持续发展应采取可持续消费方式。张洪慧、李家芝（2002）认为可持续发展的消费模式包括适度消费、绿色消费模式、梯形消费和公平消费。唐召云（2005）认为与可持续发展观相适应的消费方式只能是适度消费。他虽然没有区别适度消费与其他消费方式，但是给出了适度消费方式符合可持续发展观的五条理由：①与环境承载能力相适应；②满足人的需要；③能满足代内和代际平等；④绿色消费；⑤人们物质生活和精神生活的和谐。杨艳琳和陈银娥（2007）认为我国现行的消费模式对人口、资源和环境的可持续发展产生了十分严重的影响，这与建立资源节约型、环境友好型社会的要求相去甚远。从新制度经济学的角度来看，要实现消费模式的转变就要建立可持续消费模式。

（三）消费结构影响产业结构，进而促进可持续发展

消费结构对可持续发展的作用从两方面展开论述：一是能源消费结构对可持续发展产生影响；二是消费结构通过产业结构的变动影响可持续发展。

李国璋和霍宗杰（2010）利用1978—2007年的样本数据，使用ARDL模型未发现能源消费水平和能源消费结构对经济增长有长期影响。姜磊和吴玉鸣（2010）认为能源消费结构的不合理，不但导致能源效率难以提高，制约了能源工业自身的发展，也制约着整个国民经济的健康发展。汤跃跃和张毓雄（2011）认为居民消费结构变动与经济发展方式是相互作用的，建议应调整产业结构，大力发展第三产业，促进我国农村居民消费结构升级。钞小静和任保平（2011）从经济增长质量视角出发，发现中国1978—2007年经济增长结构与经济增长质量

之间存在显著的正向关系。查道中和吉文惠（2011）运用 VAR 模型研究显示，城乡居民消费结构与产业结构经济增长之间均存在长期均衡关系；经济增长能够促进城乡消费结构的升级，但对农村的促进作用要比城市滞后；城市居民消费结构升级对产业结构升级具有较弱的正向诱导效应，而农村居民消费结构则不具备这种效应。刘海云（2011）对 1980—2009 年我国城乡居民消费结构与产业升级、经济增长三者之间的关系进行了实证研究。研究结果显示，我国产业升级并没有实现预想中的促进消费结构升级优化的目标，提出加快服务业发展、提升居民消费能力的政策建议。冯丽和白桦（2011）基于 VAR 模型建立协整方程，并运用脉冲响应函数和方差分解方法，对陕西省 1978—2008 年的产业结构、消费结构的调整与经济增长的关系进行了研究。结果表明：产业结构、消费结构与经济增长间存在长期的协整关系；产业结构与消费结构变动对经济增长均有促进作用；消费结构对经济增长的贡献以短期波动为主，长期则主要由产业结构决定。

张力和田大钢（2013）利用 ADF 单位根检验，协整分析以及格兰杰因果检验方法研究了 1985—2010 年中国的城镇化水平与能源消费结构之间的相互影响关系。结果表明：随着我国城镇化进程的深入，能源消费结构并没有同步演进，与此同时我们的高清洁能源的使用量并没有得到大幅提升，较世界上城镇化水平高的发达国家，清洁能源在我国能源消费结构中所占比重仍然很低。为提高我国的城镇化质量，实现可持续发展战略，不仅要继续实施节能减排措施还应提高清洁能源的消费总量。刘昱含（2013）通过对某市 109 个年耗能 5000 吨标准煤以上重点用能企业的能源消费结构的调查和分析，得出以下结论：某市重点用能企业的能源消费结构是以煤炭为主，电力为辅，外加少量天然气，其中煤炭的比例过大，全市平均达到 89%。电力、天然气等清洁能源的使用比例过低，该种能源消费结构对降低碳排放，对经济的可持续发展及环境保护带来严重危害。

第三章 消费文明理论体系构建

第一节 消费文明理论溯源

一 文明的引论

文明化进程开始于公元前第五世纪至第三世纪。到公元前第二世纪，当人类聚集在一起，为满足自身需求而产生了专业分工时，就诞生了文明。文明是指在随后几千年出现的那些新的、前所未有的类似的成功存在的大型社会（Rushton Coulborn，1904—1968）。Matthew Melko（2006）认为文明是经济和文化在不同程度上集成的自治的大社会。在这个大社会中产生了各种机制，包括各种各样的社会组织，通过提供群体安全、人际权利关系、物质财富、友谊关系、心理确定性和理解来满足人类需求（Quigley，1979）[①]。

Andrew Targowski（2009）对文明的定义按照研究时期进行了梳理，认为在早期（1930—1980），文明的定义强调四个重要属性：①空间与时间扩展的大型社会；②文化导向；③宗教导向；④文明的生命周期：上升，繁荣与衰落。

[①] Quigley, C., *The Evolution of Civilizations*, Indianapolis: Liberty Press Edition, 1979, pp. 101–142.

表 3-1　　　　　　　　　　　早期文明的定义

作者	文明的定义
Toynbee（1935）	空间和时间的扩展、最高的秩序、宗教导向
Spengler（1932）	文化、历史的基本现象、上升和衰落
Sorokin（1950）	文化的超级系统
Kroeber（1957）	文化
Quigley（1979）	扩展的生产社会、城市生活与书写、满足六种需要
Coulburn（1966）	文明化的社会、空前的大型社会、精神导向而非行为导向

　　早期关于文明的定义关注人类活动的时态、状态和形态，是对人类文明的初级认识。在当代（1980年至今），众多学者对文明的认识深入到结构、机制与规则，如 Johann P. Arnason（2003）认为文明之所以能独立于原始文化，是因为文明是城市的文化，因此在城市化进程中被赋予了更复杂的社会结构。William McGaughey（2000）认为文明包括大规模的政治组织和复杂的表达方式，如媒介写作；他强调了文化交流的先进作用。

　　Samuel P. Huntington（1993）从社会关系角度认为文明是最高级的文化群组和最广泛的文化身份，如果某些人群缺失文明，就会将这一类人与其他种族区别开来。它由主观上自我认同的人共同创造的客观元素，如语言、历史、宗教习俗、制度等。综合众多学者的观点，当代文明的定义如表 3-2 所示。

表 3-2　　　　　　　　　　　当代学者对文明的定义

作者	文明的定义
Melko（1987）	大型社会、自治的物化、模糊的边界
Snyder（1999）	文化系统、保护完整性、适应
Hord（1992）	知识系统、订阅同一知识系统的互动集团、
McGaughey（2000）	有先进文化的社会、沟通驱动、权力驱动
Blaha（2002）	最少几千人、分享共同文化、统一于政治结构、不朽的架构、周期驱动
Bosworth（2003）	信息和知识的文化设施旨在生存和继续文化记忆
Farhat-Holzman（2003）	大城市、专业分工、财富积累

续表

作者	文明的定义
Fernandez – Morera（2001）	城市导向的、长期的标志性的建筑、比文化范围大
Fernandez – Armesto（2001）	可区分的地区或时期、生活方式、思想和情感引人注目的持续性、自我分化，文明化
Krejci（2004）	劳动分工、城市化和识字的、优于原始社会
Targowski（2004）	人类、自然和创造者之间的信息—物质接口、有人类、文化和基础设施构成、周期驱动

从当代文明定义的回顾中可知，他们强调下列属性：①大型社会：专业分工、自我区分与共享同一知识系统；②空间与时间：自主模糊的物化、显著的和扩展的区域或时间段、物化不是一个更大的实体的一部分；③文化系统，价值和符号驱动：沟通驱动（如文字和电子媒介）、财富和权力驱动、知识系统；④基础设施，至少由下列之一的技术驱动：城市基础设施、农业基础设施、其他基础设施（工业、信息等）；⑤周期驱动：随着时间上升、成长、衰落和消亡。

Andrew Targowski（2009）通过早期和当代文明的定义，给文明下了一个综合的定义：文明存在于一个自主的、模糊物化的大社会中，它不是这个大社会的一部分，而存在于特定时间段。专业分工使文明区分于其他文明，通过沟通、宗教、财富、权力和共享同一知识系统，构建先进的文化系统，拥有复杂的城市、农业基础设施和其他设施，如工业和信息；文明在上升、成长、衰落和消亡中循环发展。

从上述定义可知，文明是代表先进的社会发展状态，学者将其应用于诸多方面，形成了不同主体的文明。比如，按照时间阶段划分，分为古代文明和现代文明；按照社会发展形态划分，分为奴隶社会文明、农业社会文明、工业社会文明；按照指代对象划分，分为生态文明、消费文明等。

二 生态文明

20世纪六七十年代以来，环境问题逐渐成为一个世界性难题。人类在利用自然服务于生产和生活的同时，造成了一些负面影响，环境污染日益严重，给人类发展带来了不利影响。为了解决这一问题，党的十七大第一次提出建设生态文明。报告指出，当代中国建设生态文明的基本目标是："基本形成节约能源资源和保护生态环境的产业结构、增长方式、消费模式。循环经济形成较大规模，可再生能源比重显著上升。主要污染物排放得到有效控制，生态环境质量明显改善。生态文明观念在全社会牢固树立。"① 这标志着中国在人类发展与自然资源和环境关系方面实现了重大飞跃。

（一）生态文明的定义

中外学者对生态文明有不同的界定。西方思想中对生态文明的认识，主要有生态后现代主义、后工业社会、生态现代化、后工业文明等不同提法②。查伦（2001）认为，生态后现代主义应理性思考身心和自然的关系③。莱斯特（2006）指出，人类文明已经陷入危机，必须走经济可持续发展道路。阿尔温认为，信息科技正在推动社会发生新的革命，创建一个新文明，这个新文明带来了全新的生活方式④。马丁（2007）等认为，生态现代化是一种利用人类智慧去协调经济发展和生态进步的理论，以工业生态学为核心，以可持续发展为目标⑤。

国内学者对生态文明也提出了不同看法。从文化角度出发，生态文明是指人类遵循人、自然、社会和谐发展规律而取得的物质与精神成果总和；是人与自然、人与人、人与社会和谐共生的文化伦理形态（潘岳，2006）⑥。从组成成分看，生态文明是人与自然相互关系的进步状态，包括人类与自然和谐发展的全部成果，如环境保护意识、法律、制度、政策，维护生态平衡的科学技术、组织机构和实践活动等（俞可

---

① 钱俊生、赵建军：《生态文明：人类文明观的转型》，《中共中央党校学报》2008年第2期。

② 聂春雷、胡堪平等：《生态文明建设理论发展历程初探》，《环境与可持续发展》2014年第5期。

③ ［美］查伦、斯普瑞雷纳克：《真实之复兴：极度现代的世界中的身体、自然和地方》，张妮妮译，中央编译出版社2001年版，第4—5页。

④ 莱斯特·R. 布朗：《B模式2.0：拯救地球，延续文明》，林自新等译，东方出版社2006年版。

⑤ 黄海峰、刘京辉等：《德国循环经济研究》，科学出版社2007年版，第326页。

⑥ 潘岳：《社会主义生态文明》，《学习时报》2006年第9期。

平，2007）①。从广义上看，生态文明是继原始文明、农业文明、工业文明之后的新文明形态，具有里程碑意义。

生态文明的这些界定在本质上具有一致性，都以维护自然生态平衡为中心，建立人与自然、人与人、人与社会的和谐关系生态系统，促进社会、经济可持续发展。

(二) 生态文明消费观

生态文明消费观是以生态文明建设目标为中心的消费观念。消费关系着自然、人、社会这个复合生态系统的良性循环，消费观念、消费内容和消费方式健康与否，直接影响着生态平衡。欧美等发达国家在过去流行的享乐主义、超前消费、奢侈消费等虽然促进了生产规模的扩大，带来了经济繁荣。但这种繁荣是将人类赖以生存的有限资源变成污染环境的垃圾，是虚假的、有害的繁荣。

生态文明消费观提倡以人为本的消费观。在生态文明消费观中，消费活动以人的身心健康为基础，以人的全面发展为目标。自然—人—社会的全面、协调、持续发展程度取决于人的主观能动性的发挥方向和程度。而人的主观能动性发挥的方向和程度，又影响着人的全面发展。

生态文明消费观提倡资源节约的消费观。消费与生产相辅相成。一方面，资源节约可以减少浪费，积累有用资源，为生产提供更多的生产资料；另一方面，资源节约型的消费者具有绿色环保产品的偏好，通过市场给生产者传达了资源节约的信号，有利于生产商实行绿色生产。通过消费与生产的绿色循环，实现可持续发展。

生态文明消费观提倡和谐消费观。和谐消费观是在消费领域实现人的消费、社会消费和自然消费的协调；代内消费和代际消费的协调；物质消费、精神消费和生态消费的协调。人在消费过程中，不仅要满足自身生存与发展需要，还要反哺自然，满足自然生态系统生存与发展的需要，使自然界保持繁荣。

(三) 生态文明消费模式

在生态文明研究的相关文献中，从消费角度进行的研究并不多见，

---

① 俞可平：《科学发展观与生态文明》，载薛晓源、李惠斌主编《生态文明研究前沿报告》，华东师范大学出版社2007年版，第18页。

而且只关注一个角度，即消费模式。如生态文明贵阳国际论坛秘书长章新胜（2013）认为，生态文明是商业文明和工业文明的延伸，需要改变我们的生活方式、生产方式和消费模式；而内蒙古大学教授包庆德（2011）认为，消费模式转型是生态文明建设的重要路径。围绕这一主题，众多学者表达了不同但相关的观点，认为生态文明下消费者应采取适度消费、伦理消费、绿色消费、可持续消费，这些观点促进了生态文明在消费领域的延伸。

1. 生态文明下的适度消费模式

适度消费模式是为调解"消费超前"和"消费不足"问题提出的。王敬（2011）等认为，生态文明下的适度消费是生态的、均衡的、综合性的消费方式，它克服了工业社会牺牲环境和过度消费资源的缺陷，以自然环境的承载力为上限，与社会生产力发展水平相适应，在代际和空间中均衡分布消费。适度消费既不能过度消费，也不能消费不足；既不能超前消费，也不能滞后消费；反对过分节俭或奢侈浪费。这种在量上的规定性使其符合生态文明消费观中节约的消费理念。

2. 生态文明下的伦理消费模式

工业文明中消费膨胀导致消费者只关注消费对象满足感官需求的"物"的属性，而忽略了"物"与环境的关联，向自然界的过度索取背离了人类与自然之间的伦理规范（朱冉，2009）。消费活动的伦理属性影响着生态文明建设的精神文化支柱，生态文明必然要求伦理消费。

伦理消费是指符合道德规范的消费行为（刘湘蓉，2010）。消费的社会属性、精神与文化属性使其具有道德规范，这种道德规范表现为社会主义道德原则，处理好社会消费、集体消费和个人消费的关系，有利于社会主义精神文明建设，有利于社会主义经济发展。在生态文明中，健康合理的伦理价值观念体系有助于消费者选择合理的消费欲望，促使消费者做出正确的消费决策，将消费者的伦理道德从理念的"偶然"转化成行为的"必然"。

3. 生态文明下的绿色消费模式

绿色消费崇尚自然，保护生态，消费者的消费行为和过程不仅包括使用绿色、低碳产品，还包括回收利用物品，尽量降低对自然的索取与损坏，保护生存环境。绿色消费是生态文明建设的直接要求。

4. 生态文明下的可持续消费模式

联合国环境署于 1994 年率先提出了可持续消费的概念，并于 2001 年进行了修订，认为可持续消费不仅要满足生命生存的需求，而且要保护环境，以保证人类后代的持续发展。可持续消费从消费的时态上对消费者提出了要求，告知消费者不能只看眼前的消费水平，应兼顾后续消费的数量和质量。可持续消费是生态文明实现可持续发展的硬性要求。

三 消费文明的概念

文明的研究历程更多从文化、制度、结构角度进行，尽管消费文明并没有作为一个重要分支出现，但文明的形成离不开经济的发展。Laina Farhat-Holzman（2000）认为，一种文明集中在一个或多个城区，它有专业化的劳动分工，以及有满足专业化分工（如军队、祭祀、政府）的剩余食物（财富）。该定义关注了社会分工、区域经济及财富积累在文明中的重要作用，同时也说明了消费水平是文明的一个重要方面，劳动分工产生较多的财富意味着较高的消费水平。Carroll Quigley（1979）认为当有文字和城市生活时，文明才存在，而且他认为文明是一个社会机制，通过各种各样的社会组织提供群体安全、人际权利关系、物质财富、友谊关系、心理确定性和理解来满足人类需求。这一定义扩大了文明的内涵，将之与消费关系、消费需求紧密相连。Andrew Targowski（2004）认为文明是结构，人们用这种结构有效地与他们自身、自然以及他们的创造者（如神、上帝）合作。文明的构成包括人类实体、文化和基础设施。Timur Kuran（2009）认为文明是持久的互补的社会系统，"文化—物质"是常用的互补属性，通过"文化—物质"的因果关系，可以识别文明形成机制的轨迹。尽管这些定义有时代局限性，但它一方面从宏观上说明文明与社会经济发展紧密相连，另一方面从微观上说明文明与物质生活密切相关。当文明与消费活动结合时，诞生了消费文明，蕴含了消费经济学范畴的内容。消费主体、消费对象、消费水平、消费结构、消费方式等成为消费文明的重要刻度。

消费文明是众多学者提倡的消费观念，如吕宁和任旺（2009）抵制消费主义，倡导构建健康文明的消费模式；王建明（2011）认为可持续消费管制要求首先实现消费文明化。作为一个概念加以界定的只有罗浩波（2010），他认为所谓消费文明，是指人类在获取物质资料和物质财富过程中处理人与物的关系时所取得的积极的进步成果。它体现为人类理性消费方式和生活方式的形成，要求人类使物质财富的消费与物质生产相适应，使自然资源的利用与再生相适应，使环境的污染与自净能力相适应。这个定义单纯地从人与物的关系出发，认为人类消费的对象只有物质，具有片面性。人类消费包括生产消费和生活消费，具有物质性和社会性。正如恩格斯所说："经济学所研究的不是物，而是人和人之间的关系……可是这些关系总是同物结合着，并且作为物出现。"如果完全脱离消费的实物内容，如消费品的数量、质量、品种、结构等，消费关系就会落空，也难以揭示消费的发展规律。因此，消费文明反映了社会的消费对象、消费结构、消费水平。

综上所述，本书认为，消费文明是消费主体在物质资料的创造与使用过程中处理人与物、人与人、人与自然的关系时的一种状态，这种状态蕴含了科学的、积极的劳动成果，包含了适度消费、伦理消费、绿色消费、可持续消费等消费理念，形成了文明的消费文化，影响着消费主体占有与使用消费对象的方式，并通过消费机制规范着消费者的消费水平和消费结构。按照消费文明发生的时空划分，消费文明具有时间属性与区域属性。

第二节　消费文明的理论内容

一　消费文明的运行模型

消费文明一方面具有文明的一般规定性，不仅体现了人与物的关系，更体现了人与自我、人与他人、人与自然的关系。这种关系产生的基础是价值的获取。广义地说，价值是消费客体对消费主体生存、发展和完善的积极效用。消费者从消费对象中获取价值，根本上是为了促进社会主体的发展和完善，促进每个人的自由与全面发展，促进人类社会全面协调和可持续发展。

另一方面，消费文明还应具有自己独特的规定性，是从经济发展方式变革的角度提出的概念，反映了社会文明发展在消费活动上的进步和要求，它要求对工业化生产方式进行可持续发展的改造，形成可持续发展的生产方式。从消费活动实践（消费需求、消费水平、消费方式、消费结构、消费者行为等）出发去理解价值本质，从根本上超越价值本质认识的自发性、本能性、非理性和单极思维，走出消费主义价值观等误区的正确路径。

综合上述讨论，消费文明是社会文明系统的一个重要组成部分，是人作为消费主体在消费文化的引导及消费机制的作用下，购买、使用或拥有价值（消费客体），以满足自身需求的思想意识及行为过程。这些思想意识及行为过程在一定的区域和时间段占主导地位，能够理顺人类自身与自然及社会的关系，促进可持续发展。消费文明的这些规定性推动着消费文明的运行，如图3-1所示。

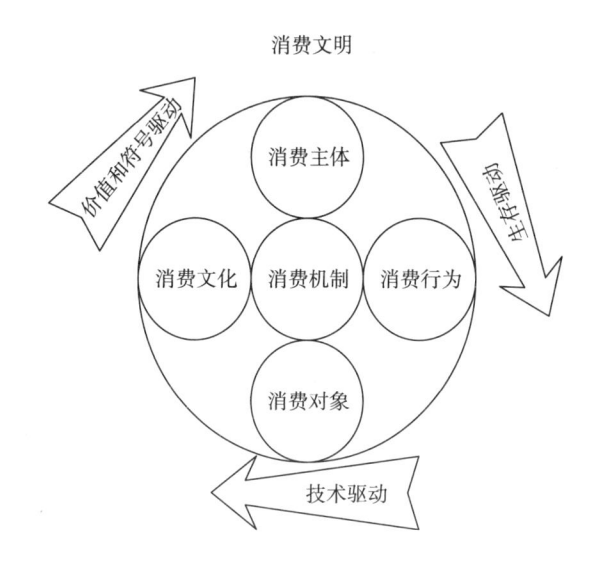

图3-1 消费文明运行模型

消费文明主体归属于某一自然区域或行政中心，共享同一知识系统。为寻求自身生存及发展，消费主体在消费文化熏染下，按照既成的价值观引发需求，这些需求受消费机制（分配政策、社会保障等）的激励或约束，通过消费行为作用于消费对象获得满足。消费行为是消费主体对消费对象的作用力发生转移的过程，这种作用力有两个截然相反的方向，正或负。正作用能够促进人类自身健康、人际关系和谐、自然资源备受保护；负作用则完全是一种无效的损耗。消费对象是工业化产品或自然物质，工业品在技术的作用下被个性化、细分化、智能化和规模化，它们使用自然资源，与自然物质一起形成物质财富。生存驱动、技术驱动和价值与符号驱动是消费文明发展的原动力，并使消费文明表现出层次性特征。其中，生存驱动是低层次的动力，消费者为满足生理需要，对物品的使用价值进行消费，追求物品的有用性。在这个层面上，经济理性是权衡消费适当与否的原则，任何不从实用或者使用价值角度进行的消费，往往在经济上是不合理的或者非理性的，在消费伦理上是浪费。技术驱动是第二层次的动力，由于消费者个人禀赋、能力、资源等因素使部分消费者总是能比其他消费者使用更多物品，在消费水平差距的刺激下，获取物品较少的消费者注重个人技能的提高，产生对知识、技术等非物质产品的消费需求，驱动文化消费。技术驱动的消费者不再单纯地从即期经济角度消费物品，而是考虑未来消费水平，甚至愿意牺牲当前消费以实现更高水平的跨期消费。此时，消费者成为"理性人"，消费理性的标准是可持续消费。价值与符号驱动是第三层次的消费，当企业生产的产品超过了消费者需要，为了获取更多市场，必须对产品附加必要使用价值以外的属性，从而实现差别化。商品成为一种符号体系，对商品的消费是社会结构和社会秩序建立及其区分的主要基础。波德里亚（2001）认为，消费品事实上已经成为一种分类体系，对人的行为和群体认同进行着符号化和规约化。在商品的极大丰盛中，物品经常以差别化的形式被消费，消费几乎成了划分阶级的重要标准。价值与符号驱动的消费使物转变为系统化的符号，当消费成为系统化的符号操作行为时，人们之间的相互关系也随之转变成一种消费关系，即被消费的不是物，而是关系本身，这种关系延伸至世界中的任何关联者，包括人与自身、人与社会、人与自然。由此，生态文明中的文明消费是消费行为的标准。生存驱动、技术驱动、价值和符号驱动在文明的发展进程中产生作用力，这三种作用也并非此消彼长，而是共同存在，只是在不同社会中，作用力的比重存在差异。而且，这三种作用力并不必然引导消费大众履行好的消费行为标准,这需要权力阶层及早认识消费文明的发展规律,引导正确的消费文明价值观,尤其在中国这样的发展中国家。

二 消费文明的构成

消费文明运行模型从消费活动本身出发,是一般化的概念介绍,比较笼统。为了清晰理解这一概念,必须回答消费文明的消费主体、消费文化、消费机制、消费行为及消费对象包含的具体内容。对这一问题的回答依然从文明角度出发,参考 Andrew Targowski（2003）对文明构成的界定,本书尝试性地概括出消费文明的构成,如图3-2所示。

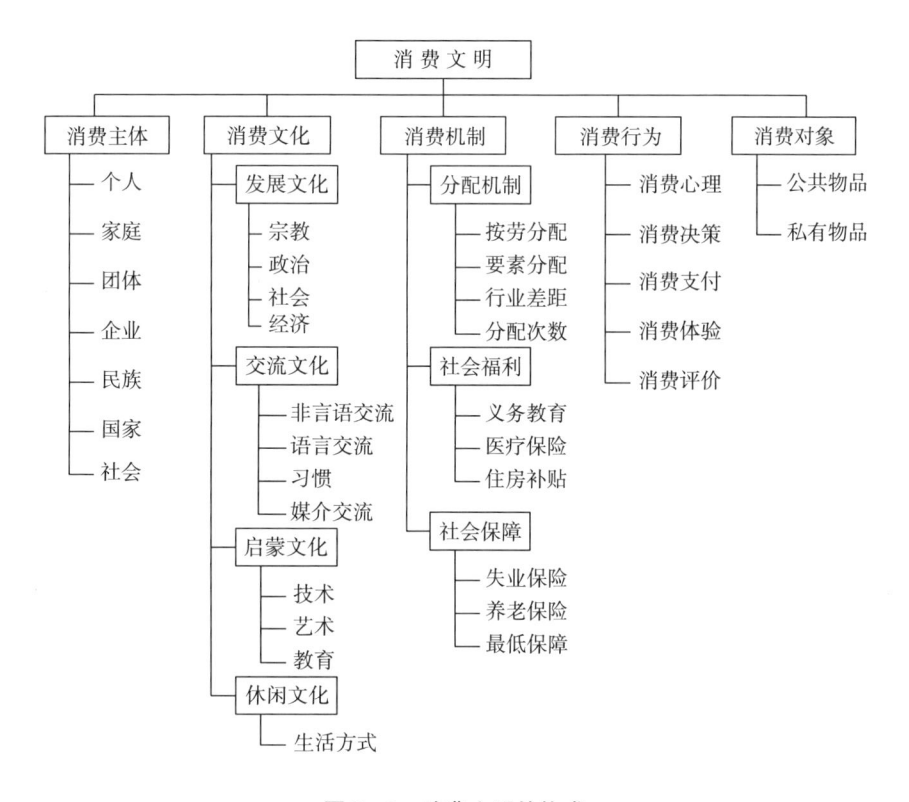

```
消费文明
├── 消费主体
│   ├── 个人
│   ├── 家庭
│   ├── 团体
│   ├── 企业
│   ├── 民族
│   ├── 国家
│   └── 社会
├── 消费文化
│   ├── 发展文化
│   │   ├── 宗教
│   │   ├── 政治
│   │   ├── 社会
│   │   └── 经济
│   ├── 交流文化
│   │   ├── 非言语交流
│   │   ├── 语言交流
│   │   ├── 习惯
│   │   └── 媒介交流
│   ├── 启蒙文化
│   │   ├── 技术
│   │   ├── 艺术
│   │   └── 教育
│   └── 休闲文化
│       └── 生活方式
├── 消费机制
│   ├── 分配机制
│   │   ├── 按劳分配
│   │   ├── 要素分配
│   │   ├── 行业差距
│   │   └── 分配次数
│   ├── 社会福利
│   │   ├── 义务教育
│   │   ├── 医疗保险
│   │   └── 住房补贴
│   └── 社会保障
│       ├── 失业保险
│       ├── 养老保险
│       └── 最低保障
├── 消费行为
│   ├── 消费心理
│   ├── 消费决策
│   ├── 消费支付
│   ├── 消费体验
│   └── 消费评价
└── 消费对象
    ├── 公共物品
    └── 私有物品
```

图3-2 消费文明的构成

通过消费文明构成图可知,消费文明的范畴可大可小。当消费文明主体作为个体为满足自身需求进行消费活动时,消费文明是微观层面的，反映了个人的文明消费行为；当消费个体构成一个群体时，消费文明是中观层面的，反映了某个组织的文明消费行为；当消费群体构成国家或社会整体时，消费文明是宏观层面的，反映了一个大的消费文明系统。

消费文明构成图说明了消费文化由发展文化、启蒙文化、交流文化和休闲文化构成。消费文化是人类消费活动模式的符号化结构，包括社会发展背景下人类的消费知识系统、消费交流方式及消费生活方式。消费与生活方式密切相关，生活方式影响着消费结构。

消费机制是组织政策，对消费主体的消费能力产生作用。分配政策决定消费者收入，社会福利和社会保障影响消费支出。收入与支出的剩余决定了消费水平。消费行为是一个完整的消费过程，消费体验影响二次消费，消费评价影响他人消费。消费对象不仅包含私人物品的消费，更包含公共物品的消费。

三 消费文明的形成机制

消费文明内涵给出了概括性的消费文明标准，那么消费文明通过什么机制达到这一标准？这需要考察消费文明的形成过程。消费文明能够自发形成，这依赖于一套相互作用的循环系统，这套系统由生存系统、逻辑系统、引导系统、知识系统、交流系统和权力系统组成。

引导系统是消费文明形成的起点，将消费价值观传递给生存系统和知识系统；知识系统生成消费意识，反馈信息给引导系统；引导系统又激发生存系统，形成消费决策；生存系统将消费决策传给逻辑系统，逻辑系统执行消费行为。当遇到消费冲突时，交流系统与知识系统和逻辑系统沟通，修正消费行为。当冲突较大，消费个体自身不能解决时，权力系统启动功能，识别消费问题，并影响引导系统、生存系统和逻辑系统。微观消费文明通过引导系统激发运行，宏观消费问题之间的抗衡通过权力系统激发。每个文明的消费主体都能被这两套系统捕获。在民主制中，权力系统隶属于引导系统；在其他政治体中，引导系统通常隶属于权力系统（Andrew Targowski，2004）。消费文明进程发生在集成的基础设施中，如图3-3所示。

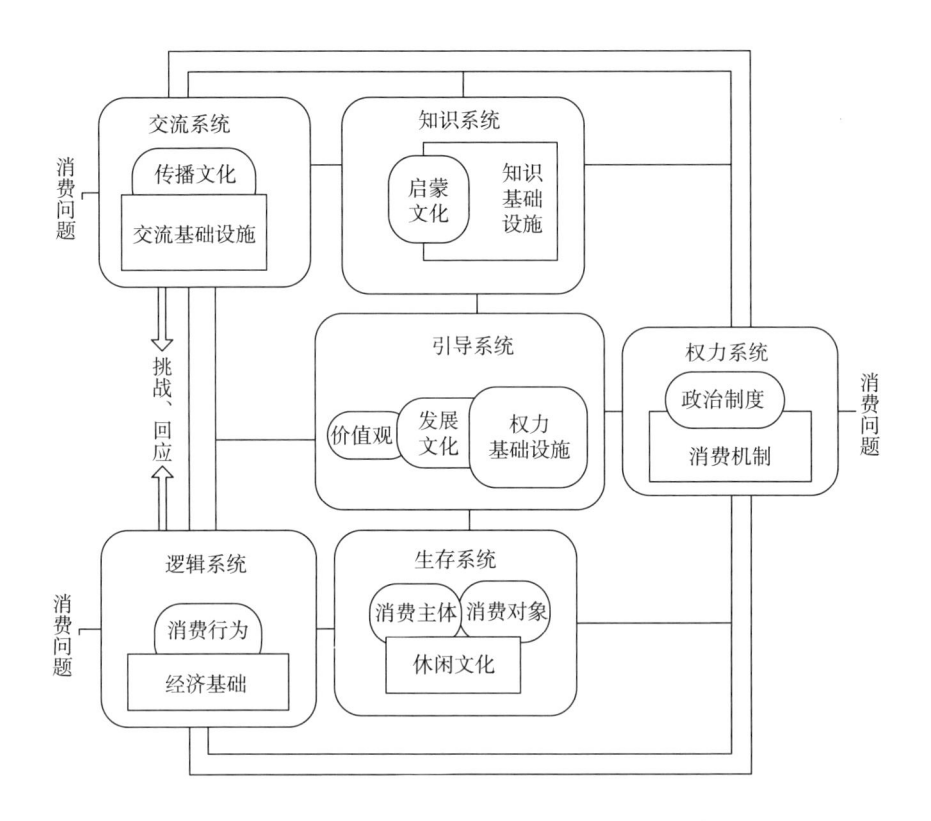

图 3-3 消费文明的形成机制

这套循环系统通过反馈结构保持消费文明功能的平衡。引导系统有两层,消费文明的第一层通过知识系统分析消费问题并应对挑战。消费知识系统越成熟越有经验,对消费问题越敏感。当问题应对意识传导给了引导系统,便激发反应,这是对刺激的一个回应。消费文明的第二层通过权力系统引导消费者产生消费意识,构建经济发展与分配机制,形成消费逻辑。第一层是消费者个体消费文明的形成过程,第二层是国家消费文明的形成过程,这两层共同存在,相互影响。一个弱的消费文明系统不能生成强反馈,不能与知识系统、交流系统和权力系统沟通,这意味着消费文明的衰落。一个好的消费文明系统,能够回应挑战并具有反射反应。由此,只要消费文明的内容符合其所处时代社会经济发展的趋势,就能通过消费文明进程机制形成良性扩散,从而形成主流消费文明。

通过消费文明的形成机制，可以发现消费文明有自动生成功能，但一个好的消费文明并不是自然天成的，需要研究部门提出消费文明知识，经由传播部门进行知识传播，帮助消费者树立正确的消费价值观；需要政府部门出台合理的政策，利用经济、行政、法律等手段，引导居民文明消费，促使企业提供绿色产品和服务，营造消费者文明消费的客观条件。

四　消费文明的测度

根据消费文明的定义，消费文明是一种状态，包含消费思想、消费方式、消费对象、消费水平、消费结构、消费倾向等，在这些内容中，有些是可量化的指标有些是不可量化的指标，为了验证消费文明与经济系统的关系，本书选择可量化的指标消费水平、消费结构和消费倾向来刻画消费文明的发展程度。消费水平是消费对象的量的反映，消费结构是居民消费质的反映，消费倾向是居民消费的时间反映。

第三节　消费文明与文明消费

消费文明是消费活动在历史发展过程中留下的所有先进成果的总和，不同地区不同时期的消费文明反映了当时的社会消费状况。文明消费是消费者采取的一种消费方式，符合文明的规范和要求。文明消费只是消费文明中的一种具体活动。

王建明（2011）从不文明的规定反推出文明行为的特征，他认为"消费文明化表示消费者在消费中能自觉根据完善个人道德的要求，维护公众利益和公共秩序。与之相对，不文明消费就是在消费中损人利己，甚至损人不利己的行为。他认为不文明消费表现主要有三类：一是消费者在公共场所消费中不讲公德的现象；二是消费者消费公共产品时往往存在严重污染或浪费现象；三是部分消费者滥食野生动植物等破坏生物多样性、破坏生态环境的现象。相应地，消费文明化目标应包含三个子目标：一是确保消费者维护公共利益，避免不讲公德的现象。二是确保消费者消费公共产品时和消费私人产品一样，注重节约，避免浪费。三是确保消费者摒弃消费野生动植物的陋习，以保护生物多样性、避免破坏生态环境。"① 这段关于文明消费标准的观点明确了行为规定,从公德角度出发谈论了在消费活动中处理与他人、与自然的关系。文明消费是消费文明中好的行为规范,是消费文明发展的趋向。

一个社会的消费文明虽然有自动生成功能,但一个好的消费文明并不是自然天成的,消费文明需要外力推动作用。

---

① 王建明:《可持续消费管制的基本理论问题研究——内涵界定、目标定位和机制设计》,《浙江社会科学》2011年第12期。

第四章　消费文明演变与产业结构优化

　　消费文明的时间性使之在历史发展中形成了不同特征的消费文明形态。中华人民共和国成立后至改革开放前，居民消费受传统消费观念影响较深，旧经济体系下的消费思维得以延伸。由于消费需求是一种长期形成，并且在一定环境中相对固化的习惯行为，随着社会制度、周围环境及收入水平的变化而变化。中华人民共和国成立后，人民的劳动效率得到极大提高。1949—1952年，国民经济全面恢复，人民生活得到改善。1952—1957年，中央执行中华人民共和国成立之后第一个五年计划，居民的主要消费品零售量大幅提升，粮食产量提高26%，蛋、肉、奶等成倍增长。居民消费水平快速增长。1958—1976年，由于自然灾害和政治变动，社会和生产发展被延误，居民基本生存受到威胁。1976—1978年，经济处于"文化大革命"后的整顿期，工农业产值得到恢复和发展，但人民生活水平提高不明显，投资大，消费少。1978年以后经济建设成为政府工作重点，国民经济进入快速发展期，居民消费水平稳步提高，恩格尔系数连续下降，至1999年降至52.56%，基本解决了全国居民的温饱问题；从2000年起，恩格尔系数继续下滑，至2010年，保持在40%—50%的区间，全国居民生活处于小康阶段；2011年以后，恩格尔系数低于40%，全国居民进入相对富足阶段。根据我国经济发展的不同历史时期，将消费文明划分为四个阶段：第一阶段1949—1978年，计划型消费文明；第二阶段1979—1999年，生存型消费文明；第三阶段2000—2010年，小康型消费文明；第四阶段2011年至今，富裕型消费文明。但由于富裕型消费文明阶段的数据只能收集到2011年、2012年、2013年，故将第三阶段和第四阶段合在一起分析，命名为小康至富裕型消费文明。

第一节 计划型消费文明与产业结构优化

一 计划型消费文明的基本特征

1949—1978年，国民经济重生产轻消费，人民群众艰苦生产，大众生活水平发展缓慢，消费需求被抑制，消费结构不能达到八大消费类别。在中华人民共和国成立初期，为了集聚尽可能多的生产资料快速发展，在经济政策中实行低收入、低物价、低消费，居民生活按照生产计划和消费计划定量配给，生产供应不能满足居民生活的需要。

在计划经济占主导地位的时期，居民身份被严格管制，限制了劳动力的自由流动，人民群众通过产业间职业转变获取更高报酬的机会非常罕见。居民之间的收入差距不大，居民消费水平处于平均状态。国家按计划供应商品，消费者凭票获取消费品，居民即使有钱，但若没有票，也购买不到商品。这种政策削弱了居民消费的自由选择权，压缩了消费，为实现工业化提供了资本积累。收入分配的平均化让国内消费者无法比较生活水平的高低，居民储蓄率低，跨期消费的现象非常少。

（一）居民消费水平

1949—1978年，居民消费水平的绝对数呈上升状态，但数值非常低。从有数据记载的1952—1978年，居民消费水平年平均增长率为3.1%，农村居民消费水平从65元上涨到138元，城镇居民的消费水平从154元上涨到405元。农村居民的消费水平与城镇居民的消费水平从一开始就存在差距，1952年农村居民平均消费水平是城镇居民的42.2%，其后，增速一直低于城镇居民，到1978年，农村居民的平均消费水平也只有城镇居民的34.1%。1952—1978年全国消费水平对比图如图4-1所示。

由图4-1可知，除1959年居民消费水平有所下降之外，其余是稳步上升趋势，全国居民消费平均水平在1970年以后上升幅度较大，城镇平均居民消费水平与农村平均居民消费水平之间的差距在增大。

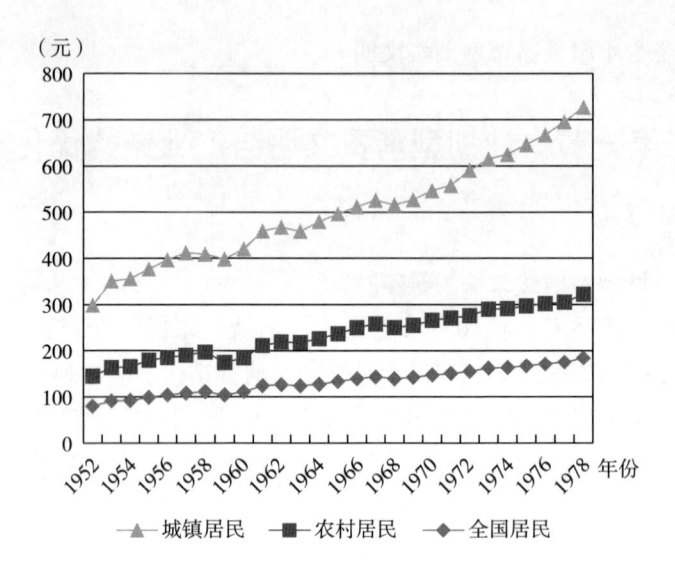

图 4-1　1952—1978 年城镇居民与农村居民消费对比

资料来源：国家统计局：《中国统计年鉴（1985）》，中国统计出版社 1985 年版，数据下载自中国统计局信息网。

（二）消费结构

1952—1978 年，居民消费处于基本生存阶段，消费中以吃、穿、用、娱乐、教育、医疗和燃料为主，住房消费、交通和通信消费几乎没有。这一阶段的消费结构如表 4-1 所示。

表 4-1　　　　　　　　　1952—1978 年居民消费结构

单位：亿元，以当年价格水平为准

年份	食品类	衣着类	日用品类	文化娱乐类	书报杂志类	药和医疗类	燃料类
1952	148.3	50.8	39.5	6.7	2.0	6.8	8.6
1957	241	82.6	65.3	12.7	4.9	16.7	18.4
1962	280.7	79.9	106.4	17.9	4.2	26.1	28.5
1965	327.1	112.5	68.7	17.3	6.4	27.8	30.3
1970	389	170.2	76.4	18.5	3.2	36.5	35.0
1975	554.2	219.4	127.0	29.3	9.8	57.1	49.6

续表

年份	食品类	衣着类	日用品类	文化娱乐类	书报杂志类	药和医疗类	燃料类
1976	577.9	237.1	134.2	30.3	10.4	60.1	49.0
1977	618.5	255.9	140.3	31.9	10.7	64.9	52.1
1978	655.8	278.5	156.3	42.2	12.1	64.7	55.3

资料来源：国家统计局：《中国统计年鉴（1985）》，中国统计出版社1985年版，数据下载自中国统计信息网。

由表4-1可知，全国食品类消费从1952年的148.3亿元上升至1978年的655.8亿元，增长了3倍多，平均每年增长5.1%；衣着类消费从50.8亿元上升至278.5亿元，增加了4.5倍，年均增长率为5.8%；日用品类从39.5亿元上升至156.3亿元，增加了3倍，年均增长率为4.7%。食品类消费、衣着类消费和日用品类消费占据了全部消费的80%。药和医疗用品类的消费排在所有类别中的第四位，从6.8亿元上升至64.7亿元，增长了近10倍，是所有消费结构中消费增长率最高的一类。燃料类消费从8.6亿元增至55.3亿元，排名第五位；文化娱乐类从6.7亿元上升至42.2亿元，年均增长率为2.7%；书报杂志类消费从2.0亿元上升至12.1亿元，年均增长幅度不到1%，是所有消费类别中消费绝对值最低、增长速度最慢的一大类别。由于中华人民共和国成立初期，工业不发达，交通工具与通信工具几乎没有，所以，在消费类别中见不到这一类的统计数据。居民住房由国家统一提供，所以，居民也没有居住类别的消费。这些说明，1952—1978年，全国居民消费处于低水平期。

（三）消费倾向

由于储蓄率反映了居民处理当期消费与远期消费之间关系的态度，反映了消费倾向，所以在本书中用储蓄率反映消费者的消费倾向。储蓄率高，说明居民认为远期生活风险较大，愿意减少当期消费来平缓未来消费；或者说明居民具有积累意识，为了财富积累而愿意降低当期消费。

在中华人民共和国成立初期，国民生产总值不高，居民的基本消费需求被抑制，居民消费水平总量很低。再加上国家为摆脱落后局面，宣扬勤俭节约，鼓励低水平消费、延迟消费。居民中若有超出平均消费水平的人员，会被批判为资本主义作风。因此，这一时期的居民处于消费总额低于需求总额，消费总额中的消费率高、储蓄率低的状态。

居民储蓄率在1952—1978年波动很大，尤其在1970年之前，储蓄率涨跌幅度很大，这与经济发展不平稳有关。在该阶段，居民投资渠道几乎为零，大部分居民的消费水平低于刚性消费需求，居民收入除了消费外就是储蓄，且储蓄比率很低。除了1960年的43.8%，1961年的39.6%，1978年的36.5%外，其余全部低于35%。由图4-2可知，1952—1958年储蓄率呈上升趋势；1959—1962年，储蓄率急剧下降；之后储蓄率慢慢回升；1966—1967年有小幅回落，之后持续增长并在1972年以后呈平稳增长状态。储蓄率的每一段涨跌，都与特定历史时期有关，这说明在1949—1978年，居民处于消费的紧张惶恐阶段，消费信心不足（见图4-2）。

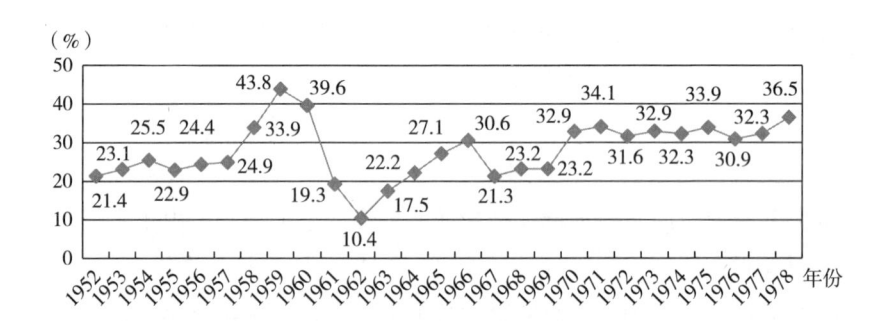

图4-2　1952—1978年中国居民储蓄率

资料来源：根据《中国统计年鉴（1985）》居民消费率计算而来。

二　计划型消费文明下的产业结构特征

根据这一时期经济政策的特征，1952—1957年是中国经济过渡期，1958—1978年是计划经济高度实行期。经过这两个阶段的建设，中国经济从农业经济为主转向以工业经济为主。

1952—1957年，中国经济体制实现国有经济的融合过程，将私有经济、合资经济等多种经济形式转化成国有经济，产业布局向内地和东北纵深发展。指导当时的经济发展思想是"走社会主义工业化道路"，要达到工业总产值在国民经济总产值中占较大比重、重工业产值在工业总产值中占优势地位的目标。国家从1953—1957年实行第一个五年计划，重点建设能源、钢铁、机械、化工和军工等产业，在五年工业投资总额中重工业投资占85%。这一阶段的目标设定虽然伟大，执行力度也大，但是在后期的发展中，政治思维指导经济建设，严重影响了这一阶段的产业发展。而且，在制定产业结构发展策略时，没有考虑到当时人民的消费需求。作为饱受战乱之苦的民众，最迫切的需求是吃饱饭、穿暖衣、有房住等最基本的生活需要，但重工业的发展布局忽视了这一点，使国民经济处于不平衡状态。

1958—1978年，计划经济体制全面确立，第二个五年计划开始实施。在"二五"计划中，中央基于赶超英美等西方发达资本主义国家，不切实际地提高了工业化发展目标。为了完成目标，全国上下"砸锅炼钢"，盲目建设中忽略了生产技术的科学性，导致生产率低下、产业结构严重失衡。再加上紧张的国际局势和国内的自然灾害，这一阶段的产业发展遭到了扭曲与破坏。

(一) 计划型消费文明下的产业结构

尽管在1949—1978年，我国的经济发展走了许多弯路，但是，各产业依然在发展。国民总产值从1952年的679亿元增加到1978年的3624.1亿元，年均增长率达6.4%；第一产业到1978年时，产值是1949年的4倍，年均增长4.2%；工业上涨了13.4倍，产值在1959年时第一次超过农业，达到538.5亿元，但在1961—1969年又低于农业，于1972年第二次超过农业，之后保持稳定增长，于1978年时达到了1607亿元。建筑业在26年内上涨了6.3倍，年均增速为7.1%。交通、运输、仓储、邮电和通信业上涨了6.0倍，以平均每年增长6.9%的速度在1978年达到了172.8亿元；批发、零售、贸易、餐饮业上涨了3.3倍，从80.3亿元上升到265.5亿元；其他服务业从85亿元提高到了422.2亿元，上涨了5.0倍，平均每年增长6.1%。从增长速度看，工业增长最快，批发、零售、贸易、餐饮业最慢，这说明产业结构发展速度与居民生活需求满足的速度不匹配。

表4-2　　　　　　　　1952—1978年中国产业结构　　　　　　单位：亿元

年份	农林牧副渔	工业	建筑业	交通运输仓储邮电通信业	批发、零售贸易、餐饮业	其他服务业	国内生产总值
1952	342.9	119.8	22	29	80.3	85	679
1953	378	163.5	29	35	115.5	103	824
1954	392	184.7	27	38	120.3	97	859
1955	421	191.2	31	39	119.8	108	910
1956	443.9	224.7	56	46	131.4	126	1028
1957	430	271	46	49	133	139	1068
1958	445.9	414.5	69	71	136.6	170	1307
1959	383.8	538.5	77	94	145.7	200	1439
1960	340.7	568.2	80	104	133.1	231	1457
1961	441.1	362.1	26.8	69.2	110.5	210	1220
1962	453.1	325.4	33.9	57.4	80.5	199	1149
1963	497.5	365.5	42	55	76.1	197.1	1233.3
1964	559	461.1	52.4	58.4	94	229.1	1454
1965	651.1	546.5	55.7	77.4	118.3	267.2	1716.1
1966	702.2	648.6	60.9	85.1	148.5	223.2	1868
1967	714.2	544.9	57.9	72.3	153.2	231.1	1773.9
1968	726.3	490.3	47	70.2	138.9	250.2	1723.1
1969	736.2	626.1	63	84.9	163.6	264.2	1937.9
1970	793.3	828.1	84.1	100.2	178.1	268.9	2252.7
1971	826.3	926.6	96.2	108.4	178.3	290.6	2426.4
1972	827.4	989.9	94.3	118	194.3	294.2	2518.1
1973	907.5	1027.5	100.5	125.5	211	303.9	2720.9
1974	945.2	1083.6	108.4	126.1	206.6	320	2789.9
1975	971.1	1244.9	125.6	141.6	175.8	338.3	2997.3
1976	967	1404.6	132.6	139.6	147.2	352.7	2943.7
1977	942.1	1372.4	136.7	156.9	213.8	380	3201.9
1978	1018.4	1607	138.2	172.8	265.5	422.9	3624.1

资料来源：国家统计局国民经济综合统计司：《新中国五十五年统计资料汇编》，中国统计出版社2005年版，第12页。

将表4-2按照三大产业的划分类别进行合并,农林牧副渔为第一产业,工业和建筑业为第二产业,其余为第三产业。从增长速度看,增长最快的首先是第二产业,其次是第三产业,最后是第一产业。从产业产值看,三大产业呈现此消彼长的态势,1952—1956年,第一产业产值最高,第三产业第二,第二产业第三;1957—1960年,第二产业快速发展,依次超过第三产业、第一产业,跃居为产值最高的产业;1961—1969年,第二产业产值跌落,位于第一产业与第三产业之间;1969年以后,产值保持第二产业最高,第一产业第二,第三产业第三的状态(见图4-3)。

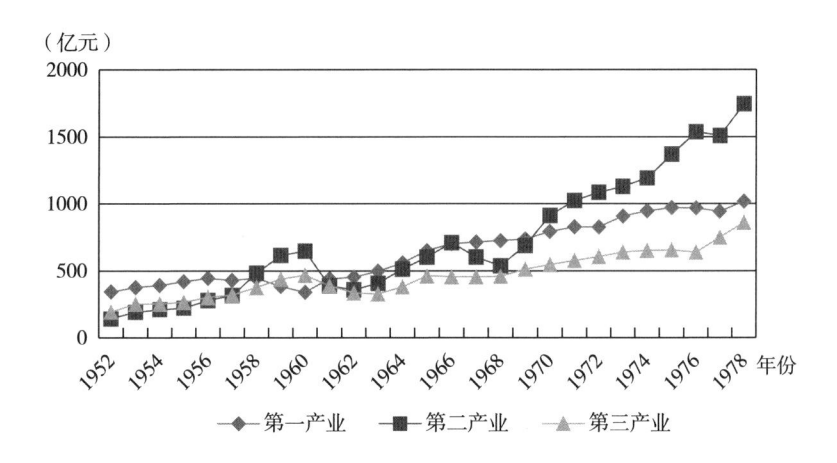

图4-3 1952—1978年三大产业产值

资料来源:国家统计局国民经济综合统计司:《新中国五十五年统计资料汇编》,中国统计出版社2005年版。

(二)计划型消费文明下的劳动就业

1952—1978年,全国劳动就业人数从1533.8万人增加至9262.8万人,就业总人数增长了5.04倍。其中,工业就业人数从500.1万人增加至4165.3万人,增长了7.33倍;建筑业和资源勘探从105万人增加至810.9万人,增长了6.72倍;农、林、水利、气象从23.9万人增加至878.5万人,1978年的就业人数是1952年的35.78倍;运输和邮电业从106.7万人增加至640万人,增长了5.0倍;商业、饮食业、服务业和物资供销业从262.9万人增加至1147.9万人,增长了3.37倍;科学、文教、卫生业从248.7万人增加至1032万人,增加了3.15倍;管理部门从251.9万人增加至415.1万人,增加了0.65倍;其他行业从34.6万人增加至173.1万人,增加了近4倍。总体而言,各产业部门就业人数均在增长(见表4-3)。

表4-3　　　　1952—1978年全国国民经济各部门职工平均人数

年份	合计	工业	建筑业和资源勘探	农、林、水利、气象	运输和邮电	商业、饮食业、服务业和物资供销	科学、文教、卫生	管理部门	其他
1952	1533.8	500.1	105	23.9	106.7	262.9	248.7	251.9	34.6
1953	1818.4	599.2	191.6	41.7	120.1	285.3	263.1	272.3	45.1
1954	1911	664.1	190.5	37.7	132.3	304.3	272.4	266.5	43.2
1955	2065.5	756.6	192.9	46.3	148.2	333.9	265.9	274.8	46.9
1956	2639.2	921.1	335.8	80	158.4	489.1	306.4	290.7	57.7
1957	3057	1037.8	364.3	108.6	233.4	609.2	357.9	281.7	64.1
1958	3932.4	1684.4	409.9	242.7	317.6	554.6	413.5	250.6	59.1
1959	5141.4	2234.6	680.1	407.8	359.1	646.1	465.1	276.6	59.1
1960	5803.7	2425.6	680.1	407.8	359.1	641.6	465.1	276.7	76.4
1961	5507.4	2219.5	529.6	599.8	436.5	696.2	610.8	322.7	92.3
1962	4614.1	1740.6	323.7	499.5	409.2	689.8	578.8	281.2	91.3
1963	4339.2	1559.3	303.1	462.8	393.4	705.7	548.6	268.5	98
1964	4497.4	1569.7	357.1	475	405.3	723	580.3	274.5	112.5
1965	4788.2	1659.8	424.9	495.7	418.6	741.9	628.5	287.8	131
1966	5081.5	1805.5	495	516	423	761	655.5	291.5	134
1967	5251.5	1886	510	541	434	792.5	668	287.5	132.5
1968	5404.5	1923	513	565.5	469.5	825.5	680.5	286.5	141
1969	5609.5	2065.2	521	589.6	495.5	830.1	675.6	293.5	139
1970	5958.2	2379.1	539.3	608.1	497.6	834.5	665.6	304.5	129.5
1971	6501.5	2751.8	576.9	644.8	514.8	877.8	688.6	323.8	123
1972	6960.5	3042.1	607.5	670.2	524.8	909.1	743.4	333	130.4
1973	7308.9	3283.1	624.1	695.1	528.4	923.7	789.6	334.2	130.7
1974	7573.2	3466.3	640.3	719.9	542.2	940	810.3	343.5	130.7

续表

年份	合计	工业	建筑业和资源勘探	农、林、水利、气象	运输和邮电	商业、饮食业、服务业和物资供销	科学、文教、卫生	管理部门	其他
1975	7994.6	3647.8	679	749.5	571.7	998	846.8	360.5	141.2
1976	8500.7	3874.9	732	786.5	604.9	1068.9	900.7	380.3	152.5
1977	8935.6	4065.6	763.5	843.6	633.2	1123	945.6	398.8	162.3
1978	9262.8	4165.3	810.9	878.5	640	1147.9	1032	415.1	173.1

资料来源：国家统计局社会统计司：《中国劳动工资统计资料（1949—1985）》，中国统计出版社1987年版。

在总就业人数增加的同时，各行业就业人数与总就业人数的占比发生了变化。其中，工业就业人数在总就业人数中的比重一直处于上升趋势，从32.61%上升至44.97%，就业人数比重在所有产业中名列第一。建筑业和资源勘探的就业人数占比呈倒"U"形发展，1952—1959年，一直上升，直至1959年达到峰值，占13.23%，随后开始下降，并在20世纪70年代围绕8.5%小幅波动；农、林、水利、气象的就业人数在50年代非常不稳定，在60年代时处于高比例期，在70年代逐渐小幅下降；商业、饮食业、服务业和物资供销在震荡中下降，由17.14%下降至12.39%；科学、文教、卫生的就业人数占比总体呈下降趋势，由16.21%逐渐趋稳于11%；管理部门就业人数占比下降幅度最大，从16.42%一直下降至4.48%；其他部门的就业人数占比小幅下降，维持在2%左右。

表4-4　　　　1952—1978年国民经济各部门就业人数占比　　　单位：%

年份	合计	工业	建筑业和资源勘探	农、林、水利、气象	运输和邮电	商业、饮食业、服务业和物资供销	科学、文教、卫生	管理部门	其他
1952	100.00	32.61	6.85	1.56	6.96	17.14	16.21	16.42	2.26
1953	100.00	32.95	10.54	2.29	6.60	15.69	14.47	14.97	2.48

续表

年份	合计	工业	建筑业和资源勘探	农、林、水利、气象	运输和邮电	商业、饮食业、服务业和物资供销	科学、文教、卫生	管理部门	其他
1954	100.00	34.75	9.97	1.97	6.92	15.92	14.54	13.95	2.26
1955	100.00	36.63	9.34	2.24	7.18	16.17	12.87	13.30	2.27
1956	100.00	34.90	12.72	3.03	6.00	18.53	11.61	11.01	2.19
1957	100.00	33.95	11.92	3.55	7.63	19.93	11.71	9.21	2.10
1958	100.00	42.83	10.42	6.17	8.08	14.10	10.52	6.37	1.50
1959	100.00	43.46	13.23	7.93	6.98	12.57	9.05	5.38	1.15
1960	100.00	41.79	11.72	7.03	6.19	11.06	8.01	4.77	1.32
1961	100.00	40.30	9.62	10.89	7.93	12.64	11.09	5.86	1.68
1962	100.00	37.72	7.02	10.83	8.87	14.95	12.54	6.09	1.98
1963	100.00	35.94	6.99	10.67	9.07	16.26	12.64	6.19	2.26
1964	100.00	34.90	7.94	10.56	9.01	16.08	12.90	6.10	2.50
1965	100.00	34.66	8.87	10.35	8.74	15.49	13.13	6.01	2.74
1966	100.00	35.53	9.74	10.15	8.32	14.98	12.90	5.74	2.64
1967	100.00	35.91	9.71	10.30	8.26	15.09	12.72	5.47	2.52
1968	100.00	35.58	9.49	10.46	8.69	15.27	12.59	5.30	2.61
1969	100.00	36.82	9.29	10.51	8.83	14.80	12.04	5.23	2.48
1970	100.00	39.93	9.05	10.21	8.35	14.01	11.17	5.11	2.17
1971	100.00	42.33	8.87	9.92	7.92	13.50	10.59	4.98	1.89
1972	100.00	43.71	8.73	9.63	7.54	13.06	10.68	4.78	1.87
1973	100.00	44.92	8.54	9.51	7.23	12.64	10.80	4.57	1.79
1974	100.00	45.77	8.45	9.51	7.16	12.41	10.70	4.54	1.73
1975	100.00	45.63	8.49	9.38	7.15	12.48	10.59	4.51	1.77
1976	100.00	45.58	8.61	9.25	7.12	12.57	10.60	4.47	1.79
1977	100.00	45.50	8.54	9.44	7.09	12.57	10.58	4.46	1.82
1978	100.00	44.97	8.75	9.48	6.91	12.39	11.14	4.48	1.87

注：表中的百分比为四舍五入后的。

资料来源：国家统计局社会统计司：《中国劳动工资统计资料（1949—1985）》，中国统计出版社1987年版。

从表4-4可知，工业对劳动力的吸附能力最强，吸纳就业人数最多，其次为商业、饮食业、服务业和物资供销，再次为科学、文教、卫生业。在不考虑农村人口的情况下，三大产业就业人数占比中，第一产业在1952—1978年，就业人数占比约为总就业人数的10%；第二产业在1952—1960年上升，从39.45%上升到53.51%，然后从1961—1964年下降，降至42.84%后稳步上升，于1978年达到53.72%。第三产业就业人数占比从58.99%下降至36.79%，其变化走势与第二产业就业人数变化成相反状态，第二产业人数增加时第三产业人数下降，第三产业人数下降时第二产业就业人数增加。这说明两个产业之间的劳动力流动可能存在。而第一产业就业比例与第二产业、第三产业没有任何交集，可见全国产业布局中吸纳闲散人员的能力较低，总就业率较低（见图4-4）。

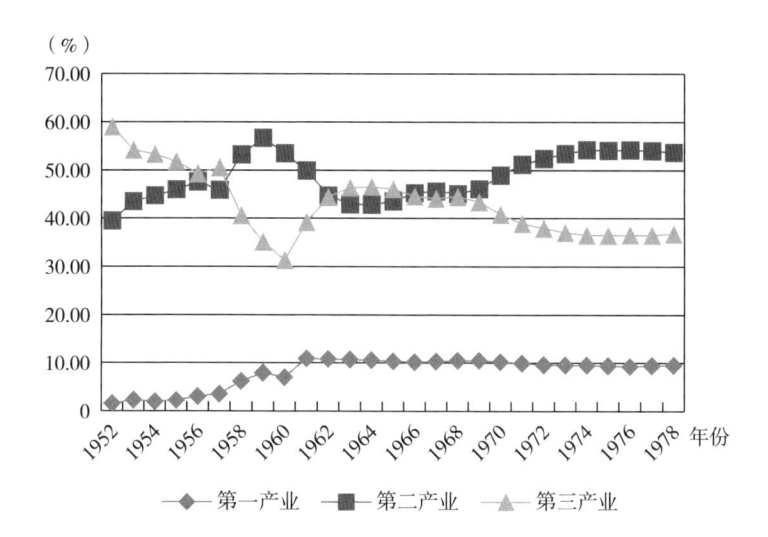

图4-4　1952—1978年三大产业就业人数比例趋势

资料来源：国家统计局社会统计司：《中国劳动工资统计资料（1949—1985）》，中国统计出版社1987年版。

三　计划型消费文明对产业结构优化的影响

计划经济时期，消费文化提倡最大限度地勤俭节约，消费水平很低，消费需求不能得到满足，消费结构以食品为主，其次为衣着，再次为日用品，其他类别的比重较小，住房、交通与通信几乎没有；消费占了收入的绝大部分，储蓄率较低。

计划消费文明的这些特征与国家当时的经济政策密不可分。中华人民共和国成立后至改革开放前，我国采取重生产轻消费的战略，实行计划生产、计划消费。产业结构的布局决定了消费结构，消费品的供给低于消费需求。这种经济局面导致全国居民控制消费，崇尚节俭，注重积累。

消费结构与产业结构不协调。1949—1978年，居民食品和衣着的消费支出占总消费的50%以上；而国民生产中以工业尤其是重工业为主，消费对产业结构的引导作用较弱；在工业化起步阶段，为了积累生产资本，强调发扬勤俭节约精神，类似于禁欲论，使消费需求被抑制，消费对产业结构的优化起不到涓流效应。

消费结构与产业结构的割裂使发展不可持续。一方面，经济波动较大。高度计划性让消费需求的信号不能及时传达到产业部门，产业布局盲目决策，产业调整及优化没有科学指导。在农业生产效率没有得到提高的情况下，强行发展工业，重点发展重工业，既没有劳动力支撑也没有技术支撑，在有限的资本支持下，经不起政治变化和自然灾害的侵扰。另一方面，社会动荡较多。薄弱的经济基础让中国人民在面对危机时不能平稳渡过。在国外，中国与苏联国际关系紧张，遭受经济制裁；在国内，三年自然灾害让人民食不果腹，"文化大革命"让群众人人自危。经济发展模式难以为继。

第二节　生存型消费文明与产业结构优化

1978年，中国施行改革开放策略，经济运行从此进入正常轨道。1979年，在中央召开的理论务虚会上明确了生产力发展水平不能满足人民和国家需要的矛盾。1987年，党的十三大报告将社会主义初级阶段确立为我国发展的经济阶段，并指出"我们现阶段所面临的主要矛盾，是人民日益增长的物质文化需要同落后的社会生产之间的矛盾"。1997年，党的十五大报告再次强调，我国社会主义社会仍处在初级阶段。社会主义初级阶段"社会的主要矛盾是人民日益增长的物质文化需要同落后的社会生产之间的矛盾，这个主要矛盾贯穿我国社会主义初级阶段的整个过程和社会生活的各个方面"①。纵观 1978—1999 年人民代表大会的重要议题,提高人民生活水平是核心内容。在这一时期,人民的消费需求得到政府的正确认可,消费倾向迅速提升,市场需求旺盛,生产供不应求。

一 生存型消费文明的基本特征

(一) 生存型消费文明的消费水平

1979—1999 年,中国居民的消费水平大幅提升。全体居民人均年消费从 208 元增长至 3346 元,增长了 15.09 倍,年均增长率为 12.78%;农村居民人均年消费从 159 元增长至 1766 元,增长了 10.11 倍,年均增长率为 13.06%;城镇居民人均年消费从 425 元增长至 6405 元,增长了 14.07 倍,年均增长率为 14.9%。农村居民和城镇居民的消费水平存在较大差距,城镇居民的消费水平是农村居民的 3.06 倍。全国消费主要由城镇居民拉动②(见表 4-5)。

表 4-5　　　　　1979—1999 年中国居民可支配收入　　　单位:元

年份	全体居民	农村居民	城镇居民	年份	全体居民	农村居民	城镇居民
1979	208	159	425	1990	833	560	1596
1980	238	178	489	1991	932	602	1840
1981	263	201	521	1992	1116	688	2262
1982	288	223	536	1993	1393	805	2924
1983	315	250	558	1994	1833	1038	3852
1984	361	287	618	1995	2355	1313	4931
1985	446	349	765	1996	2789	1626	5532
1986	497	378	872	1997	3002	1722	5823
1987	565	421	998	1998	3159	1730	6109
1988	714	509	1311	1999	3346	1766	6405
1989	788	549	1466				

资料来源:袁志刚:《中国居民消费前沿问题研究》,复旦大学出版社 2011 年版,第 24 页。

---

① 王立胜、王清涛:《中国特色社会主义理论的逻辑起点与中国社会主要矛盾的重新确立》,《山东师范大学学报》(人文社会科学版) 2015 年第 3 期。

② 袁志刚:《中国居民消费前沿问题研究》,复旦大学出版社 2011 年版,第 24 页。

从居民消费水平增长的相对数看，在 1980—1986 年，农村居民的消费水平增长率高于城镇居民；在 1986—1996 年，城镇居民的消费水平增长率高于农村居民；1997—1999 年，农村居民的消费增长率高于城镇居民。这说明，在我国城乡二元经济结构下，农村居民消费与城镇居民消费水平的距离问题受外界因素作用的影响较大（见图 4-5）。

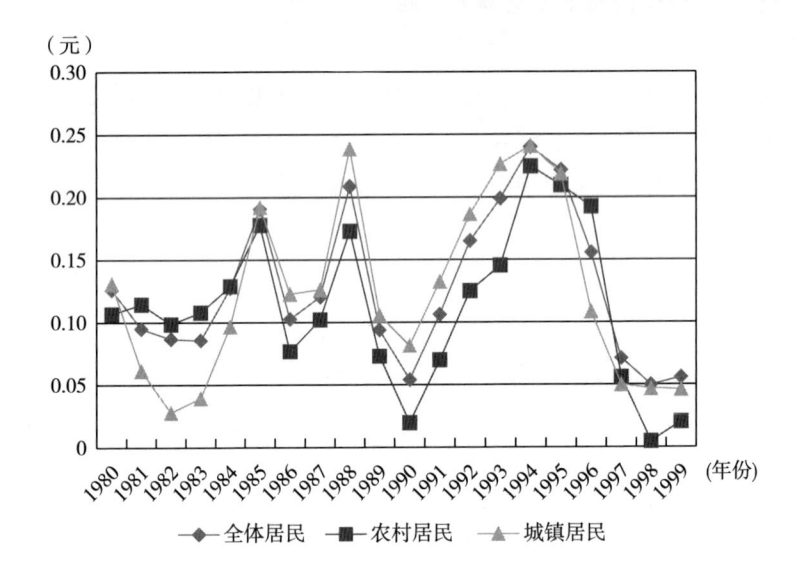

图 4-5　1980—1999 年居民消费水平增长比例

资料来源：国家统计局：《中国统计年鉴（2012）》，中国统计出版社 2012 年版，数据下载自中国统计信息网。

（二）生存型消费文明的消费结构

由于城镇居民消费结构数据在 1979 年、1980 年缺失，由 1981—1999 年城镇居民消费结构表可知，1981 年以来，我国城镇居民在食品类、衣着类的消费比例逐渐下降，在居住类、医疗保健类的消费比例逐渐上升，在家庭用品及服务类、交通和通信类、教育文化娱乐服务类的消费比例在调整中曲折上升，在其他商品服务类的消费上缓慢上升。从消费结构的变动看，消费结构升级效果明显，食品、衣着、居住类消费在总消费中的比重逐渐下降，居住、医疗保健、交通和通信、教育文化娱乐服务及其他商品服务类别的消费比重逐渐上升（见表 4-6）。

表 4-6　　　　　　　　1981—1999 年城镇居民消费结构　　　　　单位:%

年份	食品类	衣着类	居住类	家庭设备用品及服务类	医疗保健类	交通和通信类	教育文化娱乐服务	其他商品服务
1981	56.7	14.8	4.3	9.6	0.59	1.4	8.4	4.2
1982	58.6	14.4	4.4	9.2	0.6	1.5	7.2	4.1
1983	59.2	14.5	4.4	9	0.63	1.53	6.6	4.2
1984	58	15.5	4.2	9.1	0.67	1.55	7.1	4.1
1985	52.2	14.6	5.6	10.7	1.2	1.1	10.6	4
1986	52.4	14.1	6	11.1	1.2	1.15	9.3	4.1
1987	53.5	13.7	6.1	11.4	1.3	1.17	8.5	4.5
1988	51.4	13.9	5.5	13.5	1.5	0.95	9.2	4.4
1989	54.5	12.3	5.7	11.1	1.7	0.92	9.5	4.1
1990	54.2	13.4	5.6	10.1	2	1.2	9.5	4.3
1991	53.8	13.7	6	9.6	2.2	1.4	8.9	4.3
1992	52.9	14.1	6.3	8.4	2.5	2.6	8.8	4.4
1993	50.1	14.2	6.6	8.8	2.7	3.8	9.2	4.7
1994	49.9	13.7	6.8	8.8	2.9	4.7	8.8	4.6
1995	49.9	13.5	7.1	8.4	3.1	4.8	8.8	4.4
1996	48.6	13.5	7.7	7.6	3.7	5.1	9.6	4.4
1997	46.5	12.5	8.6	7.9	4.3	5.6	10.7	4.3
1998	44.5	11.1	9.4	8.2	4.7	5.9	11.5	4.6
1999	41.9	10.5	9.8	8.6	5.3	6.7	12.3	5

资料来源：国家统计局：《中国统计年鉴（2012）》，中国统计出版社 2012 年版。数据下载自中国统计信息网。

从农村居民消费结构比例看，食品类消费排列第一，居住类消费排列第二，其他类别交叉变动，如在 1992 年以前，衣着类排列第三；家庭设备用品及服务类排列第四，但在 1992 年之后，教育文化娱乐服务类排列第三，衣着类排列第四；医疗保健、交通和通信、其他商品与服务分别位列第五、第六、第七。从总体看，农村居民消费结构升级效果不明显，食品、居住、衣着类的消费在总消费中仍然占最大比重（见表 4-7）。

表 4 - 7　　1979—1999 年农村居民消费结构　　单位:%

年份	食品类	衣着类	居住类	家庭设备用品及服务类	医疗保健类	交通和通信类	教育文化娱乐服务	其他商品服务
1979	64	13.1	11.9					
1980	61.77	12.32	13.85					
1981	59.8	12.5	16.6	2.2	2.2	0.3	5.3	1.2
1982	60.6	11.4	16.1	4.3	2.1	0.3	3.4	1.8
1983	59.4	11.3	16.9	5.7	1.8	1.4	2.3	1.2
1984	59.3	10.6	17.7	5.4	1.8	1.2	3	1
1985	57.79	9.72	18.24	5.12	2.41	1.73	3.92	1.07
1986	56.5	9.2	19.7	5.5	2.4	1.7	4	0.9
1987	55.8	8.6	20	5.4	2.7	2.1	4.6	0.9
1988	54	8.6	20.2	6.3	2.8	1.9	5.4	0.8
1989	54.8	8.3	19.7	6	3.1	1.6	5.7	0.8
1990	58.8	7.77	17.34	5.29	3.25	1.44	5.37	0.74
1991	57.6	8.2	16.5	5.7	3.6	1.7	5.9	0.8
1992	57.55	7.97	15.92	5.56	3.66	1.86	6.64	0.85
1993	58.06	7.19	13.88	5.8	3.53	2.26	7.59	1.7
1994	58.86	6.92	14	5.45	3.15	2.36	7.39	1.87
1995	58.62	6.85	13.91	5.23	3.24	2.58	7.81	1.76
1996	56.33	7.24	13.93	5.36	3.71	2.99	8.43	2.02
1997	55.06	6.77	14.42	5.29	3.86	3.33	9.16	2.12
1998	53.43	6.58	15.07	5.15	4.28	3.82	10.02	2.07
1999	52.56	5.83	14.75	5.22	4.44	4.36	10.67	2.18

资料来源：国家统计局：《中国统计年鉴（2012）》，中国统计出版社 2012 年版，数据下载自中国统计信息网。

由于 1979—1999 年我国经济处于改革初始期，市场经济逐渐渗透至国民经济各部门，价格双轨制、家庭联产承包等重要改革逐步推进，城镇居民和农村居民走上了不同的经济发展道路。城镇居民主要在政府机构、国有企业、合资企业、外资企业中获取劳动报酬，而农村居民主要依靠耕种自家责任地获取劳动报酬，不同的生产力水平及生产效率，决定了我国城镇和农村居民消费水平的差异。

1981—1999 年，城镇居民食品消费在总消费中从 56.7% 下降到 41.9%，农村居民食品消费比重从 64% 下降到 52.56%。农村居民食品类消费的比重一直高于城镇居民,并且,在1989年之后,食品消费在农村居民和城镇居民的消费比重中差距越来越大。按照恩格尔系数分类法:恩格尔系数大于60%的为贫穷阶段;50%—60%为温饱阶段;40%—50%为小康阶段,30%—40%为相对富裕阶段;20%—30%为富足阶段;20%以下为极其富裕阶段。据此可知,1981—1993年,我国城镇和农村居民的生活都处于温饱阶段,而1993年以后,我国城镇居民的生活进入小康阶段,而农村居民依然处于温饱阶段。从全国平均水平看,我国在1981—1999年处于满足基本生存的阶段(见图4-6)。

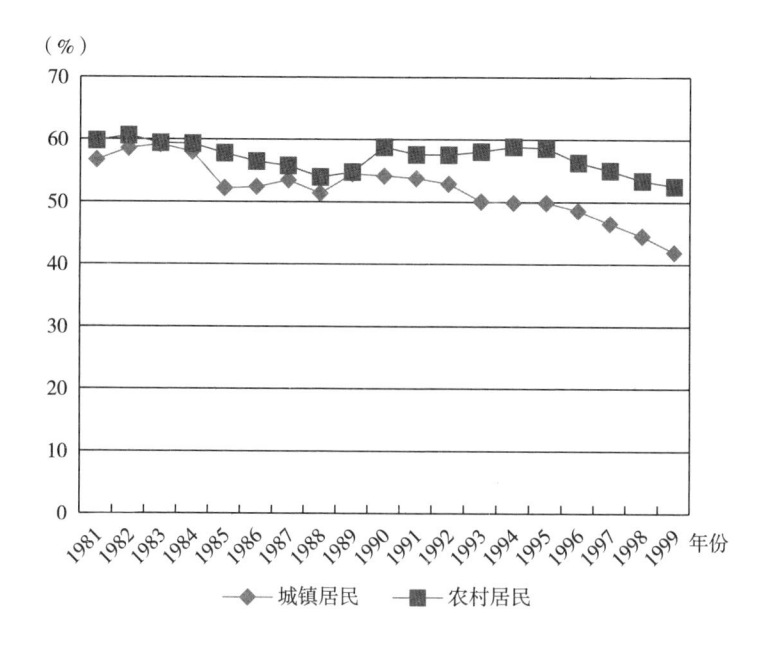

图4-6 1981—1999年食品消费比例对比

资料来源:国家统计局:《中国统计年鉴(2012)》,中国统计出版社2012年版。数据下载自中国统计信息网。

1981—1999年我国城镇居民和农村居民在衣着消费上,都呈现下降趋势,城镇居民在衣着上的消费比重平均高3个百分点。城镇居民在1989—1992年中,衣着类消费小幅上升,而农村居民在这段时期的衣着消费比例变动幅度不是很大。从趋势图看,衣着类消费上,城镇居民和农村居民的消费差距在逐渐变大(见图4-7)。

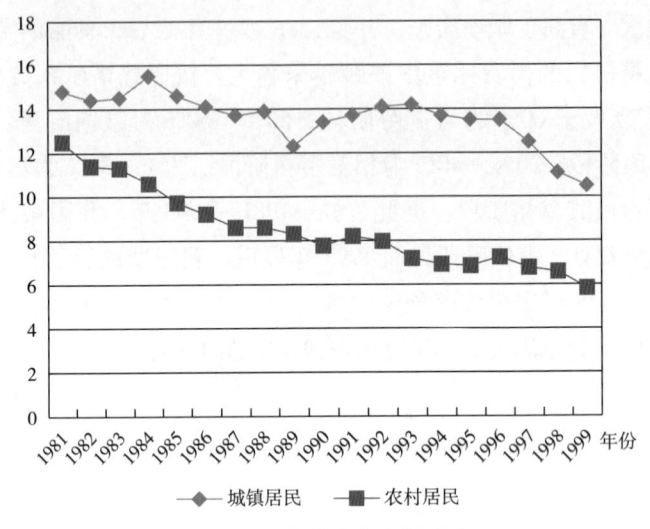

图 4-7　衣着消费比例对比

资料来源：国家统计局：《中国统计年鉴（2012）》，中国统计出版社 2012 年版。数据下载自中国统计信息网。

城镇居民和农村居民在 1981—1999 年，居住消费差距越来越小，城镇居民在居住上花费的比例在震荡中变小，而农村居民在居住上花费的比例逐渐变大（见图 4-8）。

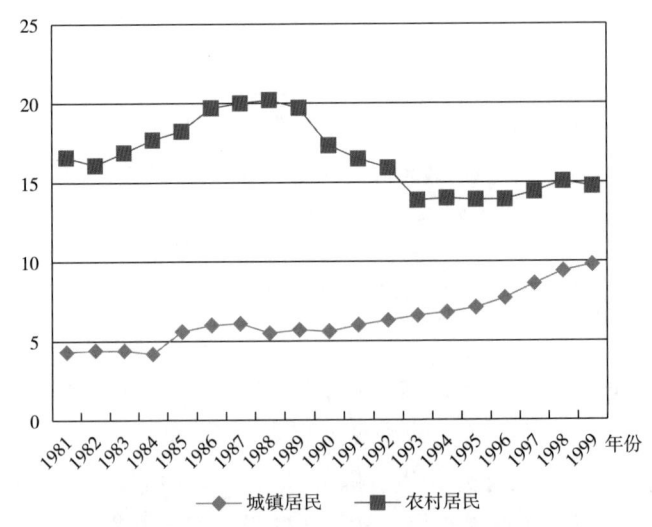

图 4-8　1981—1999 年居住消费比例对比

资料来源：中国统计局：《中国统计年鉴（2012）》，中国统计出版社 2012 年版。数据下载自国家统计信息网。

在家庭设备用品及服务消费类别上，城镇居民的消费比重波动较大，最高值与最低值相差 6 个百分点；而农村居民在这个类别上的消费比重非常平稳。这说明，以家庭用品为生产对象的制造业，其产品进入农村市场的量非常有限（见图 4-9）。

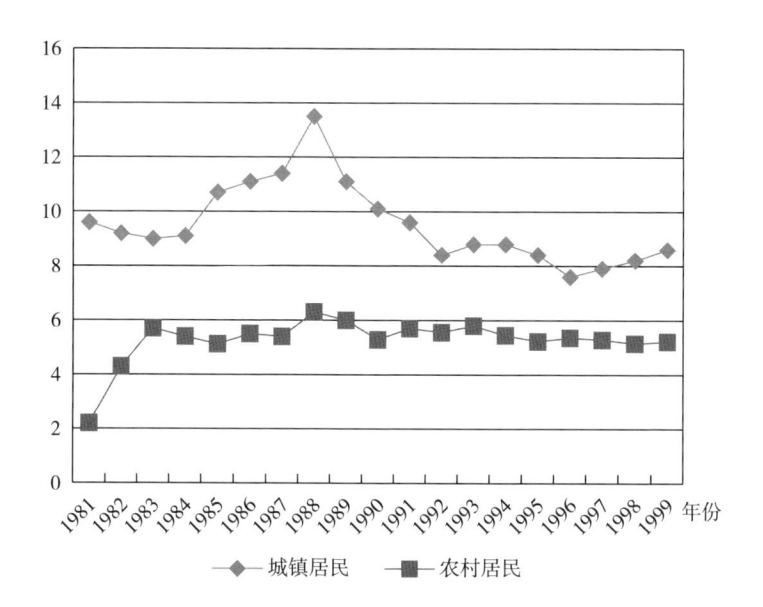

图 4-9　1981—1999 年家庭设备用品及服务消费比例对比

资料来源：国家统计局：《中国统计年鉴（2012）》，中国统计出版社 2012 年版。数据下载自中国统计信息网。

在医疗保健上，城镇居民的消费比重呈直线上升，农村居民的消费比重缓慢上升，并且中间有回落。1981—1995 年，农村居民在这一项上的消费比重高于城镇居民，1996 年后，城镇居民的消费比重超过农村居民（见图 4-10）。

在交通和通信消费类别上，城镇居民和农村居民的消费比重都在曲折中上升。1981—1984 年和 1992—1999 年，城镇居民消费比重高于农村居民；在 1985—1991 年，农村居民的消费比重高于城镇居民（见图 4-11）。

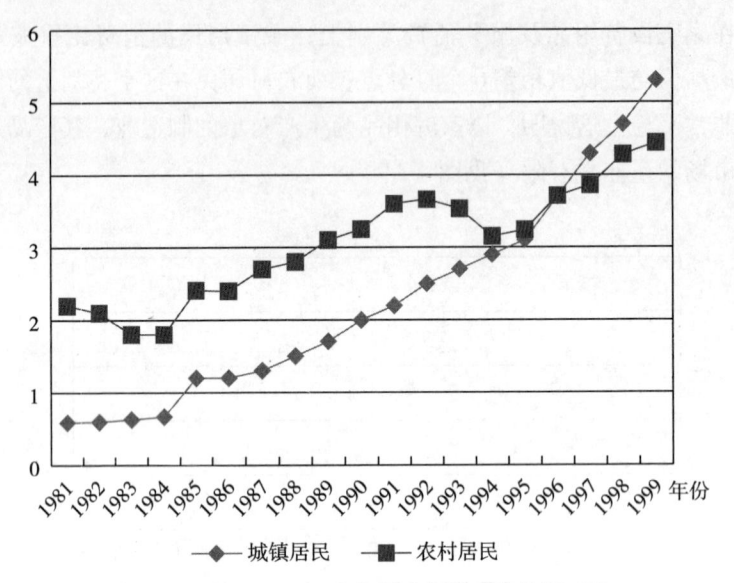

图 4-10　1981—1999 年医疗保健消费比例对比

资料来源：国家统计局：《中国统计年鉴（2012）》，中国统计出版社 2012 年版。数据下载自中国统计信息网。

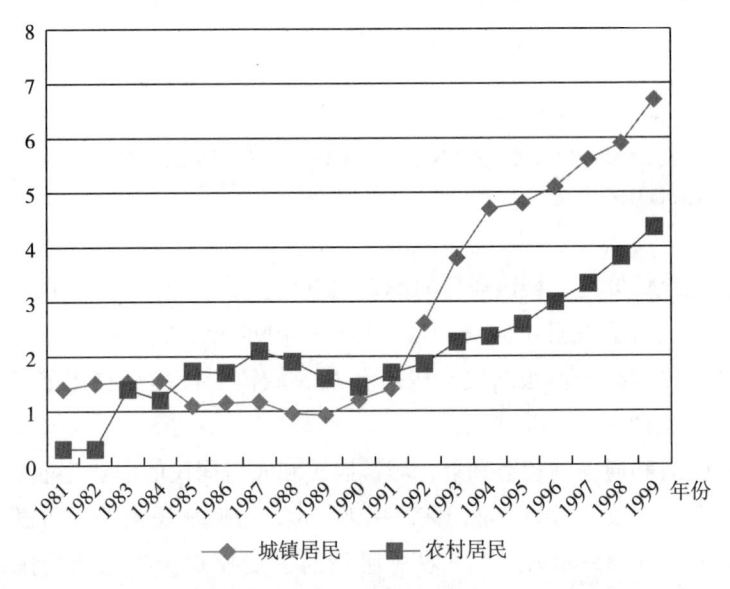

图 4-11　1981—1999 年交通和通信消费比例对比

资料来源：国家统计局：《中国统计年鉴（2012）》，中国统计出版社 2012 年版。数据下载自中国统计信息网。

在教育文化娱乐服务消费类别上，1981—1999年，城镇居民的消费比重一直高于农村居民，且两者间的差距逐渐缩小。除了1981—1983年，农村居民在此类别上的消费呈下降趋势外，其他时间段一直上升；而城镇居民在此类别上的消费比重趋势变化幅度较大，有上升也有回落。总体上，城镇居民和农村居民在此类别上的消费比重呈上升趋势（见图4-12）。

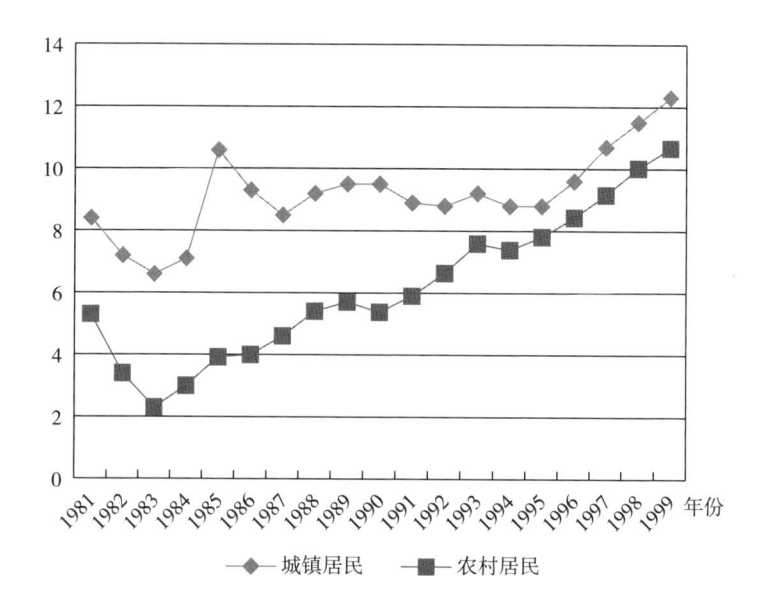

图4-12 1981—1999年教育文化娱乐服务消费比例对比

资料来源：国家统计局：《中国统计年鉴（2012）》，中国统计出版社2012年版。数据下载自中国统计信息网。

在其他商品与服务的消费上，城镇居民的消费比重一直高于农村居民，且平均高3个百分点。虽然1992年以后农村居民在此类别上的消费比重持续上升，但总体占比依然较小（见图4-13）。

从消费水平和消费结构看，中国城镇居民与农村居民在改革开放后的差距迅速扩大。蔡昉等（2001）认为是城乡二元户籍制度造成了经济分割，使劳动力自由流动困难，在原有的资源配置和劳作模式下，城市、乡村的生产水平和生产效率存在差异，导致城乡经济发展不平衡，造成居民消费差距①;洪银兴(2008)认为城乡消费差距扩大的主要原因是收入差距扩大,而收入差距扩大的主要原因是僵化的劳动力市场,大量农村劳动力被固化在土地上,没有及时转化成工人②;李燕凌等(2013)认为中国的金融政策对城市发展更有利,农村经营资本的匮乏使经济转型升级困难,从而城乡差距出现。③ 虽然学者对中国城镇居民和农村居民消费水平差距扩大的现象给出了各种解释,但是,消费水平差距扩大进而引起消费结构差异扩大,消费结构差异扩大使产业结构调整的难度增加,最终不利于经济社会的持续发展。

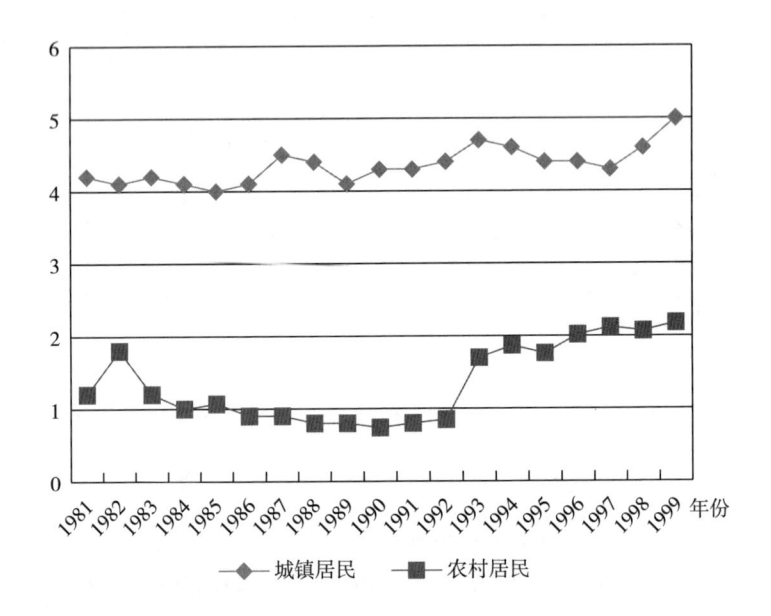

图 4-13　1981—1999 年其他商品与服务消费比例对比

资料来源:国家统计局:《中国统计年鉴(2012)》,中国统计出版社 2012 年版。数据下载自中国统计信息网。

---

① 蔡昉、都阳、王美艳:《户籍制度与劳动力市场保护》,《经济研究》2001 年第 12 期。
② 洪银兴:《城乡差距和缩小城乡差距的优先次序》,《经济理论与经济管理》2008 年第 2 期。
③ 李燕凌、刘远风:《城乡差距的内生机制:基于公共服务资本化的一个分析框架》,《农业经济问题》2013 年第 4 期。

（三）消费倾向

1980—1999 年，城乡居民储蓄存款额持续上升。根据《中国统计年鉴（2012）》数据，1980 年，城乡居民储蓄额为 395.8 亿元，其中定期存款 304.9 亿元，活期存款 90.9 亿元；1999 年，城乡居民储蓄额为 59621.83 亿元，定期存款为 44955.11 亿元，活期存款为 14666.72 亿元。在 20 年间，总额增长了 150.64 倍。人均储蓄额从 1980 年的 40.10 元增加至 1999 年的 4739.94 元，增长了 118.20 倍。

表 4-8　　　　　　　　1980—1999 年城乡居民储蓄额

年份	年底余额（亿元）			年增长额（亿元）			人均储蓄额（元）
	总计	定期	活期	总计	定期	活期	
1980	395.8	304.9	90.9	114.8	138.5	-23.7	40.10
1985	1622.6	1225.2	397.4	407.9	324.3	83.6	153.29
1990	7119.6	5909.4	1210.2	1935.1	1700.9	234.2	622.71
1991	9244.9	7634.9	1610	2125.3	1725.1	399.8	798.19
1992	11757.3	9445	2312.3	2512.4	1810.1	702.3	1003.43
1993	15203.5	12108.34	3095.16	3446.24	2663.34	782.9	1282.81
1994	21518.8	16838.7	4680.1	6315.26	4730.36	1584.9	1795.48
1995	29662.3	23778.25	5884.05	8143.46	6939.55	1203.91	2448.98
1996	38520.8	30873.21	7647.59	8858.58	7094.96	1763.62	3147.41
1997	46279.8	36226.74	10053.06	7758.96	5353.53	2405.43	3743.53
1998	53407.47	41791.57	11615.9	7127.67	5564.83	1562.84	4280.78
1999	59621.83	44955.11	14666.72	6214.36	3163.54	3050.82	4739.94

资料来源：国家统计局：《中国统计年鉴（2012）》，中国统计出版社 2012 年版。数据下载自中国统计信息网。

1980—1999 年，城镇居民家庭人均可支配收入从 477.6 元增加至 5854.02 元，增长了 12.26 倍；农村居民家庭人均可支配收入从 191.3 元增加至 2210.3 元，增长了 11.55 倍。城镇居民家庭恩格尔系数从 56.9 下降至 42.07，农村居民恩格尔系数从 61.8 下降至 52.6（见表 4-9）。

表 4 - 9　　　　　　1980—1999 年家庭人均可支配收入

年份	城镇居民家庭人均可支配收入绝对数（元）	指数（1978=100）	农村居民家庭人均纯收入	绝对数（元）	城镇居民家庭恩格尔系数（%）	农村居民家庭恩格尔系数（%）
1980	477.6	127	191.3	139	56.90	61.8
1985	739.1	160.4	397.6	268.9	53.31	57.8
1990	1510.2	198.1	686.3	311.2	54.24	58.8
1991	1700.6	212.4	708.6	317.4	53.80	57.6
1992	2026.6	232.9	784	336.2	53.04	57.6
1993	2577.4	255.1	921.6	346.9	50.32	58.1
1994	3496.2	276.8	1221	364.3	50.04	58.9
1995	4283	290.3	1577.7	383.6	50.09	58.6
1996	4838.9	301.6	1926.1	418.1	48.76	56.3
1997	5160.3	311.9	2090.1	437.3	46.60	55.1
1998	5425.1	329.9	2162	456.1	44.66	53.4
1999	5854.02	360.6	2210.3	473.5	42.07	52.6

资料来源：国家统计局：《中国统计年鉴（2012）》，中国统计出版社 2012 年版，数据下载自中国统计信息网。

对比人均储蓄额和可支配收入，可知我国居民的储蓄率比较高。城镇居民从 1980—1994 年，储蓄率接近 50%，1995—1999 年储蓄率超过 50%；农村人均储蓄率高于城镇居民储蓄率，1989 年时超过 50%，并持续上升。城乡居民的人均储蓄率在 1990 年超过 50%。这说明我国居民从计划型消费向生存型消费转变时，对未来消费的风险性预期较高，依然保持节约的消费习惯，在提高生活水平的同时，注重储蓄，延迟消费（见图 4 - 14）。

二　生存型消费文明下的产业结构特征

（一）生存型消费文明下的产业结构

改革开放后，我国的产业发展逐渐进入市场化机制，工业进程加快。在改革开放初期，由于原有产业结构与需求的严重脱节，部分产业部门产能过剩，而有些部门却出现短缺，产业部门发展不平衡，不能满

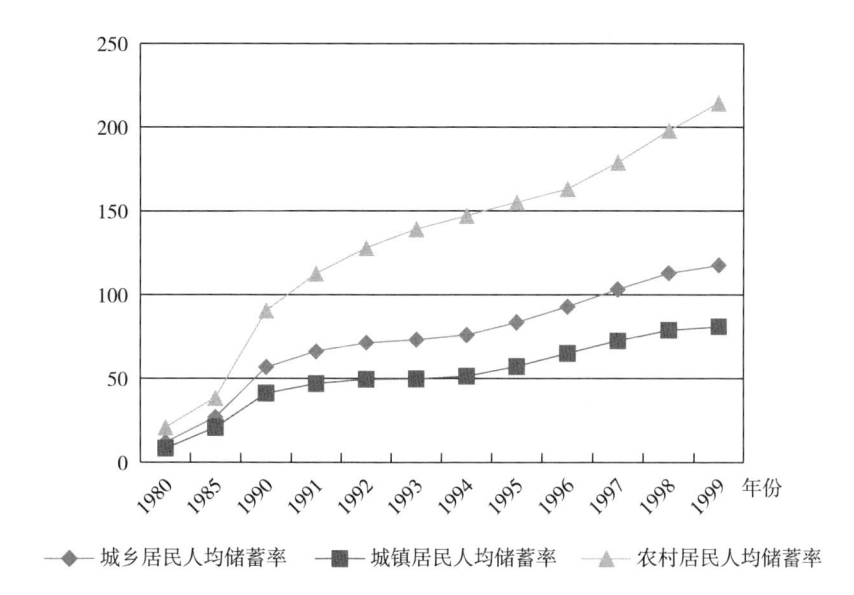

图 4-14　1980—1999 年居民储蓄率

资料来源：国家统计局：《中国统计年鉴（2012）》，中国统计出版社 2012 年版。数据下载自中国统计信息网。

足人民需求增长的需要。随着市场经济的深入发展，现代化生产技术及管理经验逐渐被引进，我国的产业结构逐渐融入全球生产链中，工业化水平得到提高，中国广大的劳动力和低廉的劳动力成本为中国成为世界工厂提供了有利条件，出口成为拉动经济发展的重要力量，国内人民的消费水平和消费结构在拉动经济作用的过程中力量微弱。

1979—1999 年，是国内改革开放的过渡阶段，按照 1980 年的价格水平计算，农林牧副渔的产值从 1392.9 亿元增加至 3584.5 亿元，年均增速 4.89%；工业产值从 1791.2 亿元增至 16791 亿元，年均增速 12%；建筑业从 154.3 亿元增至 1143.9 亿元，年均增速为 10.85%；交通运输、仓储和邮政业从 205.2 亿元增至 1366.7 亿元，年均增速 9.99%；批发和零售业从 205.8 亿元增至 1246.5 亿元，年均增速 9.93%；住宿和餐饮业从 46.4 亿元增至 545.7 亿元，年均增速 14.0%；金融业从 81.3 亿元增至 1176.5 亿元，年均增速 14.86%；房地产业从 52.9 亿元增至 592.3 亿元，年均增速为 13.25%；其他产业的产值从 325.7 亿元增至 2682.1 亿元，年均增速 11.19%。从增长速度看，发展最快的是金融业,其次为住宿和餐饮业,再次为房地产业(见表4-10)。

表4-10　　　　　　1979—1999年国内产业部门产值

年份	农林牧副渔	工业	建筑业	交通运输、仓储和邮政业	批发和零售业	住宿和餐饮业	金融业	房地产业	其他
1979	1392.2	1791.2	154.3	205.2	205.8	46.4	81.3	52.9	325.7
1980	1371.6	2107.9	195.5	214	201.9	48.3	86.6	57.1	375
1981	1467.4	2053	201.7	218	261.6	56.7	90.3	55.1	403.7
1982	1636.5	2171.5	208.6	242.8	259.6	74.6	130.6	60.1	458.5
1983	1772.8	2382.6	244.2	265.8	314.7	89.1	165.8	63.2	513.6
1984	2001.1	2736.5	270.7	305.4	392.6	96.3	217.3	80.7	593.3
1985	2038	3234.8	330.8	347.5	524.2	102.3	254.1	100.9	662.5
1986	2105.7	3546.7	383.3	395.7	573.7	118.3	334.4	127	682.3
1987	2204.7	4016.4	451	433.7	658.2	129.8	412.3	164.2	753.6
1988	2260.8	4629	487.9	488	735.6	162.4	492.5	185	824.1
1989	2330.3	4863	446.7	508.5	656.8	178.4	620	214.5	864
1990	2501.1	5026	452	551	622.2	184.7	631.5	227.9	896.1
1991	2561.1	5749.3	495.2	609.1	654.4	199.7	646.1	255.2	1036.8
1992	2681.5	6966.4	599.4	670.4	723.2	253.7	697.7	343.7	1156.1
1993	2807.6	8366	707.2	754.4	785.3	274.6	773.5	380.7	1351.7
1994	2919.9	9948.1	804	818.8	849.6	349.1	845.9	426.2	1523.9
1995	3065.9	11345	903.6	908.6	919.5	384.9	917.9	479.3	1681.3
1996	3223.3	12763.8	980.5	1008.9	989.7	411.2	986.7	498.6	1894.8
1997	3335.1	14208.7	1006.2	1101.7	1076.5	456.2	1070.1	519.2	2195.8
1998	3451.8	15473.2	1096.9	1218.4	1146.6	506.6	1122.8	559.1	2408
1999	3584.5	16791	1143.9	1366.7	1246.5	545.7	1176.5	592.3	2682.1

资料来源:国家统计局:《中国统计年鉴(2012)》,中国统计出版社2012年版。数据下载自中国统计信息网。

从产业结构比重看,第二产业占据国内生产总值的最大份额,平均占比为52.01%;第一产业产值在国民总产值中的比例为22.26%;第三产业平均占比为25.73%，第二产业的产值远远超出第一产业、第三产业的产值。从1979—1985年，第三产业的产值低于第二产业产值，1986—1999年，第三产业产值超过第二产业，并且两者之间的距离越来越大，产业结构升级效果明显（见图4-15）。

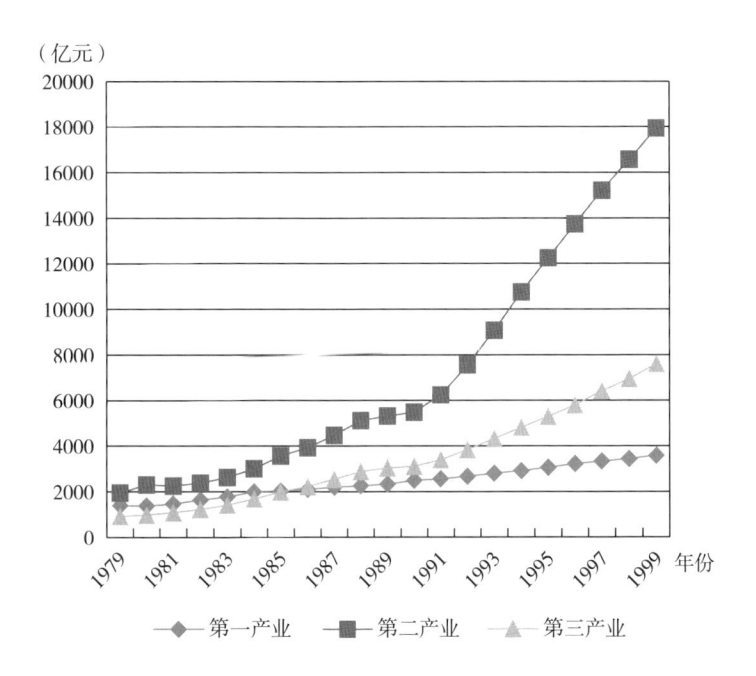

图4-15　1979—1999年三大产业产值变化趋势

资料来源：国家统计局：《中国统计年鉴（2012）》，中国统计出版社2012年版。数据下载自中国统计信息网。

（二）生存型消费文明下的劳动就业

1979—1999年，中国经济活动人口从41592万人增加至72791万人，增长了0.75倍；总就业人数从41024万人增加至71394万人，增长了0.74倍；第一产业人数从28634万人增加至35768万人，增长了0.25倍；第二产业人数从7214万人增加至16421万人，增长了1.28倍；第三产业人数从5177万人增加至19205万人，增长了2.71倍（见表4-11）。

表4-11　　　　1979—1999年三大产业就业人口数　　　　单位：万人

年份	经济活动人口	总就业人数	第一产业	第二产业	第三产业
1979	41592	41024	28634	7214	5177
1980	42903	42361	29122	7707	5532
1981	44165	43725	29777	8003	5945
1982	45674	45295	30859	8346	6090
1983	46707	46436	31151	8679	6606
1984	48433	48197	30868	9590	7739
1985	50112	49873	31130	10384	8359
1986	51546	51282	31254	11216	8811
1987	53060	52783	31663	11726	9395
1988	54630	54334	32249	12152	9933
1989	55707	55329	33225	11976	10129
1990	65323	64749	38914	13856	11979
1991	66091	65491	39098	14015	12378
1992	66782	66152	38699	14355	13098
1993	67468	66808	37680	14965	14163
1994	68135	67455	36628	15312	15515
1995	68855	68065	35530	15655	16880
1996	69765	68950	34820	16203	17927
1997	70800	69820	34840	16547	18432
1998	72087	70637	35177	16600	18860
1999	72791	71394	35768	16421	19205

资料来源：国家统计局：《中国统计年鉴（2012）》，中国统计出版社2012年版。数据下载自中国统计信息网。

从三大产业人数的构成看，第一产业人数最多，平均占比为59.52%；第二产业人数在1979—1992年，高于第三产业人数，平均占比为20.32%；1993—1999年，第二产业人数低于第三产业，平均占比为51.89%；第三产业人数在1979—1992年，平均占比为16.34%；在1993—1999年，平均占比为25%，如图4-16所示。

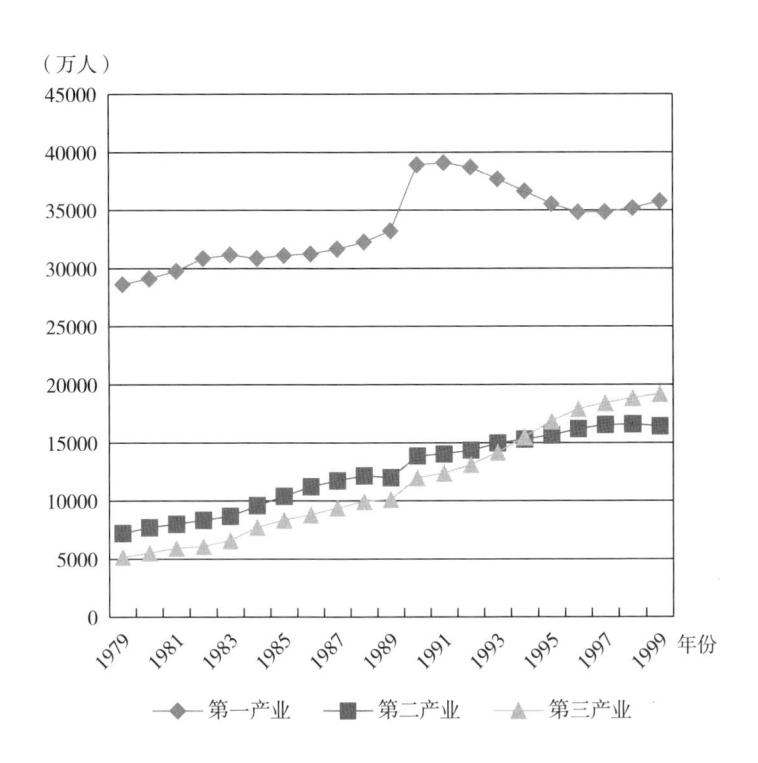

图 4–16　1979—1999 年三大产业就业人口数

资料来源：国家统计局：《中国统计年鉴（2012）》，中国统计出版社 2012 年版。数据下载自中国统计信息网。

1979—1999 年，国内就业率总体平均为 99.02%；从就业人数比率变化趋势看，第一产业的就业人数占比从 1979—1999 年总体呈下降趋势，从 69.8% 降低至 50.1%；第二产业就业人数占比从 1979—1999 年呈平缓上升趋势，从 17.6% 增至 23%；第三产业就业人数占比在这 21 年间呈较快增长趋势，从 12.6% 增至 26.9%。从产业就业人数变动看，第一产业就业人数向第三产业就业人数迁移较多。这说明与人民生活密切相关的第三产业吸纳了更多就业人数，生活服务类产业得到发展，人民生活水平得到改善，如图 4–17 所示。

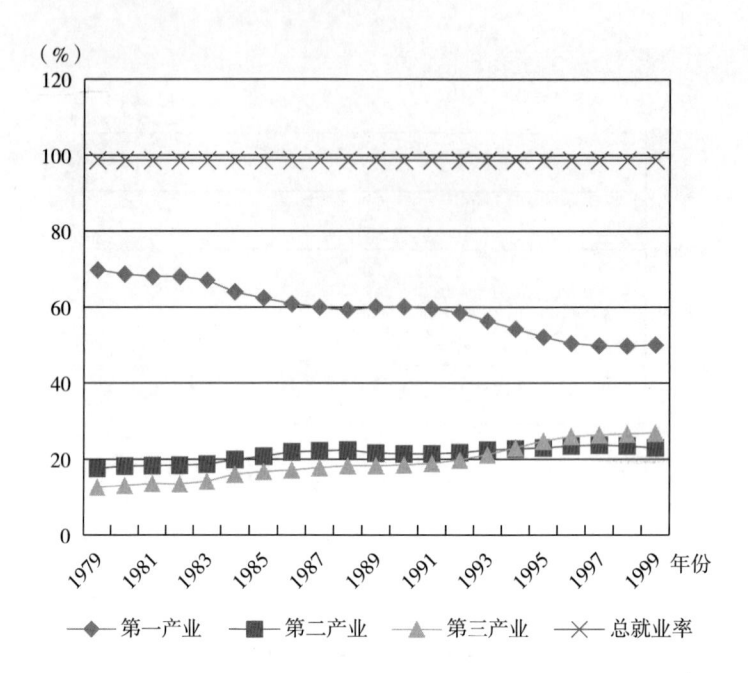

图 4–17　1979—1999 年三大产业就业人数比率

资料来源：国家统计局：《中国统计年鉴（2012）》，中国统计出版社 2012 年版。数据下载自中国统计信息网。

三　生存型消费文明对产业结构优化的影响

1979—1999 年，城镇居民从温饱型消费向小康型消费升级，农村居民从贫困型消费向温饱型消费升级，总体而言，这一时间段的居民消费水平上升，解决了生存问题。生存型消费文明下的消费者逐渐减少食品和衣着上的消费，增加居住、家庭用品和教育上的消费，消费结构的升级促进了产业结构在 1979—1985 年的第一次升级，第三产业产值在 1986 年第一次超过第一产业（见图 4–18）。

从图 4–18 可知，1979—1999 年，随着居民食品类消费比例的下降，第三产业与第一产业的产值之比在上升，第三产业与第二产业产值之比在 1979—1990 年上升，1991 年之后下降。说明在生存型消费文明下，产业结构升级处在初级阶段。

从 1986—1999 年，随着居民消费水平的增长，第三产业继续发展扩大，吸纳就业人数逐渐增多，大量劳动力从第一产业、第二产业转移

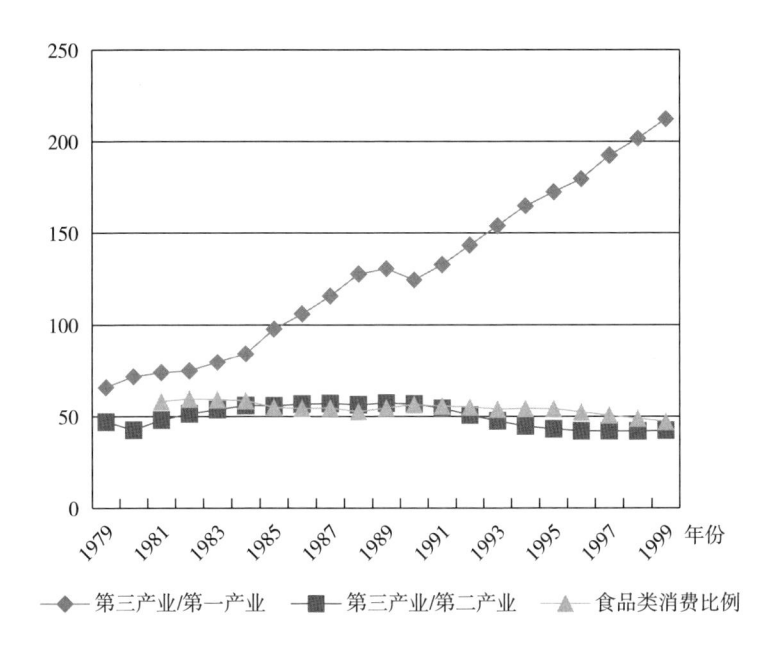

图 4-18　消费结构与产业结构变化

资料来源：国家统计局：《中国统计年鉴（2012）》，中国统计出版社 2012 年版。数据下载自中国统计信息网。

至第三产业，使第三产业就业人数在 1995 年超过第二产业，说明产业结构升级在持续发挥作用，居民消费对产业结构优化升级的作用存在。

第三节　小康至富裕型消费文明与产业结构优化

一　小康至富裕型消费文明的基本特征

（一）消费水平

自 2000 年后，我国居民的消费水平持续增长。2013 年，全体居民消费水平达到 15632 元，是 2000 年的 4.3 倍。其中，农村居民消费水平是 7409 元，是 2000 年的 3.98 倍；城镇居民消费水平是 22880 元，是 2000 年的 3.34 倍。自 2000 年以来，全体居民的消费水平保持年均 11.94% 的增长率，农村居民年均消费增长率为 11.36%，城镇居民年均消费增长率为 9.77%。

表 4-12　　　　　2000—2013 年中国居民消费水平　　　　　单位：元

年份	全体居民	农村居民	城镇居民
2000	3632	1860	6850
2001	3887	1969	7161
2002	4144	2062	7486
2003	4475	2103	8060
2004	5032	2319	8912
2005	5595	2657	9593
2006	6299	2950	10618
2007	7310	3347	12130
2008	8430	3901	13653
2009	9283	4163	14904
2010	10522	4700	16546
2011	12570	5870	19108
2012	14098	6515	21120
2013	15632	7409	22880

资料来源：国家统计局：《中国统计年鉴（2014）》，中国统计出版社 2014 年版。数据下载自中国统计信息网。

中国居民的消费水平增长趋势如图 4-19 所示。2000—2013 年，城乡居民收入持续增长，但差距仍较大，城镇居民的消费水平增长速度高于农村居民。

随着市场经济改革开放的深入，中国居民的收入结构向多样性发展。工资性收入一直是城镇居民收入的主体，其占全部收入的比重有所下降，由 2000 年的 71.2% 下降到 2013 年的 64.07%；经营净收入和财产性收入比重有所上升，由 2000 年的 3.9% 和 2.0% 分别上升到 2013 年的 9.5% 和 2.7%。

家庭经营收入一直是农村居民收入的主体，其占纯收入的比重有所下降，由 2000 年的 63.3% 下降到 2013 年的 42.6%；工资性、财产性和转移性收入比重均有所上升，由 2000 年的 31.2%、2.0% 和 3.5% 分别上升到 2013 年的 45.3%、3.3% 和 8.8%。

由于收入结构的不同，群体间的消费水平差异越来越显著。按收入五等分对城镇居民家庭人均消费支出（未考虑价格因素影响）进行分

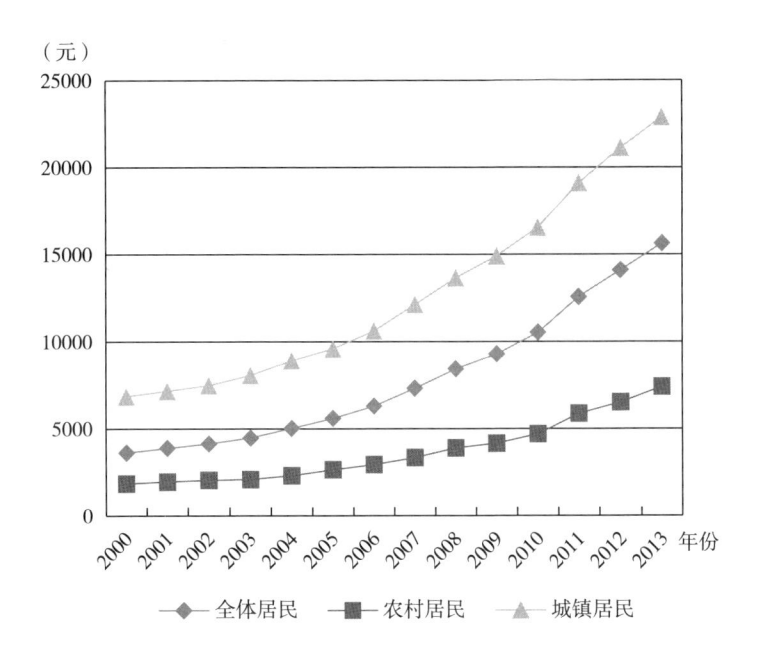

图 4-19 2000—2013 年居民消费水平增长趋势

资料来源：国家统计局：《中国统计年鉴（2014）》，中国统计出版社 2014 年版。数据下载自中国统计信息网。

组分析，2000—2013 年，从低收入户组到高收入户组，每组人均生活消费支出年均增长幅度逐渐加大。其中，低收入户人均生活消费支出由 2000 年的 3132 元提高到 2013 年的 11433.71 元，年均增长 10.4%；中等收入户由 5897.92 元提高到 24518.2 元，年均增长 9.4%；高收入户由 11299 元提高到 56389.46 元，年均增长 9.6%。

按收入五等分对农村居民家庭人均消费支出（未考虑价格因素影响）进行分组分析，2000—2013 年，不同收入组居民消费水平普遍增长较快，人均生活消费增长幅度均达到 10% 以上。其中，低收入户人均生活消费支出由 2000 年的 802.0 元提高到 2013 年的 2583.23 元，年均增长 8.9%；中等收入户由 2000 年的 2004.0 元提高到 2013 年的 7942.14 元，年均增长 10.46%；高收入户由 5190.0 元提高到 21272.7 元，年均增长 10.7%（见表 4-13）。

表 4-13　　按收入五等分中国居民家庭人均可支配收入　　单位：元

年份	城镇居民人均可支配收入			农村居民人均可支配收入		
	低收入户 (20%)	中等收入户 (20%)	高收入户 (20%)	低收入户 (20%)	中等收入户 (20%)	高收入户 (20%)
2000	3132	5897.92	11299	802	2004	5190
2001	3319.7	6366.24	12662.6	818	2081	5534
2002	3032.11	6656.81	15459.49	857	2164	5903
2003	3295.38	7278.75	17471.79	865.9	2273.13	6346.86
2004	3642.24	8166.54	20101.55	1006.966	2578.646	6931
2005	4017.28	9190.05	22902.32	1067.217	2850.952	7747.35
2006	4567.05	10269.7	25410.8	1182.462	3148.504	8474.79
2007	5364.25	12042.23	29478.87	1346.89	3658.83	9790.68
2008	6074.87	13984.23	34667.75	1499.811	4203.116	11290.2
2009	6725.23	15399.92	37433.87	1549.298	4502.081	12319.05
2010	7605.21	17224.01	41158.01	1869.804	5221.658	14049.69
2011	8788.85	19544.94	47020.95	2000.505	6207.68	16783.06
2012	10353.83	22419.1	51456.4	2316.206	7041.032	19008.89
2013	11433.71	24518.29	56389.46	2583.23	7942.14	21272.7

资料来源：国家统计局：《中国统计年鉴（2014）》，中国统计出版社 2014 年版。数据下载自中国统计信息网。

消费群体的多样化说明经济发展趋于市场细分。不同收入群体需要差异化产品和服务以满足其消费水平及消费需求。

（二）消费结构

随着城乡居民收入的提高，其消费重点也发生了变化，由基础型消费转向发展、享受型消费。

1. 满足生存的食品类消费支出比重持续下降

从 2000—2013 年，我国城镇和农村居民家庭恩格尔系数均有所下降，分别由 2000 年的 39.44% 和 49.1% 下降到 2012 年的 36.23% 和 39.33%，分别下降了 3.21 个百分比和 9.77 个百分点，恩格尔系数的下降充分体现出城乡居民消费层次和结构发生了变化（见表 4-14）。

表 4-14　　　　2000—2013 年中国居民恩格尔系数　　　　单位:%

年份	城镇居民恩格尔系数	农村居民恩格尔系数
2000	39.44	49.10
2001	38.20	47.70
2002	37.68	46.20
2003	37.10	45.60
2004	37.70	47.20
2005	36.70	45.50
2006	35.80	43.00
2007	36.29	43.10
2008	37.89	43.67
2009	36.52	40.97
2010	35.70	41.09
2011	36.30	40.36
2012	36.23	39.33
2013	35.02	37.66

资料来源:国家统计局:《中国统计年鉴(2014)》,中国统计出版社 2014 年版。数据下载自中国统计信息网。

2. 发展与享受型消费支出成为当前消费的热点

进入 21 世纪以来,城乡居民消费全面升级,各类消费支出均呈增长态势。消费结构明显改善,用于满足基本生活需求的食品和衣着商品等基础性消费占总消费支出的比重逐渐下降,而满足人们交通、通信、娱乐、旅游、医疗保健等发展和享受型消费所占比重逐渐提高。2013 年,城镇居民的基础型消费(食品与衣着)的比重为 45.57%,比 2000 年降低 3.88 个百分点,发展与享受型消费的比重由 2000 年的 34.77% 增加到 2013 年的 40.86%。居住类消费从 2000 年的 11.31% 降低至 9.68%。其中,增长速度最快的是交通和通信类,增长幅度最大的是医疗保健类(见表 4-15)。

表4-15　　　　　　　2000—2013年城镇居民消费结构

年份	食品类	衣着类	居住类	家庭设备用品及服务类	医疗保健类	交通和通信类	教育文化娱乐服务	其他商品服务
2000	39.44	10.01	11.31	7.49	6.36	8.54	13.4	3.44
2001	38.2	10.05	11.5	7.09	6.47	9.3	13.88	3.51
2002	37.68	9.8	10.35	6.45	7.13	10.38	14.96	3.25
2003	37.12	9.79	10.74	6.3	7.31	11.08	14.35	3.3
2004	37.73	9.56	10.21	5.67	7.35	11.75	14.38	3.34
2005	36.69	10.08	10.18	5.62	7.56	12.55	13.82	3.5
2006	35.78	10.37	10.4	5.73	7.14	13.19	13.83	3.56
2007	36.29	10.42	9.83	6.02	6.99	13.58	13.29	3.58
2008	37.89	10.37	10.19	6.15	6.99	12.6	12.08	3.72
2009	36.52	10.47	10.02	6.42	6.98	13.72	12.01	3.87
2010	35.67	10.72	9.89	6.74	6.47	14.73	12.08	3.71
2011	36.79	11.36	8.64	6.76	6.39	14.17	12.02	3.88
2012	36.2	10.9	8.9	6.7	14.7	12.2	6.4	3.9
2013	35.02	10.55	9.68	6.74	15.19	12.73	6.20	3.88

资料来源：国家统计局：《中国统计年鉴（2014）》，中国统计出版社2014年版。国家统计局：《中国统计年鉴（2013）》，中国统计出版社2013年版。数据下载自中国统计信息网。

2013年，农村居民的基础型消费（食品与衣着）的比重为44.3%，比2000年降低10.58个百分点，而发展与享受型消费的比重由2000年的26.52%增加到2013年的34.4%。居住类消费比重从2000年的15.47%增加至2013年的18.6%，家庭设备用品及服务类从4.52%增长至5.8%，医疗保健类从5.24%增长至12%，是增长幅度最大的一个类别；交通和通信从2000—2011年经历了快速增长期，之后进入调整期；教育文化娱乐服务在农村消费结构中呈现螺旋式下降趋势，2000年消费占比为11.18%，2013年消费占比为9.3%，其他商品服务占比从2000年的3.14%下降至2013年的2.6%（见表4-16）。

表 4-16　　　　　　　2000—2013 年农村居民消费结构

年份	食品类	衣着类	居住类	家庭设备用品及服务类	医疗保健类	交通和通信类	教育文化娱乐服务	其他商品服务
2000	49.13	5.75	15.47	4.52	5.24	5.58	11.18	3.14
2001	47.71	5.67	16.03	4.42	5.55	6.32	11.06	3.24
2002	46.25	5.72	16.36	4.38	5.67	7.01	11.47	3.14
2003	45.59	5.67	15.87	4.2	5.96	8.36	12.13	2.21
2004	47.23	5.5	14.84	4.08	5.98	8.82	11.33	2.21
2005	45.48	5.81	14.49	4.36	6.58	9.59	11.56	2.13
2006	43.02	5.94	16.58	4.47	6.77	10.21	10.79	2.23
2007	43.08	6	17.8	4.63	6.52	10.19	9.48	2.3
2008	43.67	5.79	18.54	4.75	6.72	9.84	8.59	2.09
2009	40.97	5.82	20.16	5.13	7.2	10.09	8.53	2.11
2010	41.09	6.03	19.06	5.34	7.44	10.52	8.37	2.15
2011	35.98	7.68	18.18	6.63	9.31	11.56	7.93	2.74
2012	39.3	6.7	18.4	5.8	11	7.5	8.7	2.5
2013	37.7	6.6	18.6	5.8	12	7.3	9.3	2.6

资料来源：国家统计局：《中国统计年鉴（2014）》，中国统计出版社 2014 年版。国家统计局：《中国统计年鉴（2013）》，中国统计出版社 2013 年版。数据下载自中国统计信息网。

3. 消费需求升级

（1）教育培训消费。当人类步入知识经济时代，社会需求无论是在质量还是层次方面都有了很大变化。高科技产业成为当今社会经济的主导，知识劳动是人谋生的基本手段，获得教育和培训成为一种主导需求，教育消费是一种发展消费。同时，教育消费是人们精神文化消费的重要方面，属于文化消费范畴，是人们耗费文化消费品和劳务，满足精神生活需要的过程。人们在教育培训方面的消费状况，反映了消费需求升级变动。

表 4-17　　　　　　2000—2011 年各类学杂费支出　　　　单位：亿元、%

年份	高等学校学杂费	增长率	高级中学学杂费	增长率	初级中学学杂费	增长率	小学	增长率	幼儿园	增长率
2000	137.88		29.32		55.74		92.84		7.85	

续表

年份	高等学校学杂费	增长率	高级中学学杂费	增长率	初级中学学杂费	增长率	小学	增长率	幼儿园	增长率
2001	312.43	126.6	64.52	120	75.14	34.8	107.2	15.5	9.97	27.1
2002	426.45	36.5	85.33	32.3	86.62	15.3	115.63	7.9	11.01	10.3
2003	548.75	28.7	110.48	29.5	97.23	12.2	128.39	11	11.97	8.8
2004	693.87	26.4	199.44	80.5	142.76	46.8	145.01	12.9	13.82	15.5
2005	837.91	20.8	239.49	20.1	147.19	3.1	152.6	5.2	15	8.5
2006	906.07	8.1	253.55	5.9	102.74	-30.2	96.51	-36.8	17.62	17.5
2007	1277.45	41	370.97	46.3	131.77	28.3	98.91	2.5	32	81.6
2008	1474.29	15.4	392.69	5.9	85.6	-35	76.76	-22.4	48.92	52.9
2009	1593.91	8.1	407.19	3.7	89.75	4.8	76.03	-1	63.57	29.9
2010	1724.54	8.2	135.75	7	99.69	11.1	89.6	17.9	384.2	504.4
2011	1862.36	8	454.61	4.3	122.3	22.7	114.1	27.3	492.73	28.2

资料来源：孔淑红、蓝庆新、卢进勇：《中国行业消费经济研究报告（2014）》，对外经济贸易大学出版社2014年版。

从表4-17可知，高等教育的费用最高，高中学杂费的支出总额居第二位；在2000—2005年，小学的费用支出高于初中，之后，低于高中，这与国家实行九年义务教育有关；小学的学杂费在缓慢降低，而幼儿园的费用却一直在增长，并于2010年急速扩张，增长率达到了504.4%。居民在教育消费方面的支出主要集中在一高（高等教育）一低（幼儿园）两端。

图4-20给出了各类学杂费的变动趋势，我们发现，在过去十几年中，我国居民在教育行业的消费呈增长态势，尤其是高等教育学杂费收入增长显著，自2000年的137.88亿元增长至2011年的1862.36亿元，12年内增长了12.5倍。高级中学的学杂费介于义务教育和高等教育之间。随着义务教育的广泛普及，越来越多人选择继续深造，因此高级中学入学率在10年间出现了大幅提升。根据全国教育事业发展统计公报，2004年高中阶段毛入学率为48.1%，而2012年已经达到85.0%，增长

近1倍。这说明越来越多的人重视高级阶段的教育。同属于义务教育的初中阶段教育和小学阶段教育的学杂费收入情况一直保持相同的变化趋势，居民承担部分较少。学前教育消费以2007年为分水岭，2007年前，学前教育消费一直与经济增长趋势相适应，以较为缓慢的态势增长，但是在2007年后，学前教育消费开始井喷式的增长，由2006年的17.62亿元一跃增长到2011年的492.73亿元，增长了近27倍。这一方面是由于市场上出现越来越多的学前教育机构，而这些机构往往提供较高档次的幼儿教育服务，如双语教学、高标准营养搭配等，并向消费者收取不菲的价格；另一方面也是由于居民越来越重视学前教育，在学前教育投入上不遗余力。

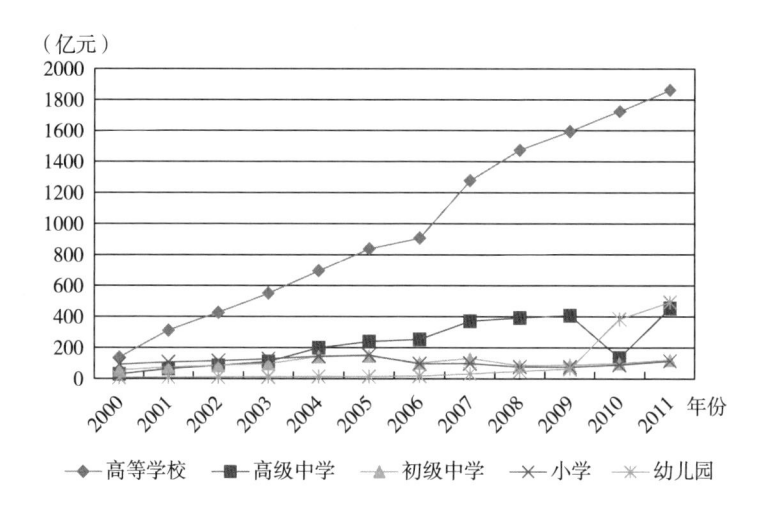

图4-20　2000—2011年各类学杂费变动趋势

资料来源：孔淑红、蓝庆新、卢进勇：《中国行业消费经济研究报告（2014）》，对外经济贸易大学出版社2014年版。

（2）旅游消费。旅游消费是人们在满足基本生存之后的享乐与发展消费，它可以开阔视野、陶冶情操，满足人们的精神需求。旅游消费的增长情况反映了居民消费需求的升级。2000—2013年，我国旅游消费不断增加，从出游人次看，我国国内旅游出游人次由2000年的7.44亿人次增至2013年的32.6亿人次，年均增幅达10.7%；入境旅游出游人次由 2000 年的 8344.39 万人次增至 2013 年的 12908 万人次，平均增幅为 4.4%；出境旅游人次由 2000 年的 1047.26 万人次增至 2013 年的 9819 万人次，年均增幅为 18.8%。从 2000—2013 年，国内旅游消费支出年均增幅为 15.9%，高于此期间 GDP 的增长率；出境旅游消费支出由 2000 年的 141.69 亿美元增至 2013 年的 1311.08 亿美元，年均增幅为 19.3%。这说明，随着我国整体居民收入水平的提高，人们出游的意愿也相应增强，并且旅游消费支出的增长快于居民收入的增长（见表 4-18）。

表 4-18　　2000—2013 年国内旅游、出境旅游人数及消费支出

年份	国内旅游 出游人次（亿人次）	增长率（%）	消费支出（亿元）	增长率（%）	出境旅游 出游人次（万人次）	增长率（%）	消费支出（亿美元）	增长率（%）
2000	7.44	3.5	3175.54	12.1	1047.26	13.4	141.69	21.9
2001	7.84	5.3	3522.36	10.9	1213.31	15.9	149.92	5.8
2002	8.78	12	3878	10.1	1660.23	36.8	167.59	11.8
2003	8.7	-0.9	3442.27	-11.2	2022.19	21.8	167.16	-0.3
2004	11.02	26.6	4710.71	36.9	2885.29	42.7	213.6	27.8
2005	12.12	10	5285.86	12.2	3102.63	7.5	247.21	15.7
2006	13.94	15	6229.74	17.9	3452.36	11.3	282.42	14.2
2007	16.1	15.5	7770.62	24.7	4095.4	18.6	332.69	17.8
2008	17.12	6.3	8749.3	12.6	4584.44	11.9	409.87	23.2
2009	19.02	11.1	10183.69	16.4	4765.63	4	471.08	14.9
2010	21.03	10.6	12579.77	23.5	5738.65	20.4	598.4	27
2011	26.41	13.2	19305.39	23.6	7025	22.4	790.1	32
2012	29.57	12	22706.22	17.6	8318.27	18.4	1098.98	39.1
2013	32.6	10.2	26276	15.7	9819	18	1311.08	19.3

资料来源：孔淑红、蓝庆新、卢进勇：《中国行业消费经济研究报告（2014）》，对外经济贸易大学出版社 2014 年版。

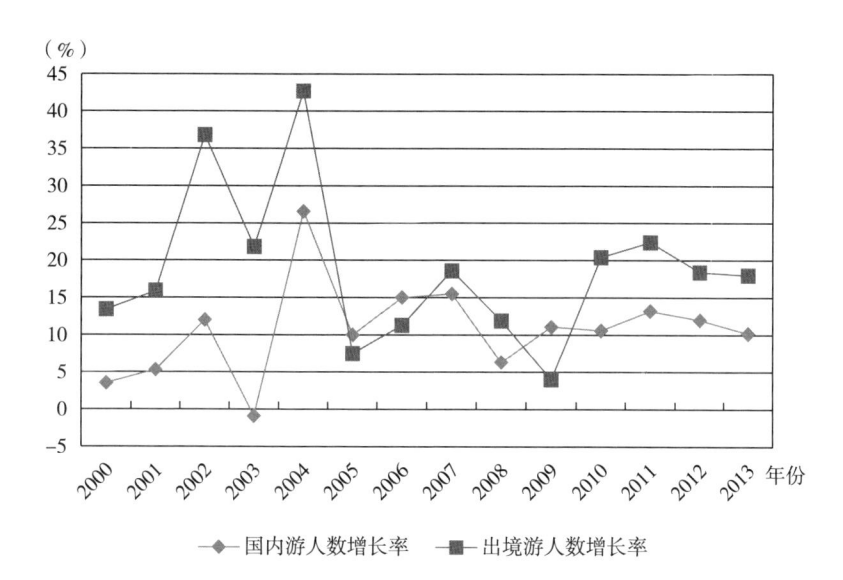

图 4-21 旅游人数增长率

资料来源：孔淑红、蓝庆新、卢进勇：《中国行业消费经济研究报告（2014）》，对外经济贸易大学出版社 2014 年版。

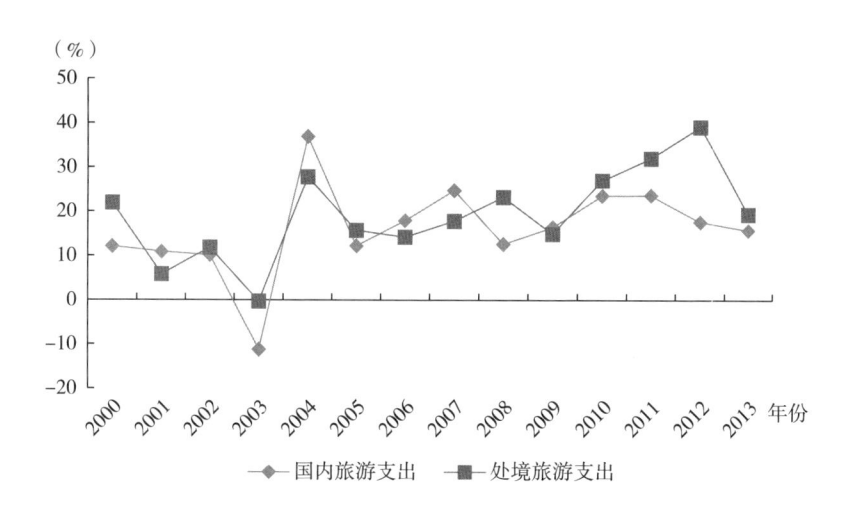

图 4-22 旅游消费支出增长率

资料来源：孔淑红、蓝庆新、卢进勇：《中国行业消费经济研究报告（2014）》，对外经济贸易大学出版社 2014 年版。

（3）奢侈品消费。从20世纪90年代奢侈品开始进入中国到现在，中国已经成为世界第四大奢侈品消费市场，发展非常迅速。2007年以前，受制于较低的国民收入水平和相对落后的消费观念，中国的奢侈品消费总量很小，且主要集中在少数富裕人群。2008年以后，随着国民收入和消费水平的不断提高，以及国家积极促进消费的政策使中国奢侈品消费迎来了快速发展，消费规模和人群不断扩大。

2008年中国奢侈品消费总量为202亿美元，到2013年达到了565亿美元，2013年是2008年的2.8倍。

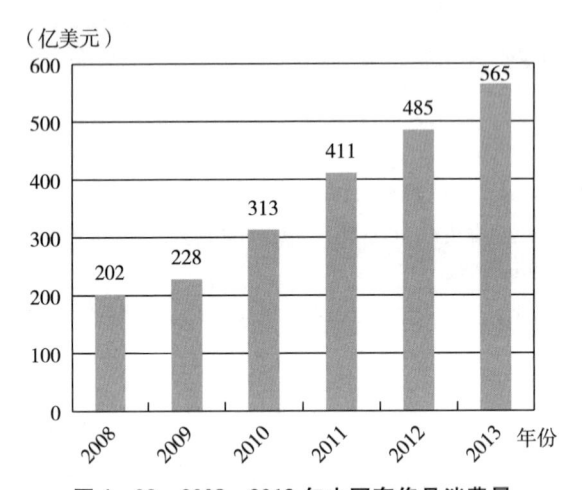

图4-23　2008—2013年中国奢侈品消费量

资料来源：孔淑红、蓝庆新、卢进勇：《中国行业消费经济研究报告（2014）》，对外经济贸易大学出版社2014年版。

截至2012年，中国内地奢侈品消费人群已经达到总人口的13%，约有1.6亿人[①]。奢侈品消费人群主要分为三类：

超富裕阶层。在中国，目前约有10000个家庭，通常指拥有收藏品、易耗品、耐用消费品和主要居所外，还有数亿元人民币金融资产的人士。

富裕阶层。该阶层以私营企业主为主，一般家庭年收入为100万元

[①] 财富品质研究院：《2012年中国奢侈品报告》，http://www.fcvvip.com/a/yanjiuyuan/baogao/20130728/132.html。

人民币，平均年龄为 39 岁，主要是商人、高收入人士、炒房者和职业股民。在中国约有 150 万个家庭。

近富裕阶层。该阶层的经济条件本身并不在奢侈品消费之列，但出于对奢侈品的向往会偶尔购买。在中国约有 2000 万个家庭。

奢侈品销量在中国快速增长说明中国消费群体分层严重，奢侈消费现象存在。并且，对奢侈品的向往在向年轻人扩展。据《世界奢侈品协会 2010—2011 年度官方报告》显示，中国传统奢侈品主要消费群体年龄在 25—45 岁，这一年龄比欧洲年轻了 15 岁，比美国年轻了 25 岁[1]。年轻的消费者在经济实力尚不足以支撑奢侈品消费时，炫耀和攀比的心理容易让消费者作出冲动消费、超前消费。据统计，世界上奢侈品消费的平均水平是个人财富的 4%，但中国的一些消费者，却用 40% 甚至更大的比例去购买奢侈品[2]，这种消费行为是不正常的。

4. 城乡居民消费理念和模式发生变化

随着计算机网络的广泛运用，电子商务蓬勃发展，新的消费方式影响着居民的消费理念和消费模式。

（1）网络消费方式逐渐渗透至居民生活的方方面面。计算机及通信技术的发展，使各行各业经历着"互联网+"的进程。从日常生活用品到工业原材料，任意合法商品都可以在互联网上找到销售商。网络供应商便宜的价格和越来越完善的服务体系，吸引了消费者消费场所的大转移。传统销售渠道和零售业态遭受着电子商务的剧烈冲击，网民数量逐年增加，网络销售额度逐年攀高（见图 4-24）。

（2）计划型购物和冲动型购物共同增长。一方面，网络购物的 24 小时营业性和无季节性使居民可以合理安排消费计划，选择性价比最优的时点消费；另一方面，电商市场中无处不在的促销信息激发了消费者的消费热情，网络支付的数字转移削弱了消费者的支付感知，冲动型购物也随时发生。

---

[1] 杨啸：《中国奢侈品消费现状及其推力探析》，《南方论刊》2011 年第 10 期。
[2] 贝恩咨询公司：《2012 年中国奢侈品市场研究》，http://www.maigoo.com/news/311373.html。

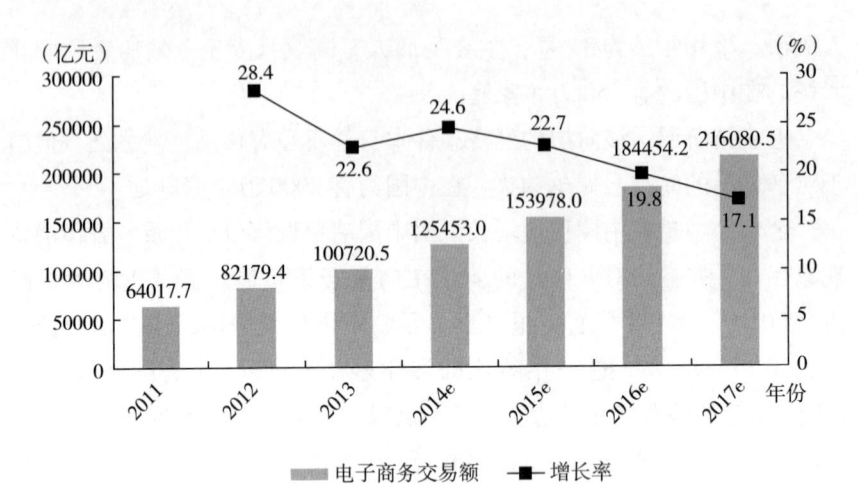

图4-24　2011—2017年中国电子商务交易规模

资料来源：艾瑞咨询：《中国电子商务行业年度监测报告（2014年）》。

（三）消费倾向

2000—2011年，中国城乡居民储蓄存款额持续上涨，2000年为64332.38亿元，2011年为343635.9亿元，12年间增长了4.34倍。在储蓄存款中，其中，定期存款额年平均占比64.98%，活期存款年平均占比为35.02%，定期存款比例高于活期存款比例，说明居民消费风险意识较强（见表4-19）。

表4-19　　　　2000—2011年中国城乡居民储蓄存款额　　　　单位：亿元

年份	年底余额			年增加额		
	总计	定期	活期	总计	定期	活期
2000	64332.38	46141.66	18190.72	4710.55	1186.55	3524
2001	73762.43	51434.86	22327.57	9430.05	5293.2	4136.85
2002	86910.65	58788.94	28121.71	13148.22	7354.08	5794.14
2003	103617.7	68498.67	35118.98	16707	9709.73	6997.27
2004	119555.4	78138.86	41416.53	15937.74	9640.19	6297.55
2005	141051	92263.54	48787.45	21495.6	14124.68	7370.92
2006	161587.3	103011.4	58575.92	20544	10777.3	9766.7
2007	172534.2	104934.5	67599.74	10946.9	1923.1	9023.8
2008	217885.4	139300.2	78585.19	45351.16	34365.71	10985.45

续表

年份	年底余额			年增加额		
	总计	定期	活期	总计	定期	活期
2009	260771.7	160230.4	100541.3	42886.31	20930.22	21956.09
2010	303302.5	178413.9	124888.6	42530.84	18183.52	24347.32
2011	343635.9			41656.6		

资料来源：国家统计局：《中国统计年鉴（2012）》，中国统计出版社2012版。数据下载自中国统计信息网。

比较全体居民消费水平总额与储蓄总额，发现从2000—2011年全体居民储蓄总额持续高于全体居民消费水平总额，说明居民消费率偏低，消费倾向低。居民将绝大部分收入用于储蓄，预防性储蓄额度高（见图4-25）。

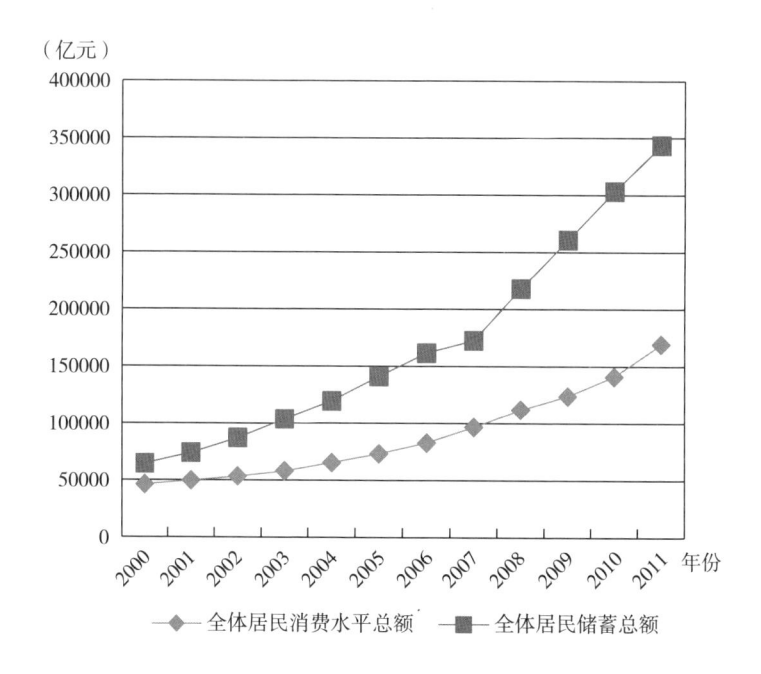

图4-25　2000—2011年全体居民储蓄总额与消费总额的比较

资料来源：国家统计局：《中国统计年鉴（2012）》，中国统计出版社2012版。数据下载自中国统计信息网。

二 小康至富裕型消费文明下的产业结构特征

(一) 小康至富裕型消费文明下的产业结构

随着居民生活水平的提高,产业结构相应地发生变化。自2000年以来,我国产业结构调整取得积极进展。第一产业保持平稳增长,对GDP贡献率呈下降趋势,第二产业增幅小幅回落,但仍是GDP增长的最重要来源,第三产业发展迅速,并在2013年首次超过第二产业,对GDP的贡献达到了46.89%。

2000—2013年,农林牧副渔从14944.72亿元增至56957亿元,年平均增长率为11.02%;工业产值从40033.59亿元增至210689.4亿元,年平均增长率为13.78%;建筑业从5522.29亿元增长至38995亿元,平均每年增长16.34%;交通运输、仓储和邮政业从6160.95亿元增长至27282.9亿元,平均每年增长12.23%;批发和零售业从8158.59亿元增长至55671.9亿元,平均每年增长16.06%;住宿和餐饮业从2146.26亿元增长至11494.1亿元,平均每年增长13.81%;金融业从4086.69亿元增长至33534.8亿元,平均每年增长18.15%;房地产业从4149.06亿元增长至33294.8亿元,平均每年增长17.57%;其他从14012.4亿元增长至100925.40亿元,平均每年增长16.43%。从增长速度看,按照增速从高到低排名,依次是金融业,房地产业,其他行业,建筑业,建筑业,批发和零售、住宿和餐饮、工业、交通运输、邮政业、农业。由此可见,产业结构中第三产业的发展速度较高,产业优化逐渐向满足人民生活需求的行业发展(见表4-20)。

表4-20　　　　　2000—2013年国内产业结构产值　　　　　亿元

年份	国内生产总值	农林牧副渔	工业	建筑业	交通运输、仓储和邮政	批发和零售业	住宿和餐饮业	金融业	房地产业	其他
2000	99214.55	14944.72	40033.59	5522.29	6160.95	8158.59	2146.26	4086.69	4149.06	14012.40
2001	109655.17	15781.27	43580.62	5931.67	6870.25	9119.41	2400.13	4353.46	4715.07	16903.30
2002	120332.69	16537.02	47431.31	6465.46	7492.95	9995.35	2724.75	4612.80	5346.35	19726.70

续表

年份	国内生产总值	农林牧副渔	工业	建筑业	交通运输、仓储和邮政业	批发和零售业	住宿和餐饮业	金融业	房地产业	其他
2003	135822.76	17381.72	54945.53	7490.78	7913.19	11169.47	3126.06	4989.40	6172.68	22633.94
2004	159878.34	21412.73	65210.03	8694.28	9304.39	12453.85	3664.80	5392.97	7174.13	26571.20
2005	184937.37	22420.00	77230.78	10367.31	10666.16	13966.18	4195.72	6086.83	8516.43	31487.96
2006	216314.43	24040.00	91310.94	12408.61	12182.98	16530.72	4792.59	8099.08	10370.46	36579.05
2007	265810.31	28627.00	110534.88	15296.48	14601.04	20937.84	5548.11	12337.55	13809.75	44117.66
2008	314045.43	33702.00	130260.24	18743.20	16362.50	26182.34	6616.07	14863.25	14738.70	52577.12
2009	340902.81	35226.00	135239.95	22398.83	16727.11	28984.47	7118.17	17767.53	18654.88	58785.89
2010	401512.80	40533.60	160722.23	26660.98	19132.95	35746.08	8068.47	20980.63	22782.01	66886.60
2011	473104.05	47486.21	188470.15	31942.66	22432.84	43445.20	9172.85	24958.29	26783.87	78411.97
2012	518942.11	52373.63	199670.66	35491.34	24959.78	49394.40	10464.21	28722.68	29005.49	88859.92
2013	568845.20	56957.00	210689.40	38995.00	27282.90	55671.90	11494.10	33534.80	33294.80	100925.40

资料来源：《中国统计年鉴（2012）》《中国统计年鉴（2013）》《中国统计年鉴（2014）》。

从产业结构的构成比例看，农林牧副渔的占比逐渐下降，从2000年的15.06%逐渐下降到10.01%，工业从40.35%逐渐下降到37.04%，建筑业从5.57%上升到6.86%，交通运输、仓储和邮政业从6.21%下降至4.8%，批发和零售业从8.22%上升至9.79%，住宿和餐饮业的比例结构较平稳，从2.16%下降至2.02%，说明基本生存对于人民生活而言已经不再是问题；金融业的比例从4.12%上升至5.9%，房地产业从4.18%上升至5.85%，其他行业从14.12%上升至17.74%。从占比结构看，按照比重大小排序，一直保持在前三位的是工业、其他行业和农业，建筑业，交通运输、仓储和邮政业，批发和零售业，住宿和餐饮业，金融业和房地产业的比重在经济发展过程中所占比重有变化，交通运输、仓储和邮政业的比重在下降，住宿和餐饮业的比重基本保持不变，建筑业、金融业和房地产业的比重在上升。这说明产业结构在向市场发展的需要进行调整（见表4-21）。

表 4-21　　　　　2000—2013 年中国产业结构　　　　　单位：%

年份	农林牧副渔	工业	建筑业	交通运输、仓储和邮政业	批发和零售业	住宿和餐饮业	金融业	房地产业	其他
2000	15.06	40.35	5.57	6.21	8.22	2.16	4.12	4.18	14.12
2001	14.39	39.74	5.41	6.27	8.32	2.19	3.97	4.30	15.41
2002	13.74	39.42	5.37	6.23	8.31	2.26	3.83	4.44	16.39
2003	12.80	40.45	5.52	5.83	8.22	2.30	3.67	4.54	16.66
2004	13.39	40.79	5.44	5.82	7.79	2.29	3.37	4.49	16.62
2005	12.12	41.76	5.61	5.77	7.55	2.27	3.29	4.61	17.03
2006	11.11	42.21	5.74	5.63	7.64	2.22	3.74	4.79	16.91
2007	10.77	41.58	5.75	5.49	7.88	2.09	4.64	5.20	16.60
2008	10.73	41.48	5.97	5.21	8.34	2.11	4.73	4.69	16.74
2009	10.33	39.67	6.57	4.91	8.50	2.09	5.21	5.47	17.24
2010	10.10	40.03	6.64	4.77	8.90	2.01	5.23	5.67	16.66
2011	10.04	39.84	6.75	4.74	9.18	1.94	5.28	5.66	16.57
2012	10.09	38.48	6.84	4.81	9.52	2.02	5.53	5.59	17.12
2013	10.01	37.04	6.86	4.80	9.79	2.02	5.90	5.85	17.74

资料来源：《中国统计年鉴（2012）》《中国统计年鉴（2013）》《中国统计年鉴（2014）》。

从三大产业产值看，2000—2013 年，第三产业的增长速度最快，于 2013 年超过了第二产业的产值；第二产业在这 14 年间保持着较快的增长速度，总产值在 2000—2012 年一直居于第一位；第一产业保持较慢的增长速度，产值远低于第二产业、第三产业产值。这说明我国的产业结构完成了从第二产业、第三产业、第一产业向第三产业、第二产业、第一产业的升级过程（见图 4-26）。

（二）小康至富裕型消费文明下的劳动就业

产业结构的变化带动着就业人口的变动。2000—2013 年，在经济活动人口中，就业率占 97.9%，其中，第一产业的就业人口从 36042.5 万人下降至 24171 万人，第一产业吸纳就业比例从 50% 下降至 31.4%；第二产业的就业人口从 16219.13 万人增加至 23170 万人，吸纳就业比

（亿元）

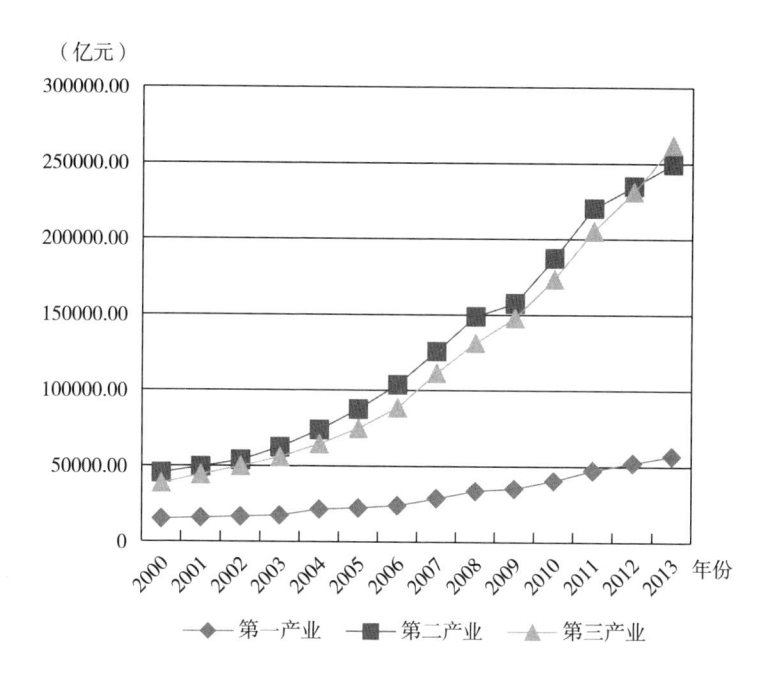

图 4-26 三大产业产值

例从 22.5% 上升至 30.1%；第三产业就业人口从 19823.38 万人增加至 29636 万人，吸纳就业比例从 27.5% 上升至 38.5%。第一产业的就业吸附力在下降，第二产业、第三产业的就业吸附力在逐渐增强（见表 4-22）。

表 4-22　　　　　　　2000—2013 年三大产业就业人口

年份	经济活动人口（万人）	就业人口（万人）	第一产业就业人口（万人）	第二产业就业人口（万人）	第三产业就业人口（万人）	第一产业比例	第二产业占比	第三产业占比
2000	73992	72085	36042.5	16219.13	19823.38	50	22.5	27.5
2001	73884	72797	36398.5	16233.73	20164.77	50	22.3	27.7
2002	74492	73280	36640	15681.92	20958.08	50	21.4	28.6
2003	74911	73736	36204.38	15926.98	21604.65	49.1	21.6	29.3
2004	75290	74264	34829.82	16709.4	22724.78	46.9	22.5	30.6
2005	76120	74647	33441.86	17765.99	23439.16	44.8	23.8	31.4

续表

年份	经济活动人口（万人）	就业人口（万人）	第一产业就业人口（万人）	第二产业就业人口（万人）	第三产业就业人口（万人）	第一产业比例	第二产业占比	第三产业占比
2006	76315	74978	31940.63	18894.46	24142.92	42.6	25.2	32.2
2007	76531	75321	30730.97	20186.03	24404	40.8	26.8	32.4
2008	77046	75564	29923.34	20553.41	25087.25	39.6	27.2	33.2
2009	77510	75828	28890.47	21080.18	25857.35	38.1	27.8	34.1
2010	78388	76105	27930.54	21842.14	26332.33	36.7	28.7	34.6
2011	78579	76420	26594	22544	27282	34.8	29.5	35.7
2012	78894	76704	25773	23241	27690	33.6	30.3	36.1
2013	79300	76977	24171	23170	29636	31.4	30.1	38.5

资料来源：《中国统计年鉴（2012）》《中国统计年鉴（2013）》《中国统计年鉴（2014）》。

从三大产业的就业人口趋势看，2000—2011 年，就业人口数排序为第一产业、第三产业、第二产业；2012—2013 年，排序为第三产业、第一产业、第二产业。从 2000—2013 年，第一产业释放出来的剩余劳动力主要被第二产业吸纳，第一产业动力下降的结果是第二产业劳动力的扩张；而第三产业并没有像通常那样发挥劳动力"蓄水池"的作用，尽管第三产业劳动力的就业份额一直高于第二产业，但在此期间第三产业的就业份额出现了下降，下降幅度为 5.6 个百分点，第二产业的就业份额持续上升，上升幅度达到 11.93 个百分点。这说明 21 世纪以来，中国劳动力在产业间的分布基本符合配第—克拉克定理指出的演进规律，即随着人均实际收入的提高，劳动力在三次产业中的分布存在此消彼长的演进规律，即劳动力将首先从第一产业流向第二产业，然后再从第二产业流向第三产业；但也不完全符合这一定理。

从就业结构的教育程度来看，当前劳动力的受教育程度普遍偏低，未来随着产业结构的进一步升级，现有劳动力的知识储备很可能会适应不了高端产业的发展需要。图 4-28 描述了全国就业人员受教育程度构成，从中可以看出，第三产业就业人员的受教育程度要明显高于第一产业和第二产业，意味着这类行业对就业人员的教育水平要求较高，而第三产业是中国经济未来发展的大方向。因而，要保证产业升级顺利进

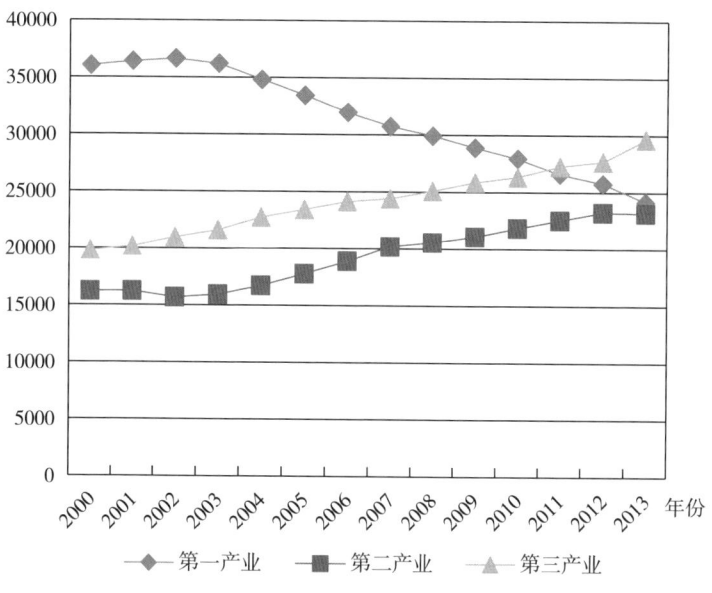

行，相应地提升劳动力的知识结构是产业转型升级过程中的应有之义。

图4-27 三大产业就业人口数

资料来源：《中国统计年鉴（2012）》《中国统计年鉴（2013）》《中国统计年鉴（2014）》。

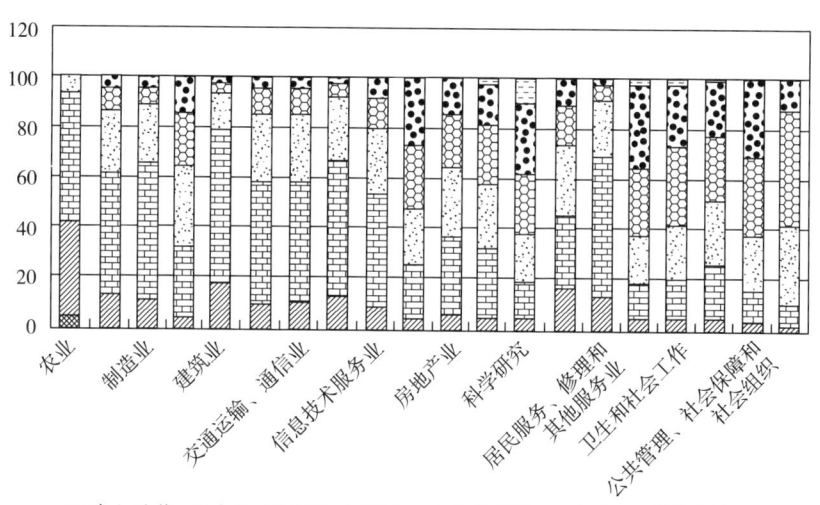

图4-28 各行业就业人员教育程度构成

资料来源：《中国人口与就业统计年鉴（2012）》。

三 小康至富裕型消费文明对产业结构优化的影响

2000—2013 年,中国城乡居民收入水平显著提高,消费性支出总量增加,居民消费结构升级,消费需求向发展、享受型产品与服务迈进。随着经济发展,居民收入差距在拉大,居民消费趋于分层。居民的消费观念向消费主义倾斜,提前消费、奢侈消费、面子消费等消费行为日益增多;网络购物兴起,计划型购物与冲动型购物并存,但冲动型消费群体扩大。居民的储蓄总量仍然较高,消费风险意识总体较强。

在小康至富裕型消费文明下,产业结构优化继续深化,第三产业的产值与第二产业接近,2000—2011 年平均年产值是第二产业的 89.99%,并于 2012 年超过第二产业,是第二产业产值的 1.05 倍;2000—2013 年年均第三产业产值是第一产业的 3.66 倍。在产业优化升级下,批发和零售业的占比较高,金融业和房地产业的发展速度最快,交通运输、仓储和邮政在国民经济中的占比有所下降。

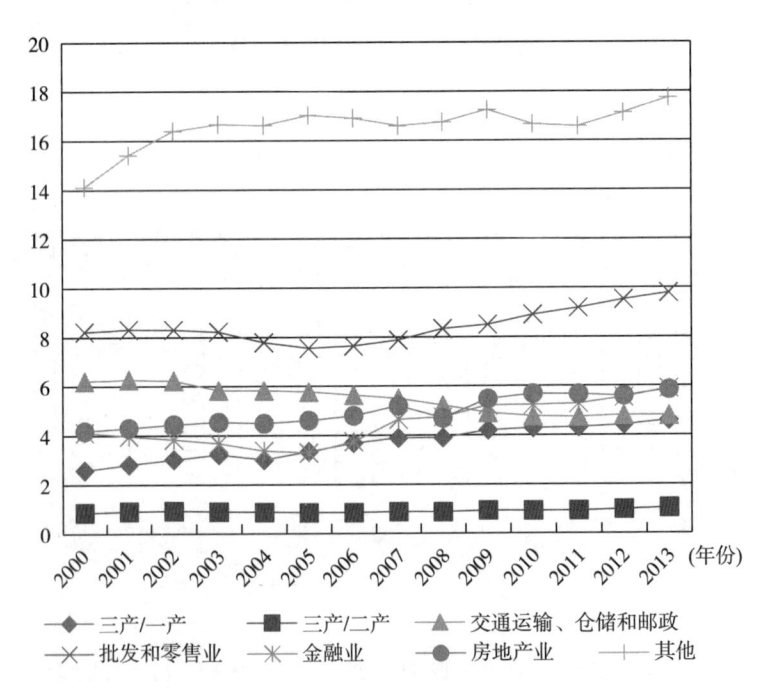

图 4-29 产业之间结构对比

资料来源:《中国统计年鉴(2014)》。

第四节　小康至富裕型消费文明发展中存在的问题

一　消费需求升级，高质量服务或产品供给不足

（一）教育培训消费提升，教育质量差强人意

在居民对教育培训投入加大的同时，也提高了对教育质量的期望。对于高等职业教育，张倩和岳昌君（2009）[1] 利用北京市委教工委和北京大学教育学院 2008 年的数据，通过分析发现，约 80% 的 "985 院校" 的学生对高校提供的高等教育服务 "满意" 或 "比较满意"；约 70% 的 "211 院校" 比较满意；约 60% 的一般本科院校学生比较满意。"985 院校" 在课外活动、生活服务和硬件设施上都有显著优势。"211 院校" 在课外活动和生活服务上优于一般本科院校，而后者在硬件设施上优于前者。李志峰和贾勇宏（2011）通过调查高等教育系统内外部的四类人群，发现高等教育系统内外部不同人群对于我国高等教育质量的整体满意度为一般。其中，超过 40% 的被调查者满意度一般，非常满意比例很小，低于 10.1%。在社会行业群体中，政府机关管理人员 "非常满意" 的比例最高，为 15.8%；企业研发人员的比例最低，仅有 2.8%；独立研究机构和社会其他各界人士 "非常不满意" 的评价比例最大，分别为 5.6% 和 5.4%[2]。这些研究成果说明，我国的高等职业教育质量还需进一步提升。

（二）旅游消费增长，旅游服务体系有待完善

伴随着旅游消费的增长，各类问题逐渐显现。首先，旅游服务质量有待提升。2013 年 4 月，国家旅游局旅游质量监督管理所发布了《2012 年全国旅游投诉情况通报》（以下简称《通报》）。《通报》中提到 "投诉景点和导游的件数比上年有所增加，同比分别上升了 38.69% 和 22.14%。对景点的投诉主要来自散客，重点是对景点的管理和设施

---

[1] 张倩、岳昌君：《高等教育质量评价与学生满意度》，《中国高教研究》，2009 年第 11 期。
[2] 李志峰、贾勇宏：《我国高等教育宏观质量满意度的实证研究》，《大学》（学术版）2011 年第 12 期。

不满意；对导游的投诉主要来自团队游客，重点是对带团导游的服务质量和履约能力不满意"。根据《通报》，总结旅游投诉情况如表 4-23 所示。

表 4-23　　　　　　　　2012 年全国旅游投诉情况通报

类别/项目		总件数	旅行社	景点	饭店	购物	交通	餐饮	其他
2012 年	总数	10513	5801	2190	941	333	209	119	920
	占总数比例（%）		55.18	20.83	8.95	3.17	1.99	1.13	8.75
2011 年	总数	10003	6155	1579	788	429	215	125	712
	占总数比例（%）		61.53	15.79	7.88	4.29	2.15	1.25	7.12
与 2011 年相比（件）		+510	-354	+611	+153	-96	-6	-6	+208
与 2011 年同比（%）		+5.09	-5.75	+38.69	+19.41	-22.37	-2.79	-4.8	+29.21

资料来源：《2012 年全国旅游投诉情况通报》。

其次，公共服务体系有待完善。李万莲和李敏（2011）以安徽省三大旅游板块游客服务质量满意度为对象，运用访谈和游客问卷调查，结合因子分析和逐步回归法，发现内外交通是影响皖南国际文化旅游区满意度的主要因素；大合肥经济圈旅游区对满意度影响最为显著的是旅游餐饮，其次是门票价格、景区环境及基础设施、导游服务、内外交通、标识与信息服务及旅游购物；皖北旅游区对满意度影响最为显著的是景区服务环境及基础设施[1]。程道品等（2011）以桂林国家旅游综合改革试验区为例，运用结构方程模型模拟游客感知的城乡旅游公共服务体系与旅游目的地满意度的结构关系。结果表明，政府主导下的旅游公共服务体系是影响游客满意的显著因素[2]。

再次，旅游交通堵塞问题急需缓解。据旅游周刊 2015 年的调查，78.1% 的北京人在黄金周不外出旅游。这主要是害怕节日期间旅游人数

---

[1] 李万莲、李敏：《旅游服务质量满意度影响因子的区域差异研究——安徽三大旅游板块的比较分析》，《经济管理》2011 年第 3 期。

[2] 程道品、程瑾鹤、肖婷婷：《旅游公共服务体系与旅游目的地满意度的结构关系研究——以桂林国家旅游综合改革试验区为例》，《人文地理》2011 年第 5 期。

较多，比较拥挤，可能会造成一些不必要的安全隐患①。随着经济水平的增长，消费者更加注重旅游的质量和舒适度，比如交通的通畅性和旅游景点本身的环境，而不仅仅单纯考虑价格因素。

又次，旅游垃圾治理刻不容缓。2013年10月7日《新京报》载，至10月6日，黄金周第六天，北京八达岭长城景区累计游客人数达35.66万人，产生垃圾共计109吨。三亚市是中国唯一的热带滨海旅游城市，随着迅猛发展的旅游业也带来了大量垃圾的增长。自1995年，三亚过夜游客接待量每5年翻一番，2012年，接待过夜游客达到1102万人次，同比增长8%。若以每位游客平均停留天数5天和日产垃圾1千克计算，日均旅游垃圾产生量已近151吨②。旅游垃圾已经成为环境污染的重要来源。

最后，游客不文明的旅游行为也激发了社会愤慨。2006年前后，中国公民在出境旅游和国内旅游中的不文明行为成为国内外媒体的热门话题，也引起国人的普遍关注、批评与忧虑。2006年8月17—31日，中央文明办、国家旅游局向社会公开征集"中国公民旅游不文明行为表现"和"提升中国公民旅游文明素质建议"的活动，广大网民积极回应。同年9月20日中央文明办、国家旅游局公布了经归纳整理的民众反映比较普遍的18类不文明行为。

旅游消费中所出现的问题说明，我国居民消费水平提升了，消费结构升级了，但文明消费程度没得到相应的发展。旅游消费中的不文明行为不仅影响着一国国民的形象，也影响着我国旅游业乃至经济的发展。

（三）交通通信消费增加，但负外部性也在增强

随着交通消费的增加，我国的汽车消费进入高速扩张时代。2008年，我国人均GDP超过3000美元，汽车在相对发达的东南沿海地区及国内其他大中型城市快速进入家庭。然而国内急剧增加的汽车消费量也带来了巨大的社会成本，如果处理不好，就会影响社会和经济的可持续

---

① 韩云珠、高云红《黄金周旅游进入疲惫期：78.1%的北京人不言出行》，《数据》2005年第9期。

② 赵鲁梅等：《三亚市旅游垃圾的处理现状与对策研究》，《科技创新导报》2013年第11期。

发展①。这些问题表现为：

能源消费。早在2000年，我国机动车消费的石油就已经占全国石油消费总量的1/3，达到了6560万吨；而2010年，机动车的燃油需求为1.38亿吨，为当年全国石油总需求的43%②。我国已经迈入石油消费大国的行列，这对石油储存量和开采量都有限的中国而言，对外依存度的提高将直接威胁到国家安全。

土地资源消费。公路每延长1公里，意味着将1000吨沥青、约400吨水泥钢筋，以及大量砂石等填料铺在土地上。公路的建设必然要占用大量的耕地。如果中国公路和停车场面积达到"美国水平"，相当于把江西省或山东省全部铺上水泥和沥青。

环境污染。王丽（2014）分析了省级汽车消费面板数据，发现轿车保有量和空气污染有直接关系。其中，使用人口数量、汽车保有量、制造业产出份额以及收入水平来解释空气污染的 $PM10$、SO_2 和 NO_2 指标，解释度分别为37.8%、30.7%和50.3%③。2000年以来，远离沙漠地带的珠江三角洲等发达地区的灰霾天气日渐增多。机动车尾气中的氮氧化物是造成光化学污染的主要原料，其残留物质是灰霾的元凶。在广东，机动车每年会排放近170万吨的尾气，占二氧化氮排放总量的70%—80%，致使城市空气中二氧化氮的含量严重超标。汽车消费的外部性成本增加，引致人们思考汽车消费的必要性问题。汽车消费不仅体现在汽车保有量上，更需要体现在人们看待汽车的态度上，汽车不是代表着财富和面子的奢侈品，而是人们出行代步的日常交通工具而已。

二 资源使用总量大，使用效率低

自然资源一般可分为待开发资源和已开发、正在利用资源两类。前者在技术水平达到开发要求时，必将成为未来产业形成和发展的基础；

---

① 陈义彬：《我国汽车消费与可持续发展的矛盾及其协调》，《现代财经—天津财经学院学报》2005年第2期。

② 杨志云：《从外部成本视角看我国汽车消费及其政策取向》，《广东社会科学》2010年第3期。

③ 王丽：《汽车消费和空气污染相关性的面板数据分析》，《中国人口·资源与环境》2014年第52期。

后者的供给状况直接决定和影响产业结构。中国是人均自然资源短缺的国家。目前,中国已探明的矿产资源总量约占世界12%,仅次于美国和俄罗斯,居世界第三位,但是人均占有量低,仅为世界人均占有量的58%,居世界第53位,特别是水、石油等重要资源短缺。中国水资源总量约为2.8万亿立方米,只有全球人均水平的1/4,是世界13个贫水国之一,而且时空分布不均。这对中国产业结构的优化调整都将产生不利影响。

(一) 生活用水消费量

2000—2013年居民用水量呈上升趋势。2000年中国居民用水总量为5497.59亿立方米,2013年为6183.45亿立方米,用水总量增长了12.48%;生活用水量从574.92亿立方米上升至750.1亿立方米,提升了30.47%;人均用水量从435.4立方米/人上升至455.54立方米/人,增长了4.6%。虽然人均增长量不高,但是生活用水总量增长比例却很高。在总量有限的情况下,我们必须节约用水(见表4-24)。

表4-24　　　　　　　2000—2013年居民用水量

年份	用水总量 (亿立方米)	生活用水量 (亿立方米)	人均用水量 (立方米/人)
2000	5497.59	574.92	435.4
2001	5567.43	599.89	437.74
2002	5497.28	618.73	429.34
2003	5320.4	630.89	412.95
2004	5547.8	651.2	428
2005	5632.98	675.1	432.07
2006	5794.97	693.76	442.02
2007	5818.67	710.39	441.52
2008	5909.95	729.25	446.15
2009	5965.15	748.17	448.04
2010	6021.99	765.83	450.17
2011	6107.2	789.9	454.4
2012	6141.8	728.82	454.71
2013	6183.45	750.1	455.54

资料来源:国家统计局:《中国统计年鉴(2014)》,中国统计出版社2014版。数据下载自中国统计信息网。

(二) 电力消费量

电力是国民经济发展的重要推动力量,是关乎国计民生的重要支柱产业,人们日常生活及生产皆离不开电力,它为国民经济各个行业发展供给基础能源,提供动力保障,因此电力行业与宏观经济发展密切相关,电力消费增长率随着 GDP 的变化而变化。电子生产和消费增长率具有前瞻性,是衡量国民经济运行状况的先行指标。2000 年以来,我国连续八年电子消费增长率都超过了 GDP 增长率,说明经济发展进入快车道,但也从另一方面说明过去我国经济发展依赖高能耗产业,消耗同样的电能没有生产出同样的 GDP,经济发展成本过高。2000 年全社会用电量 13472 亿千瓦时,2013 年全社会用电量累计达 53223 亿千瓦时,2013 年全社会用电量是 2000 年的 3 倍。2000—2013 年全社会用电量增长高达 11.2%。全社会电子消费结构由四部分构成,即第一产业、第二产业、第三产业以及城乡居民生活用电。其中,第二产业是用电大头。以 2013 年为例,当年我国第一产业用电为 1014 亿千瓦时,占整个社会用电量的 2%;我国第二产业用电为 35992 亿千瓦时,占整个社会用电量的 67.6%;第三产业用电量 6273 亿千瓦时,占 11.8% 左右;城乡居民用电 6793 千瓦时,占 12.8%。其中,第二产业即工业更是电子消费的主导力量,改革开放以来,我国产业结构有了很大改变,第三产业比重有所增加,但由于我国正处于工业化进程中,工业仍是国民经济的支柱,工业用电量占全社会用电量的 70% 以上,电力消费量随着工业结构调整、发展状况而波动,尤其是高能耗行业,受环保政策和国家节能减排淘汰落后产能的影响,关闭了大量高耗能和污染企业,使电力消费增长速度大幅度下降,整个社会用电量增长率降低。第一产业用电量维持年度小幅增长,第三产业和全国城乡居民生活用电量不断提高,2013 年分别达到 6273 亿千瓦时和 6793 亿千瓦时,比 2000 年增加了 325.6%、367.8%,特别是受近两年我国城镇化速度加快、百姓生活水平提高等因素的影响,全国城乡居民生活用电量增长率超过了第二产业用电增长率。具体情况如表 4-25 所示。

表 4-25　　　　　2000—2013 年我国电力消费量　　　单位：亿千瓦时

年份	消费量	农、林、牧、副、渔、水利业	工业	第三产业	生活消费
2000	13472	533	9068	1474	1452
2001	14634	762	9411	1615	1839
2002	16332	776	10625	1800	2001
2003	19032	773	12639	2117	2238
2004	21971	809	14834	2435	2465
2005	24940	876	16775	2631	2825
2006	28588	947	19389	2822	3252
2007	32712	979	22569	2459	3263
2008	34541	887	23251	3498	4396
2009	37032	940	24596	3921	4872
2010	41932	977	28304	4497	5125
2011	47001	1013	31991	5082	5620
2012	49514	1007	38471	5687	6224
2013	53223	1014	35992	6273	6793
年平均增长率（%）	11.2	5.6	11.4	12.3	12.7

资料来源：国家统计局，分行业能源消费量。

（三）石油、天然气消费

石油、天然气作为能源和基础原材料，对石油化工、化学原料制品、交通运输及交通运输设备制造等行业起到原料支撑作用，关系到国民经济发展、外交安全、政治军事稳定等。从我国经济发展的角度看，8%以上的 GDP 平均年增长率需要大量、充足的能源供给。表 4-26 列出了 2000—2013 年原油、石油、天然气消费总量及年增长率。

表 4-26　2000—2013 年原油、石油、天然气消费总量及年增长率

年份	原油（万吨）	年增长率（%）	石油（万吨煤标准）	年增长率（%）	天然气（亿立方米）	年增长率（%）
2000	21232.01		32307.88		245.03	

续表

年份	原油（万吨）	年增长率（%）	石油（万吨煤标准）	年增长率（%）	天然气（亿立方米）	年增长率（%）
2001	21342.74	0.52	32788.51	1.49	274.3	11.95
2002	22544.05	5.63	35553.11	8.43	291.84	6.39
2003	24922	10.55	38963.9	9.59	339.08	16.18
2004	28749.31	15.36	45466.13	16.69	396.72	16.99
2005	30086.24	4.65	46727.41	2.77	467.63	17.87
2006	32245.2	7.18	49924.47	6.84	561.41	20.05
2007	34031.6	5.54	52735.5	5.63	705.23	25.62
2008	35498.24	4.31	53334.98	1.14	812.94	15.27
2009	38128.59	7.41	54889.81	2.92	895.2	10.12
2010	42874.55	12.45	61738.41	12.48	1069.41	19.46
2011	43965.84	2.55	64728.37	4.84	1305.3	22.06
2012	47613	8.3	70287.12	8.59	1471	12.69
2013	48700	2.28	71144.28	1.2	1676	13.94

资料来源：国家统计局，分行业能源消费量。

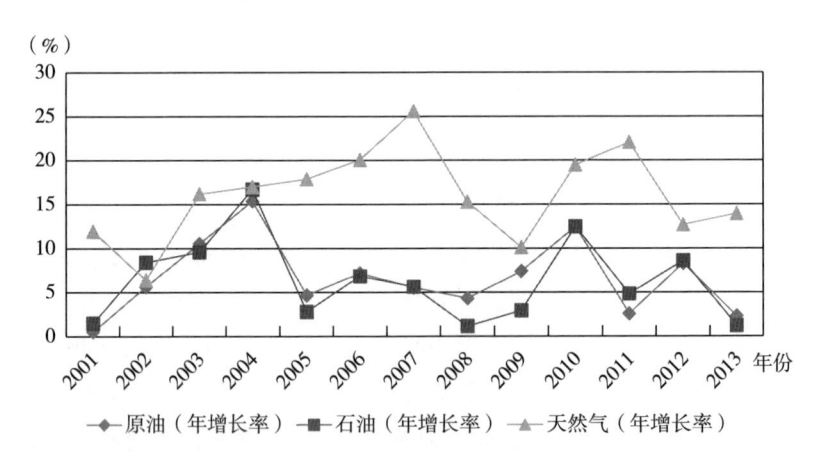

图4-30　2000—2013年石油、原油、天然气消费年增长率

注：图中是以2000年为基点开始计算的。

资料来源：国家统计局，分行业能源消费量。

表4-26和图4-30表明，从2001—2011年石油和原油的消费增长速度大致相同，态势基本吻合。而天然气消费势头强劲，2000年全

国天然气消费量约为245.03亿立方米,2011年达到1305.3亿立方米,平均增长速率达16.42%。2000年全国石油消费量为32307.88万吨标准煤,2011年为64728.37万吨标准煤,平均增长速度为6.5%;原油方面,全国原油的消费量2000年为21232.01万吨,2011年为43965.84万吨,平均年增长率为6.8%。

在生活能源消费上,由于国内居民消费观念落后,环保意识薄弱,一些天然气类、小排量汽车销售量并不是很理想。在一些偏远地区,天然气还没有实现居民能源消费。目前,天然气在居民消费中不占据主导地位。表4-27列出了生活能源消费量和人均能源生活消费量。

表4-27　　　　　　　　　　生活能源消费量

年份	生活液化石油费量(万吨)	人均液化石油生活消费量(千克)	生活天然气消费量(亿立方米)	人均天然气生活消费量(立方米)
2000	858	32	6.8	2.6
2001	912	39	6.7	3.3
2002	1033	45	7.6	3.6
2003	1156	56	8.6	4
2004	1238	67	10.4	5.2
2005	1329	79	10.2	6.1
2006	1456	103	11.1	7.8
2007	1638	143	12.4	10.9
2008	1457	170	11	12.8
2009	1496	178	11.2	13.3
2010	1457	227	10.9	17
2011	1607	264	12	19.7

资料来源:国家统计局,分行业能源消费量。

石油、原油和天然气在消费总量上差距明显,优质能源消费量较低,消费结构不合理。我国的天然气消费整体上还属于粗放型能源利用方式,天然气企业规模较小,生产成本高,规模效应不突出,上下游企业间分散经营,同时环保、质量安全和经济效益等问题得不到保障,与现代集约经济发展和科学发展观的要求还有一段距离。

三 产业结构优化升级问题诸多，需要继续加强

中华人民共和国成立 70 年来，我国经济虽然有较快的增长速度，产业结构在消费需求的推动下不断向合理化方向调整，但是也存在众多问题。这些问题主要表现为产能过剩严重、服务业发展滞后、劳动力固化在价值链低端、环境问题日益恶化。这些问题如果得不到解决，将会制约中国未来的发展。

第一，产能过剩问题突出。我国制造业产能过剩涉及行业多、范围广。钢铁、玻璃、水泥、汽车等行业一方面产能在继续扩张，另一方面产能出现了大量剩余。2012 年上半年，我国钢铁产能过剩超过 1.6 亿吨，水泥产能过剩超过 3 亿吨，铝冶炼行业产能利用率仅为 65% 左右。除了这些传统产业，新兴产业如新材料、风电设备等也呈现低端产能快速扩张的特征①。

第二，服务业发展滞后。过度依赖于加工制造环节，生产性服务业如研发设计、营销等发展滞后；同时，产业链高端环节缺失，过度依赖价格竞争，制约了生活服务业的发展，使国民收入水平难以提高。当前，我国服务业占 GDP 和就业的比重不仅低于同等收入的发展中国家，更是低于发达国家。

第三，劳动力固化在价值链低端，劳动力教育水平低下，熟练技术工人欠缺，农民工在社会劳动力中占了大部分比重，专业知识教育、技能培训、管理进阶方面的人力资源高层次化工作欠缺，这使企业创新力低下，产品同质化、技术低层次化严重，价格竞争成了企业争夺市场的主要手段，导致市场贸易条件恶化。

第四，资源环境问题达到了难以为继的地步。我国煤炭的消费量已占全球的 48%，铁矿石已占 55%，铝土矿已占 40%；50% 的原油和铝土矿消费量需要从国外进口，超过 60% 的铁矿石和铜精矿原料来自国外。2000—2011 年，我国国民收入中靠损耗资源环境带动的 GDP 比重从 5.3% 上升到 8.4%。雾霾天气在全国各地频繁出现，且不断扩大波

---

① 刘宝亮：《2013 年中国产能过剩或将进一步加剧》，《中国经济导报》2013 年 1 月 15 日，第 B03 版。

及范围;由于累积性污染,各地水源和土壤不断出现负面效应。

综合上述分析,消费文明与产业结构优化升级紧密相关。每一历史发展时期,消费文明的特征与产业结构调整与优化在螺旋式交互中推动着社会经济的发展。在当前全国向富裕型消费文明奋进的同时,需要正确认识我国居民消费方式与产业结构发展存在的问题,构建正确的文明消费方式,倒逼产业结构继续向高度化、合理化发展。

第五章 产业结构优化与可持续发展

第一节 产业结构优化与可持续发展的关系辩述

一 可持续发展的目标

人类在对多种不协调现象深刻反思的基础上，提出了可持续发展。可持续发展模式既满足当代人的需要，又不损害后代人满足需要的能力，具有深刻而广泛的内涵。可持续发展不是哪一方面的可持续发展，而是自然、社会、经济多方面的良性循环，实现经济、生态和社会的全面而和谐统一的发展。

（一）经济的可持续发展

可持续发展是经济质量和经济数量的共同增长。经济数量的增长是人民生活水平及生活质量提高的保证，是国家实力增强的重要体现，是可持续发展的物力和财力基础。经济质量的增长是经济增长效率提升的重要内容，是让资源利用的产出值最大化的结果。受到资源禀赋的约束，经济数量的增长有上限；而在内生经济增长方式下，如改进消费方式、优化产业结构、采用先进技术，经济质量的增长无上限。

可持续发展是所有人的共同发展。对于处于同时代的人而言，无论穷人还是富人，都应该有机会通过自己的努力获取一定自然资源或社会资源，从而作为自身发展和生存的资本，满足个体的合理需要。而对于不同代的人，当代人在满足当前需要的同时，应注意给后代留下发展的资本，不要杀鸡取卵、竭泽而渔。因此，可持续发展的方式很重要。

（二）生态的可持续发展

自然资源及其开发利用程度的平衡性，是可持续发展关注的另一目标。可持续发展是不超过环境系统的再生能力的发展，加强环境保护，寻求最佳的土地利用空间，更新系统生产力，保证生态的完整性，从而保证人类的生存环境具备可持续性，实现人类共同的愿望。

（三）社会的可持续发展

可持续发展的最终目的是创造人类生活的美好环境，提高人类生活质量。人类社会的可持续发展是所有努力的核心。人作为可持续发展的主体，是可持续发展的出发者、执行者和受益者。社会发展体现在人口增长趋于平衡，人与自然、社会、经济的和谐、全面发展。社会可持续发展取决于社会的公平性。社会的公平决定了社会的稳定性[①]。

综上所述，可持续发展是一个复杂的大体系，在此体系中，经济、环境、社会缺一不可。可持续发展要求建立有效而合理的经济政治运行体制，要求把人类社会的经济发展与环境保护有机结合起来，要求人类社会树立全面、现代文明的发展观。

二 产业结构优化与可持续发展

产业结构优化和可持续发展密不可分。一方面，实现可持续发展的目标要求产业结构升级。另一方面，产业结构优化是可持续发展的途径，可从根本上解决环境污染、资源浪费以及人口、就业等问题。可持续发展强调社会经济发展的系统性、整体性、协调性，要实现可持续发展，必须全面彻底地变革，实现产业结构的优化升级。

（一）实现可持续发展的目标要求产业结构升级

可持续发展对产业结构的调整和升级提出了新要求。可持续发展下的产业结构优化不仅要考虑经济效益的提高，更要协调生态安全。因此，可持续发展下的产业结构调整目标不仅应包括传统意义上的产业结构合理化和产业结构高度化，而且还包括产业结构生态化和产业结构特色化。

1. 可持续发展要求产业结构合理化

可持续发展强调社会经济发展的整体性、系统性、协调性、持久

---

① 皮尔斯、沃富德：《世界无末日》，中国财政经济出版社1996年版，第49—69页。

性，要求整个经济部门的比例协调、生产结构与需求结构基本一致，经济总量大致平衡，能够避免严重的过剩和短缺，防止大起大落，畸形发展。产业结构合理化意味着各产业之间的比例关系协调，社会再生产能够顺利进行，供求基本平衡，产业结构与社会需求结构相适应，与资源结构相协调，满足市场需求，保证社会经济在总体上的协调、稳定、持续发展。显而易见，产业结构合理化是可持续发展的基本要求。这就要求正确处理三次产业发展之间的关系，从传统农业为主的产业结构向以现代工业为主的产业结构转变，进而转化为服务业为主的产业结构，这是世界各国产业发展具有一定规律的演变过程。我国三次产业的结构调整既要把握自身的特殊性，又要遵循上述发展规律的客观要求，当前要大力发展第三产业，调整改造第二产业，巩固提高第一产业[①]。

2. 可持续发展要求产业结构高度化

产业结构的高度化，即产业结构由低水平状态向高水平状态的发展，是可持续发展的动力。可持续发展注重的不仅是数量的增长，更重要的是质量的改善和提高，注重依靠科学技术的进步和管理的科学化，科学技术是可持续发展的根本保证。目前我国产业整体素质和竞争力比较弱，技术和产品结构相对落后，经济效益差，发展后劲明显不足，在产业结构合理化的基础上实现产业结构高度化势在必行。产业结构高度化的实现有两种途径：新兴技术产业的兴起和利用高新技术改造原有产业，使产业结构不断向高加工度化、高附加值化、技术集约化、知识化和服务化演进。

(二) 产业结构优化升级是实现可持续发展的途径

1. 产业结构优化升级可实现可持续发展的生态化

产业结构优化升级的目的是提高经济发展规模和质量，在不同企业、不同类别的产业之间构建有机循环发展的模式，充分利用资源、减少废弃物、循环利用物质、消除对环境的破坏。这就要求大力发展生态产业，严格控制、坚决淘汰那些技术落后、能耗物耗高的产业，改变传统的生产方式和生活方式，鼓励清洁生产，提倡绿色消费。

---

① 简新华、于波：《可持续发展与产业结构优化》，《中国人口·资源与环境》2001年第3期。

2. 产业结构优化升级可实现可持续发展的社会化

产业结构优化升级的过程就是可持续发展的过程。为了实现产业结构优化升级，必须采取一定措施保证资源、环境、人的和谐发展，比如通过税收政策的强制性来抑制环境污染行为，通过法律法规的强制性约束来改变生产程序等。这些举措将原工业经济系统运行中的外部成本转化为社会发展管理的内部问题，改善生产运行系统和居民的生活方式。

3. 产业结构优化升级可实现可持续发展的经济化

产业结构优化升级使经济各部门之间比例协调，投入产出与社会需求相适应，促进经济有效率增长。产业结构优化升级是一个动态过程，随着经济的发展而调整资源使用，使特色产业、支柱产业能充分利用资源禀赋，发挥资源的比较优势，实现可持续发展。

第二节 产业结构优化的定量分析方法

一 产业结构优化方法概述

目前学术界尚未形成一套公认的产业结构测评体系，现存文献设计的产业结构测度方法主要包括：各产业产值和劳动投入比、钱纳里的标准结构，霍夫曼系数法，产业结构相似系数法和距离判别法。通用的产业结构调整优化模型主要有投入产出模型、国民经济计划模型、计量经济学模型、多目标规划模型和系统动力学模型。可用于产业结构优化测度的方法主要有多元统计分析方法、协同学方法、灰色理论方法、模糊综合评判及 DEA（数据包络分析）测度方法。李博和胡进（2008）从分析产业结构优化升级（高度化和合理化）的机制及其与经济增长（非均衡增长和均衡增长）的关系入手，建立一套基于静态投入产出模型的产业结构优化升级测度方法，并利用 1997 年、2002 年和 2005 年全国投入产出表提供的数据具体测度这一时期中国产业结构的高度化水平和合理化程度，对产业结构优化升级的趋势进行了分析[①]。薛白

[①] 李博、胡进：《中国产业结构优化升级的测度和比较分析》，《管理科学》2008 年第 2 期。

（2009）从产业结构合理化和高度化两个角度构建了测量产业结构优化升级的指标，提出了产业机构优化策略的 A 体系和 B 体系[①]。林春艳和李富强（2011）认为区域产业结构优化的模型研究成果主要有以下几种：基于投入产出法的计量模型和基于博弈论的产业结构优化模型、多目标规划计量模型、基于系统动力学理论的计量模型[②]。吴振球等（2013）利用 1995—2011 年我国 30 个省、市、自治区的省级面板数据，运用静态面板数据模型与动态面板数据模型以及克服内生性的分析技术，对产业结构合理化、产业结构高级化和经济发展方式转变及相关控制变量与就业的关系进行了经验研究[③]。

这些方法在一定时期内推动了产业结构的研究，为本研究提供了很好参考。为了尽量降低方法上的缺陷，本书选取国家通用的投入产出法，来分析产业结构优化的过程。

二 投入产出分析法

投入产出分析法是研究经济系统中各个部分之间在投入与产出方面相互依存的经济数量分析方法。投入产出分析从生产技术角度出发，用代数联立方程描述经济活动之间的联系，揭示一个经济系统各部门间的相互依存关系。所谓投入，是指产品生产所需原材料、辅助材料、燃料、动力，以及劳动力和固定资产的投入。产出是指产品生产总量及其分配使用的方向和数量。在市场经济条件下，经济系统各个部门之间相互投入和产品的相互依存关系表现为商品交换关系。

投入产出表是投入产出分析法的工具，该表又被称为列昂惕夫表、产业联系表或部门联系平衡表，反映国民经济各部门间投入产出的平衡关系，通常由国家统计局编制。由于经济运行是生产和消费的双向活动，在生产过程中有原料消耗，在消费过程中有新的需求被生产，所以

[①] 薛白：《基于产业结构优化的经济增长方式转变——作用机理及其测度》，《管理科学》2009 年第 5 期。

[②] 林春艳、李富强：《区域产业结构优化的模型构建与评价方法研究综述》，《经济学动态》2011 年第 8 期。

[③] 吴振球、程婷、王振：《产业结构优化升级、经济发展方式转变与扩大就业——基于我国 1995—2011 年省级面板数据的经验研究》，《中央财经大学学报》2013 年第 12 期。

将所有产业部门的产出去向设为行、投入来源设为列,就组成了投入产出表。在该表中有两种基本的平衡关系:由于中间产品应能满足各产业部门中间投入的需要,最终产品应能满足积累和消费的需要,所以每一个产业部门的总产出等于它所生产的中间产品与最终产品之和;由于在生产技术条件不变的前提下,对各产业部门的中间投入决定了该产业部门的总产规划,所以每一产业部门的投入就是它生产中直接消耗的各产业部门的中间产品。投入产出表的基本形式如表 5-1 所示。

表 5-1 投入产出

	产出	中间使用				最终使用					总产出
投入		部门 1	部门 2	⋯	部门 n	消费	投资	出口	进口	合计	
中间投入	部门 1	x_{11}	x_{12}	⋯	x_{1n}	y_1^c	y_1^I	y_1^o	y_1^E	y_1	x_1
	部门 2	x_{21}	x_{22}	⋯	x_{2n}	y_2^c	y_2^I	y_2^o	y_2^E	y_2	x_2
	⋯	⋯	⋯	⋯	⋯	⋯	⋯	⋯	⋯	⋯	⋯
	部门 n	x_{n1}	x_{n2}	⋯	x_{nn}	y_n^c	y_n^I	y_n^o	y_n^E	y_n	x_n
最初投入	折旧	d_1	d_2	⋯	d_n						
	劳动报酬	w_1	w_2	⋯	w_n						
	税收	v_1	v_2	⋯	v_n						
	合计	f_1	f_2	⋯	f_n						
总投入		x_1	x_2	⋯							

投入产出表的左上角中的行表示某一产业向包括本产业部门在内的各产业部门的生产活动提供中间投入产品的状况,同时也是各产业部门对该产业部门产品的中间需求情况,反映一定时期国民经济系统内各产业部门生产活动中发生的相互提供中间投入产品的内生关系。投入产出表左上角中的列表示各产业部门产品对其他产业部门生产活动的投入情况,即对产业的中间投入。投入产出表的右上角部分是最终需求表,表示各产业部门经过彼此支持形成的最终产品。最终产品分为三部分:消费、投资和出口。消费包括家庭消费、企业消费和政府消费三个类别。投资包括固定资本形成和库存增加。最初投入包括折旧、劳动报酬、税收,反映了各产品部门在一定时期内实现的净产值。

由于国民经济系统中的某个产业部门的产出必然满足其他各产业部门的中间需求和最终需求,所以投入产出表满足以下等式:

总产出 = 中间需求 + 最终需求
即：

$$x_1 = x_{11} + x_{12} + \cdots + x_{1n} + y_1 \quad (5-1)$$

$$x_2 = x_{21} + x_{22} + \cdots + x_{2n} + y_2 \quad (5-2)$$

……

$$x_n = x_{n1} + x_{n2} + \cdots + x_{nn} + y_n \quad (5-3)$$

引入参数 $a_{ij} = \dfrac{x_{ij}}{x_j}$ （$i = 1, 2, \cdots, n; j = 1, 2, \cdots, n$）于是

$$\begin{bmatrix} x_1 \\ x_2 \\ \vdots \\ x_n \end{bmatrix} = \begin{bmatrix} a_{11} & a_{12} & \cdots & a_{1n} \\ a_{21} & a_{22} & \cdots & a_{2n} \\ \vdots & \vdots & \vdots & \vdots \\ a_{1n} & a_{2n} & \cdots & a_{nn} \end{bmatrix} \begin{bmatrix} x_1 \\ x_2 \\ \vdots \\ x_n \end{bmatrix} + \begin{bmatrix} y_1 \\ y_2 \\ \vdots \\ y_n \end{bmatrix} \quad (5-4)$$

将系数矩阵记为 A，则上述公式可表达为：

$$X = AX + Y \quad (5-5)$$

其中，X 为各产业部门的总产出；Y 为各产业部门的最终需求；A 为直接消耗系数，反映了在一定生产技术水平下各产业部门生产活动中消耗的中间产品数量，有时也被称为技术系数矩阵。

将上式移项整理，可得：

$$Y = (I - A)^{-1} X \quad (5-6)$$

$(I - A)^{-1}$ 表示各产业部门产品的最终需求对各产业部门产品总产出的影响，利用 $(I - A)^{-1}$ 矩阵中的元素可以计算出各产业部门的感应度系数和影响力系数，从而根据各产业部门的感应度与影响力来规划国民经济各产业部门的发展。

第三节　产业结构优化升级模式与可持续发展

一　产业结构优化的可持续发展目标

产业结构优化目标是达到可持续发展。可持续发展的目标是经济、自然、人类的持续增长，由此，本书从经济增长、能源消费、人类发展三个方面设计目标函数。

(一) 目标函数

1. 经济增长目标

在要素边际生产率不均等的非均衡发展国家经济中,劳动和资本从生产率较低的部门向生产率较高的部门转移,能够加速经济增长。因此,长期以来经济增长一直是产业结构优化的重要目标,本模型设定 GDP 的优化值与实际值之比最大,即:

$$\max f(x) = \frac{e^T(X - AX)}{e^T(X^* - AX^*)} \tag{5-7}$$

其中,$X = (x_1, x_2, \cdots, x_n)^T$ 为产业部门总产出列向量的优化值,$X^* = (x_1^*, x_2^*, \cdots, x_n^*)^T$ 为总产出列向量的实际值,A 为投入产出直接消耗系数矩阵,$e = (1, 1, \cdots, 1)^T$ 为单位列向量。

2. 能源消耗指标

随着能源消费的增长,由能源带来的问题日渐严重,本模型设定能源消费最优值与实际值之比最小,即:

$$\min g(x) = \frac{e^T(B^T X)}{e^T(B^T X^*)} \tag{5-8}$$

其中,B 为能源消耗矩阵,其元素 B_i 表示产业部门 i 的单位总产出所需消耗的标准能源的量($i = 1, 2, \cdots, n$)。

3. 人类发展指标

人类发展是可持续发展的最终目标,提升人类的自我生存与发展能力是可持续发展的重要任务。在经济学中,人类发展是劳动力的发展。劳动力的数量和技能直接影响着产业的发展,表现为各行业劳动力就业人数的状况。本模型设定各行业劳动力就业数量的优化值与实际值之比最大,即:

$$\max h(x) = \frac{e^T(c^T X)}{e^T(c^T X^*)} \tag{5-9}$$

其中,C 为劳动力消耗矩阵,元素 c_i 表示产业部门 i 的单位总产出所需要劳动力的量($i = 1, 2, \cdots, n$)。

(二) 约束条件

可持续发展目标下的产业结构优化约束条件如下:

1. 投入产出平衡约束

$$X - AX \geq y_1 + y_2 + y_3 \tag{5-10}$$

其中，y_1 表示最终消费列向量，y_2 表示资本形成列向量，y_3 表示净出口列向量，它们共同构成了最终使用部分。

2. 消费需求约束条件

$$(1-s)e^T(x-AX) \geq e^T y_1 \quad (5-11)$$

其中，s 表示国内储蓄率。

3. 资本形成约束

$$(s+s_f)e^T(X-AX) \geq e^T y_2 \quad (5-12)$$

其中，s_f 表示外国资本流入占 GDP 的比重。

4. 净出口约束

因为产业结构的优化必须达到进出口贸易的总量平衡。所以约束条件为：

$$s_f e^T(X-AX) \geq -e^T y_3 \quad (5-13)$$

5. 经济增长约束

可持续发展的经济增长必须高于一定水平，否则社会发展就会停滞或倒退。所以，设 θ 为可接受的最小 GDP，则

$$e^T(X-AX) \geq \theta \quad (5-14)$$

6. 能源消耗约束

可持续发展建立在节约能源、降低排量、环境保护的基础之上。当今以自然能源消耗为主的时代，不可再生能源消耗量必须维持在一定水平之下，才能达到人类与生态的平衡，所以设 φ 为能源消耗上限，则：

$$e^T(B^T X) \leq \varphi \quad (5-15)$$

7. 人类发展约束

人类发展是劳动力贡献的持续发展，优化后的各行业的劳动生产总值应大于一定值，设为 σ，设行业平均工资为 W，$W=(w_1, w_2, \cdots, w_n)$，则：

$$e^T\left(\frac{X}{W}\right) \geq \sigma \quad (5-16)$$

二 多目标优化模型

本书的产业结构优化模型是一个多目标规划问题。求解多目标规划的方法有评价函数法、混合选优法、分层求解法、目标规划法，每种方

法适用于不同类型的问题。由于可持续发展是在经济、生态、社会三个目标上的综合发展,但在实际情况中,在不同历史时期,发展的优先级会有所不同,所以本书采用目标规划法。

目标规划的基本思想是化多项目标为单一目标。在目标规划中,要引入正偏差变量和负偏差变量。正偏差变量 d^+ 表示决策值超过目标值的部分;负偏差变量 d^- 表示决策值不足目标值的部分。因决策值不可能既超过目标值又未达到目标值,故恒有 $d^+ \times d^- = 0$。目标的实现受一定条件约束,目标约束是目标规划特有的,它把预定目标值作为约束右端的常数项,并在这些约束中加入正、负偏差变量。由于允许目标约束发生偏差,因此目标约束是软约束,具有一定弹性。目标约束的书写法为:

$$f_i(X) - d_i^+ + d_i^- = y_i \tag{5-17}$$

目标的重要程度不同,用优先级 P_i 来描述。针对不同目标的有限顺序,确定 $P_1 \geq P_2 \geq P_3 \geq \cdots \geq P_K$。若要区分具有相同优先级的两个目标的差别,这时可分别赋予它们不同的权系数 w_{lk}。目标规划的目标函数是由各目标约束的正、负偏差变量和相应的优先因子及权系数组成的。因决策者的愿望是尽可能缩小与目标值的偏差,故目标规划的目标函数中仅仅包含偏差变量,并始终是寻求最小值(总是最小化)。对于目标约束 $f_i(X) - d_i^+ + d_i^- = y_i$,相应的目标函数的基本形式有三种:

(1) 若要求恰好达到(=)预定目标值,则目标函数为:$\min z_i = d_i^+ + d_i^-$;

(2) 如要求不超过(≤)预定目标值,则目标函数为:$\min z_i = d_i^+$;

(3) 如要求超过(≥)预定目标值,则目标函数为:$\min z_i = d_i^-$。

综上所述,目标规划的一般数学模式为:

$$\min z = \sum_{i=1}^{L} P_i \sum_{K=1}^{K} (w_{lk}^+ d_k^+ + w_{lk}^- d_k^-) \tag{5-18}$$

$$\begin{cases} \sum_{j=1}^{n} a_{ij} x_j \leq (=, \geq) b_i (i = 1, 2, \cdots, m) \\ \sum_{j=1}^{n} c_{kj} - d_k^+ + d_k^- = g_k (k = 1, 2, \cdots, K) \\ x_j \geq 0 (j = 1, 2, \cdots, n) \\ d_k^+, d_k^- \geq 0 (k = 1, 2, \cdots, K) \end{cases}$$

由于可持续发展中经济增长、能源消耗和人类发展这三个目标相互制约、互为依存，经济增长需要能源和人力的投入，而能源的开采与人力发展需要经济增长的支持。为考察不同目标对产业结构优化的影响，设计四种产业结构优化的主次顺序，得到四种可持续发展模式：

（1）最优经济增长方案。假设在可持续发展中，认为经济增长比能源消耗与人类发展更重要，因此，对经济增长目标取较大权数，本书中 P_1、P_2、P_3 分别为 3、2、2。

（2）最优能源消耗方案。假设在可持续发展中，认为控制能源消耗最重要，则对能源消耗目标取较大权重，P_1、P_2、P_3 分别为 2、3、2。

（3）最优人类发展方案。假设在可持续发展中，认为人类发展最重要，则对人类发展取较大权重，P_1、P_2、P_3 分别为 2、2、3。

（4）综合方案。假设在可持续发展中，认为经济增长、能源消耗与人类发展同等重要，则各目标取相同权重，设 P_1、P_2、P_3 的值都为 2、2、2。

设其余约束条件的优先级为 1，将目标函数与约束条件整理成标准格式，可得：

$$\min f = P_1 d_1^- + P_2 d_2^+ + P_3 d_3^- + P_4 d_4^- + P_5 d_5^- + P_6 d_6^- + P_7 d_7^- + P_8 d_8^- + P_9 d_9^+ + P_{10} d_{10}^-$$

$$\begin{cases} \dfrac{e^T(X-AX)}{e^T(X^*-AX^*)} + d_1^- - d_1^+ = 1 \\ \dfrac{e^T(B^T X)}{e^T(B^T X^*)} + d_2^- - d_3^+ = 1 \\ X/X^* + d_3^- - d_3^+ = 1 \\ X - AX + d_4^- - d_4^+ = y_1 + y_2 + y_3 \\ (1-s)e^T(X-AX) + d_5^- - d_5^+ = e^T y_1 \\ (s+s_f)e^T(X-AX) + d_6^- - d_6^+ = e^T y_2 \\ s_f e^T(X-AX) + d_7^- - d_7^+ = -e^T y_3 \\ e^T(X-AX) + d_8^- - d_8^+ = \theta \\ e^T(B^T X) + d_9^- - d_9^+ = \varphi \\ e^T\left(C^T \dfrac{X}{W}\right) + d_{10}^- - d_{10}^+ = \sigma \end{cases} \quad (5-19)$$

三 数据整理与模拟结果

直接消耗系数矩阵根据2012年统计年鉴中的投入产出直接消耗系数（2010）获得，根据2011统计年鉴中2010年的分行业劳动就业人数统计表，将产业部门调整为10个，这10个产业是：农、林、牧、渔、水利业；采矿业；制造业；电力、燃气及水的生产和供应；建筑业；交通运输仓储和邮政业/信息传输、计算机服务和软件业；批发、零售、住宿和餐饮业；房地产业、租赁和商务服务业；金融业；居民服务和其他服务业。能源消耗系数矩阵、分行业平均工资根据2011年统计年鉴中分行业能源消耗统计表获得。根据搜索结果，2010年国内居民储蓄率（s）为47.5%，国外投资率（s_f）为1.6%。国内生产总值（GDP）为401202亿元，能源消费总量为324939.15万吨标准煤，城镇就业总人数为76105万人。进行数值模拟。各行业在不同发展目标优化方案下的产值（单位：万元）如表5-2所示。

表5-2 产业结构优化规划值

	2010年	最优经济增长方案	最优能源消耗方案	最优社会发展	综合方案
GDP（亿元）	401202	407760.1410	401323.8198	405917.1765	405191.2782
能源消耗（万吨标准煤）	743934.5427	754771.7901	742406.4825	747621.7331	746805.1638
劳动就业（万人）	77970.3003	79123.2321	78510.23088	78541.8791	77982.40535
农、林、牧、渔、水利业	693198000	703893157	693479623	703786393	702763189
采矿业	486392589	498754382	479499872	485405672	472786535
制造业	6783153830	6859470286	6754376590	6773589531	6784075438
电力、燃气及水的生产和供应	47730640	49175342	47759845	47858320	47747683
建筑业	1023433008	1028568731	999697494	989348726	989965387

续表

	2010 年	最优经济增长方案	最优能源消耗方案	最优社会发展	综合方案
交通运输仓储和邮政业/信息传输、计算机服务和软件业	661343668	686532964	660478375	689453620	678986458
批发、零售、住宿和餐饮业	646944042	647653893	657063764	668976396	668497682
房地产业、租赁和商务服务业	518947739	520975483	520948732	529842583	529873576
金融业	322865826	347684979	335764302	367035485	368973024
居民服务和其他服务业	912863078	951901487	951476881	983745697	973486472
合计	12096872420	12294610704	12100545478	12239042423	12217155444

以 2010 年为参照单位,在可持续发展下产业结构优化调整比率如表 5 - 3 所示。

表 5 - 3　　　　　　　产业结构优化调整率

行业	2010 年	最优经济增长方案	最优能源消耗方案	最优社会发展	综合方案
农、林、牧、渔、水利业	1	0.0154	0.0004	0.0153	0.0138
采矿业	1	0.0254	-0.0142	-0.0020	-0.0280
制造业	1	0.0113	-0.0042	-0.0014	0.0001
电力、燃气及水的生产和供应	1	0.0303	0.0006	0.0027	0.0004
建筑业	1	0.0050	-0.0232	-0.0333	-0.0327
交通运输仓储和邮政业/信息传输、计算机服务和软件业	1	0.0381	-0.0013	0.0425	0.0267
批发、零售、住宿和餐饮业	1	0.0011	0.0156	0.0341	0.0333
房地产业、租赁和商务服务业	1	0.0039	0.0039	0.0210	0.0211
金融业	1	0.0769	0.0399	0.1368	0.1428
居民服务和其他服务业	1	0.0428	0.0423	0.0776	0.0664

通过表5-3可知，四种可持续发展模式下，经济总量和劳动力就业都得到了增长，在最低能源消耗方案中能源消耗得到了节约，在综合方案中消耗量增长量最少。虽然在最优社会发展中劳动力就业人数比在最优经济发展方案中少，但是，考虑能源消耗量，用能源消耗总量除以就业人数，在最优经济发展模式下，人均生产能源消耗量为9.54吨，而在最优社会发展中人均生产能源消耗量为9.52吨。所以，最优社会发展方式有其合理性。但综合比较四种发展模式，最优经济发展模式为可持续发展的最佳模式。

在最优经济增长方案下，每个产业的产出都在增长，其中，增长最多的是金融业，居民服务和其他服务业以及交通运输仓储、邮政业/信息传输，计算机服务和软件业。在最优能源消耗发展模式和最优社会发展模式中，采矿业、制造业和建筑业的中间投入量比实际值低。在综合发展模式中，采矿业和建筑业的中间投入量比实际值低。这些说明，产业结构有优化的空间。

根据2010年直接消耗系数，四种可持续发展模式下的最终使用合计如表5-4所示。

表5-4　　　　　　　　产业最终使用合计　　　　　　　　单位：万元

产业	2010年	最优经济增长方案	最优能源消耗方案	最优社会发展	综合方案
农、林、牧、渔、水利业	172935163	175603331	175321432.9	175576696.1	175321432.9
采矿业	16903201	17332800.21	16430361.01	16868903.49	16430361.01
制造业	2266329440	2291827643	2266637360	2263133898	2266637360
电力、燃气及水的生产和供应	4749566.027	4893324.994	4751261.936	4762271.169	4751261.936
建筑业	984978890	989921645.1	952768769.8	952175279	952768769.8
交通运输仓储和邮政业/信息传输、计算机服务和软件业	170055882	176532980.3	174592494.9	177283988.8	169833383.2
批发、零售、住宿和餐饮业	268137331	268431541.2	272331627.7	277269027.4	277070616

续表

产业	2010年	最优经济增长方案	最优能源消耗方案	最优社会发展	综合方案
房地产业、租赁和商务服务业	300636779	301811491.6	301795994.2	306948379.5	306966334.4
金融业	64076703	69002369.85	66636564.56	72842716.29	73227244.79
居民服务和其他服务业	730463502	761701629.2	761361863.9	787183033.5	778973708.8
合计	4979266457	5057058756	4989989942	5034044193	5021980473

从最终使用的绝对量来看，四种优化的发展模式都比实际值高，其中，最优经济发展模式最多，最优能源消耗模式最低，综合方案居中。

根据消费系数计算各行业消费量，如表5-5所示。

表5-5　　　　产业结构优化后的行业消费量　　　　单位：万元

产业	2010年	最优经济增长方案	最优能源消耗方案	最优社会发展	综合方案
农、林、牧、渔、水利业	31603292.45	32090890.76	31616131.8	32086023.33	32039374.87
采矿业	47467.54582	48673.94573	46794.87858	47371.23159	46139.71722
制造业	190287573.9	192428476.7	189480287	190019266.9	190313427.7
电力、燃气及水的生产和供应	463274.6014	477296.9096	463558.0657	464513.8662	463440.0211
建筑业	12014591.73	12074882.55	11735948.66	11614459.3	11621698.59
交通运输仓储和邮政业/信息传输、计算机服务和软件业	22590875.76	23451318.34	23193536.82	23551085.2	22561318.17
批发、零售、住宿和餐饮业	68274609.78	68349523.21	69342584.79	70599772.82	70549252.2
房地产业、租赁和商务服务业	106083294.5	106497805.9	106492337.5	108310418.4	108316754
金融业	12305968.15	13251945.33	12797591.05	13989486.1	14063335.03

续表

产业	2010年	最优经济增长方案	最优能源消耗方案	最优社会发展	综合方案
居民服务和其他服务业	570165799.5	594548827.1	594283622.1	614438424.9	608030608.3
合计	31603292.45	32090890.76	31616131.8	32086023.33	32039374.87

从消费总量看，最优经济发展方案中的最多，其次为最优社会发展方案，再次为综合发展方案，最后为最优能源消耗方案。可见，在不同发展模式下，消费者的消费水平存在差异。

以2010年的消费量为参照点，各行业的消费变化情况如表5-6所示。

表5-6　　　产业结构优化后的行业消费量变动情况

产业	2010年	最优经济增长方案	最优能源消耗方案	最优社会发展	综合方案
农、林、牧、渔、水利业	1	0.015428719	0.000406266	0.015274702	0.013798639
采矿业	1	0.025415258	-0.014171098	-0.002029054	-0.027973399
制造业	1	0.011250881	-0.004242457	-0.001410008	0.000135867
电力、燃气及水的生产和供应	1	0.030267811	0.000611871	0.002675011	0.000357066
建筑业	1	0.005018133	-0.023192054	-0.033303872	-0.03270133
交通运输仓储和邮政业/信息传输、计算机服务和软件业	1	0.038088058	0.026677189	0.042504304	-0.001308386
批发、零售、住宿和餐饮业	1	0.001097237	0.015642345	0.034056043	0.033316081
房地产业、租赁和商务服务业	1	0.003907415	0.003855866	0.020994106	0.021053829
金融业	1	0.136804999	0.039949957	0.076871415	0.142806065
居民服务和其他服务业	1	0.042764802	0.042299666	0.077648687	0.066410172

从消费相对量来看，农、林、牧、渔、水利业在四种发展模式中保持平稳状态，采矿业、制造业和建筑业及交通运输仓储和邮政业/信息传输、计算机服务和软件业在四种发展模式中有升有降，电力、燃气及水的生产和供应在最优经济发展模式中上升幅度较大，批发、零售、住宿和餐饮业在综合发展模式中增幅最大，房地产业、租赁和商务服务业、金融业、居民服务和其他服务业在四种发展模式中都有较高增幅。

将各产业进行合并，得到三大产业在各方案下的消费量及消费比例，分别如表5-7和表5-8所示。

表5-7　产业结构优化后的三大产业消费量　　　单位：万元

产业	2010年	最优经济增长	最优能源消耗	最优社会发展	综合
第一产业	31603292.45	32090890.76	31616131.8	32086023.33	32039374.87
第二产业	202812907.7	205029330.1	201726588.6	202145611.3	202444706
第三产业	779420547.6	806099419.9	806109672.3	830889187.5	823521267.7
合计	1013836748	1043219641	1039452393	1065120822	1058005349

表5-8　产业结构优化后的三大产业消费量变动情况　　　单位：%

产业	2010年	最优经济增长	最优能源消耗	最优社会发展	综合
第一产业	3.12	3.08	3.04	3.01	3.03
第二产业	20.00	19.65	19.41	18.98	19.13
第三产业	76.88	77.27	77.55	78.01	77.84
合计	100.00	100.00	100.00	100.00	100.00

由表5-7和表5-8可知，在四种发展模式中，第一产业、第二产业的消费比重比实际值有所下降，第三产业的消费比重上升。在可持续发展下，经过产业结构的变化，消费者的消费结构也将会发生变化。

由此可得综合结论，当产业结构优化的方向与可持续发展的目标相一致时，产业结构优化促进可持续发展，并影响着下一轮经济活动中消费者的消费文明状态。

第六章　文明消费的动力来源

消费文明的演变过程引起了产业结构优化,当产业结构优化的目标与可持续发展的目标相一致时,产业结构优化能促进可持续发展并影响下一轮消费文明的状态。在当今小康至富裕型消费文明阶段,为了避免各类社会问题、环境问题及经济问题,文明的消费方式是社会发展的必然选择,但在符号价值占主流消费观的时代,号召消费者进行文明消费,是否有发生的可能?除了外在规范机制,消费者是否有自觉践行文明消费的内在动因?

第一节　文明消费需求的外在动力

有学者认为中国的消费问题是经济理性选择问题,因为在中国经济持续增长的背景下,中国消费者虽然收入增加,但物价指数、储蓄率也在上升,教育、医疗、养老等保障力度依然不够,消费者的消费行为依然符合"经济人"假设,即人类行为都是理性且自利的。

但纯粹的自利无法解释人类生活中存在的许多非物质动机和非经济动机现象,如自愿捐献、自愿节水等消费文明行为。行为经济学认为,由于人类受情感、观念和社会价值的影响,经济行为会偏离狭义的自利,人们会考虑他人收益,会在交易中牺牲自身收益,以惩罚那些对他们不利的人;或是自愿为公共物品作贡献,以奖励那些对他们有利的人,即使这些人没有要求分享收益(Henrich et al., 2001)。消费文明倡导在消费活动中公平、互惠,是经济人在社会关系中的理性选择,是可以理性而利他的。

参照 Rabin（1993），在日常生活中，存在这样三个情境：①人们愿意牺牲自己的福利来帮助那些对自己好的人；②人们愿意牺牲自己的福利来惩罚那些对自己不好的人；③当需要牺牲的福利相对较小时，前两种心理对人的行为有更大的影响。设在消费活动中，有两个消费者 c_1、c_2，消费行为有文明消费和野蛮消费，文明消费是公平、互惠、利他的，野蛮消费是损人利己的。设 s_1、s_2 分别是两个参与者的决策集，定义 $\pi_i: s_1 \times s_2 \to R$ 是参与者 i 的物质利益。假定每个消费者在考虑自己的决策时主要考察下面三个因素：①他自己的决策；②他信念中另一个消费者的决策；③他认为他人信念中的他的决策。设 $a_1 \in s_1$ 和 $a_2 \in s_2$ 分别代表两个消费者的决策，$b_1 \in s_1$ 和 $b_2 \in s_2$ 代表两个消费者信念中对方的决策，$c_1 \in s_1$ 和 $c_2 \in s_2$ 是消费者相信的对方信念中他自己的决策。

构建一个消费文明关系函数 $f_i(a_i, b_j)$ 衡量消费者 i 对于消费者 j 的态度。如果消费者 i 相信消费者 j 将作出决策 b_j，消费者 i 将从所有可能的收益集合 $\Pi(b_j) = \{\pi_i(a_i, b_j), \pi_j(b_j, a_i) : a, b \in s\}$ 中做出选择。通过选择 $\Pi(b_j)$ 中的不同值就可以推断出消费者 i 的善良程度。定义 $\pi_j^h(b_j)$ 和 $\pi_j^l(b_j)$ 分别为消费者 j 在 $\Pi(b_j)$ 中可能的帕累托边界点上的最大以及最小收益，将公平收益定义为 $\pi_j^e(b_j) = [\pi_j^h(b_j) + \pi_j^l(b_j)]/2$。最后，定义 $\pi_j^{\min}(b_j)$ 为消费者 j 在 $\Pi(b_j)$ 中可能的最差收益。

根据以上准备工作，对于消费者 j 来说，消费者 i 的消费文明关系函数定义为：

$$f_i(a_i, b_j) = \frac{\pi_j(b_j, a_i) - \pi_j^e(b_j)}{\pi_j^h(b_j) - \pi_j^{\min}(b_j)} \tag{6-1}$$

并且定义如果 $\pi_j^h(b_j) - \pi_j^{\min}(b_j) = 0$，那么 $f_i(a_i, b_j) = 0$。即当且仅当消费者 i 的消费行为通过消费外部性带给消费者 j 一个公平收益时才有 $f_i(a_i, b_j) = 0$。如果 $f_i(a_i, b_j) < 0$，那么消费者 i 的消费行为对消费者 j 的收益造成了损失，即消费者 j 的公平收益少于他自己应得的。

消费者 i 信念中消费者 j 对他的文明消费关系函数定义为：

$$\tilde{f}_\tau(b_j, c_i) = \frac{\pi_j(c_i, b_j) - \pi_i^e(c_j)}{\pi_j^h(c_j) - \pi_i^{\min}(c_j)}$$

$$f_i(a_i, b_j) \in [-1, \frac{1}{2}], \text{且} \tilde{f}_\tau(b_j, c_i) \in [-1, \frac{1}{2}] \tag{6-2}$$

$$U_i(a_i, b_j, c_i) = \pi_i(a_i, b_j) + \tilde{f}_J(b_j, c_i) \times [1 + f_i(a_i, b_j)] \quad (6-3)$$

如果消费者 i 相信消费者 j 的行为对他有害，即 $\tilde{f}_j < 0$，那么消费者 i 将选定一个 f_i 收益值偏小甚至为负的消费策略。反之，如果消费者 j 的行为对消费者 i 友好，那么将为正。由此，当一对消费决策 $(a_1, a_2) \in (s_1, s_2)$，对于 $i = 1, 2, j! = i$，满足以下两个条件时，便称它们为公平均衡：

（1） $a_i \in \underset{a \in S_i}{argmax} U_i (a, b_j, c_j)$

（2） $c_i = b_i = a_i$

公平理论不仅表明博弈的消费双方可能会牺牲自己的收益来损害对方的收益，也可能在感受对方文明的基础上，牺牲自己的收益去成全对方。公平理论说明了文明消费存在的可能性。在某些情况下，消费者选择文明消费，有时甚至会牺牲自己的收益来成全对方；但是当消费双方不能从对方身上看出足够的公平时，消费者会选择野蛮。所以，消费文明的实现需要一套奖励和惩罚机制，引导消费者权衡短期利益与长期利益。

设若干消费者在不同时期进行文明消费与否的博弈，每个消费者 i 在确定自己的决策及判断他人的决策下对下一次消费活动的决策是从有限集 $A = \{(a_i, b_i, c_i)\}$ 中选择的一个策略 m_i，每个行动组合 $m_i \in A$ 都对应于公共观察到的结果上的一个分布，其中 y 属于有限集。令 $P_y(m)$ 是行动 m 对应结果 $y = f_i(a_i, b_j)$ 的概率，令 $P(m)$ 为概率分布，消费者 i 实现的收益 $\pi_i(m_i, y)$ 独立于其他消费者的行动，消费者 i 对于策略组合 m 的期望收益为：

$$g_i(m) = \sum_y P_y(m) \pi_i(m_i, y) \quad (6-4)$$

在重复博弈中，t 期初的文明消费行为信息（公共信息）是：

$$h^\tau = (y^0, y^1, \cdots, y^\tau - 1) \quad (6-5)$$

消费者 i 在 t 阶段有他自己过去消费行为的选择 a_i^t（私有信息）。消费者 i 的一个策略是一系列从 t 阶段的信息到 A 上的概率分布映射；$\theta_i^\tau(h^\tau, a_i^\tau)$ 是消费者 i 在公共信息和私有信息下的行为选择概率。假设这个模型在可观察行动的重复博弈中，结果集合 y 与行动组合 m 是同构的，如果 y 同构于 m 则 $P_y(m) = 1$；否则为 0。

设文明消费与野蛮消费的临界点为 $\hat{\Pi}$，Π 为文明消费的消费者平均收益，当消费者的消费行动 y 所带来的收益 g 大于或等于 $\hat{\Pi}$ 时，消费者选择合作状态即文明消费；否则，转入惩罚状态，并持续 T 期。消费者在这种状态下每期选择一个静态纳什均衡 m^*；T 期过后，转回合作状态。此时，消费者采用策略的概率为 $Y(m^*) = P(g \geq \hat{\Pi} : m^*)$。方便起见，标准化静态均衡的收益为 0。那么，消费者的标准化收益是：

$$\hat{v} = (1-p)g(m^*) + p\gamma(m^*)\hat{v} + p[1-y(m^*)]p^t\hat{v} \quad (6-6)$$

整理得：

$$\hat{v} = \frac{(1-p)g(m^*)}{1-p\gamma(m^*) - P^{t+1}[1-\gamma(m^*)]} \quad (6-7)$$

如果 $\gamma(m^*) = 1$，那么 $\hat{v} = g(m^*)$，从而只要所有消费者文明消费，惩罚的概率就为 0。在 m^* 是静态均衡时，没有机构对野蛮消费提供激励；即使 m^* 不是静态均衡，仍有可能 $\gamma(m^*) = 1$，此时只有某个消费者背离文明时才进行惩罚，比如，消费行为能够被完全观察到，这在现代信息技术中是完全有可能的。当有消费者野蛮消费时，文明消费的均衡点会发生变化，有可能降低临界点或增加文明消费时的利益。在没有消费者通过野蛮消费获益的情况下 m_i，对所有的，有：

$$(1-p)g(m_i, m^*_{-i}) + p\gamma(m_i, m^*_{-i}) + p[1-\gamma(m_i, m^*_{-i})]p^t\hat{v} \leq$$
$$(1-p)g(m^*) + p\gamma(m^*)\hat{v} + p(1-y(m^*))p^t\hat{v} \quad (6-8)$$

合并同类项，可得：

$$(1-p)[g(m_i, m^*_{-i}) - g(m^*)] \leq \frac{p[1-p]^t[\gamma(m^*, m^*_{-i})](1-p)g(m^*)}{1-p\gamma(m^*) - p^{t+1}[1-y(m^*)]}$$
$$(6-9)$$

第二节 文明消费需求的内在动力

一 构建文明消费动力函数的理论分析

前文从消费关系角度定义了消费者与其他消费者之间的文明函数，但是，文明消费除了包括当代人之间的消费关系外，还包括消费活动与自然环境的关系以及当代人与以后若干代人的消费关系。在现有消费函数的构造中，考虑的消费决定因素是收入、储蓄、投资、前期实际消费、消费预期、消费效用、消费外部性等，并没有将消费关系纳入进消费函数中。

同时，在消费函数理论的演变中，数据和计量经济学方法扮演了重要角色。绝对收入理论由于无法解释储蓄率的长期稳定性而被相对收入理论、生命周期和持久收入理论替代。然而持久收入理论关于消费与滞后收入无关的推论遭到了经验研究的猛烈攻击，随着"理性预期"假定的提出，动态规划方法被经济学家采用，他们开始在不确定性条件下研究消费者行为，预防性储蓄理论弥补了生命周期和持久收入理论对消费过度敏感的弊端，此外，习惯、文化等行为经济学理念也进入研究视线。文明消费是在消费关系矛盾突出下对消费方式的反思，反映了消费者对未来消费的忧虑，蕴含了极大的不确定性，因此，借用预防性储蓄理论解释消费文明动力问题应该是较好的思路。在不确定性消费函数研究中，存在两种研究思路，二者都建立在预防性储蓄理论的基础上，其中一条思路从数据出发，改进数学模型，另一种思路从消费者行为出发，拓展研究要素。文明消费动力是从消费者行为出发对消费活动的探讨，所以沿用第二种思路。

在不确定条件下研究消费函数，最直接的方法是利用收入波动的客观数据来衡量不确定性；而文明消费不仅是收入的问题，收入高者不能理所当然地野蛮消费。从文明消费本身的寓意而言，未来消费环境的不确定性对消费决策的影响可能并不直接，但一方面自然环境中存在的资源可以转化成生产要素，参与市场流通，成为部分消费者的生存资源，从而影响消费者赚取收入的能力。因此，自然生态是否可持续良性循环会影响未来消费的质量和水平。另一方面消费环境中的人文环境，如生产系统、分配机制、市场机制、福利制度等会影响消费者的资产流转，直接影响消费者的财富，使其可支配收入受到一定的约束，所以，人文环境是否和谐也会影响消费倾向。因此，对文明消费的研究，不仅要关注外部环境，还要关注消费者心理和行为，从行为经济学理论出发将消费文明行为整合进消费函数模型是一个非常困难的设想。

消费活动所表现出的心理学和行为学特征比较明显，并不能满足经典理论的理想假设。因此，在构造函数时需考虑文明消费者和不文明消费者的特征。相较而言，不文明消费者的消费倾向更明显，且在短期内的消费偏好远大于长期偏好，是缺乏耐性的消费者。所以，财富流动在两种类型的消费者之间存在较大差异，尤其是跨期时。

在现有的研究文献中，Angeletos 等（2001）研究了收入不确定和流动性约束下的消费者决策行为，利用双曲线偏好模型取代经典缓冲存货模型，通过欧拉方程分析了动态决策过程，发现消费者在不确定下的决策行为犹如拥有"内生的"时间偏好，同未来的边际消费倾向同向波动。Krusell 和 Smith（2003）研究了拥有一系列贴现率偏好冲突的消费者，发现消费函数呈阶梯状，且断开点是这个函数的最优点，这个结论被总结为马尔科夫均衡储蓄定律的不确定性。除了消费偏好之外，时间的跨期性使研究展开了对消费者消费自控能力的探讨。Gul 和 Pesendorfer（2004）研究了易受诱惑的消费者在不确定条件下无限期消费的问题，其前提假设是消费者同时拥有花光财富的冲动和一定的自控能力，则导致不完全消费，产生效用损失。他们定义了动态自控偏好并引入了"诱惑效用函数"，证明消费者偏好可以逆转。Fudenberg 和 Levine（2006）认为跨期决策问题应该是一系列的冲动的短期自我和耐心的长期自我的博弈，提出了双自我模型，他们发现自我控制的成本将导致消费过度延迟。尽管自控能力问题受到了很大的关注，但其测度方法也是个难题。Ameriks 等（2007）将通过问卷调查了解高学历人群的自控力，为自控力这种主观因素的计量提供了新思路。Challey 和 Ragotz（2013）构建了一个异质代理模型，用于分析不完全市场下有借款限制和总劳动收入波动及特殊劳动收入波动的消费动力问题。由于这个模型考虑了理性预期下的消费心理及行为，并思考了充分限制条件的集合，使模型不仅能够演绎消费活动本身的变化，也能够解决跨期财富流动问题，所以，本部分将借用上述思路，构建文明消费动力函数以证明文明消费的可实现性。

为了区分理论和实证上的消费者预防性储蓄的决心，模型总体框架包含了两类消费者，文明的消费者和不文明的消费者。不文明的消费者注重当前享受，不在乎长远利益，不在乎他人感觉，比较自利，容易过度消费，比文明消费者有更高消费倾向，总是在追求消费效用最大化。

虽然在以往大部分理论研究中，消费者的消费支出来源主要采用工资和资本做变量，但是，由于工资是消费者个体劳动收入所得，是人力资本的转换，而人是自然环境养育的生命体。因此，在文明消费中，将劳动力与土地、水、矿产等视为同等重要，统一纳入资源范畴；而资本是货币的反应，是劳动价值在市场经济系统中作用的结果，是人为因素，可能是之前储蓄的消费者剩余，也可能是上辈遗留下来的财产，并非自然天成，因此将其单独作为一个因素。按照自然关系与人际关系的区别，在本书中，认为影响消费支出来源的主要因素是资源收入和资本。

资源收入和资本是消费者在正常环境中的所得，但当人类的不文明消费对自然环境造成毁坏，扰乱了自然生态系统时，资源自我恢复功能被损坏，面临资源萎缩的危险，某些不可再生资源，甚至会枯竭。因此，政府必须出面对环境采用一定治理措施，保持生态平衡。此时，消费者一方面要为环境恶化提供维护资金；另一方面当环境恶化到影响消费者的健康和工作时，由公共环境导致的损害由政府补偿，因此，消费者在环境恶化期会得到额外专项补贴，包括医疗补助、高温补贴等。

环境的好坏对消费者带来了不同影响，处于环境恶劣中的消费者面临较高风险，如果永久收入不完全保险，环境持续恶化，消费者可能面临绑定的借贷约束。如果消费者预防性动机太弱，难以抵制不文明消费时，会内生出一个债务上限，不文明的消费者每一个时期面临着难以摆脱的债务，这样不文明消费者最终在每一个时期消费他们全部的收入，勉强维持生活。下文将追溯在环境风险、社会保险和紧缩的借贷约束下的消费者预防性动机的强度及不文明的消费者最终是否有文明消费的动力。

二 构建消费文明动力模型

1. 基础假设

设由连续编号的消费者 i 和代表公司构成了一个封闭的经济体，沿着单位间隔均匀分布。所有消费者出租资源和资本给公司，后者产生独特的（或通用的）经济物品。

设在消费环境良好的情况下，每个消费者 i 具有一个单位的资源，无弹性地提供给公司。所有消费者都会面临消费环境状况中正常和恶化之间的特殊变化。处于好环境中的消费者获得一个竞争性的市场工资（净社会贡献），而处于坏环境中的消费者可获得固定的政府补贴（如高温补贴、饮用水源补贴等），设为 δ^i，且 $\delta^i > 0$。

我们假设消费者有两种类型，不文明的消费者和文明的消费者，前者和后者分别有主观贴现因子 $\beta^I \in (0, 1)$ 和 $\beta^P \in (\beta^I, 1)$，占领的子区间分别为 $[0, \Omega]$ 和 $[\Omega, 1]$，$\Omega \in (0, 1)$。虽然没有必要在有限的横断面异质性下构建均衡，引入文明的消费者将使我们产生很大程度的横断面财富离差①。然而，相比具有异构折扣因素的模型，不文明的消费者面临一个绑定举债上限，因此像勉强维持的消费者②。这些消费者遵循极为重要的总时间序列模型的属性。

环境恶化的风险。环境为消费者提供生存资源，以积累财富；为生产者提供生产要素，以提高生产。这些资源（要素）涵盖范围较广，劳动力、土地、矿产、湖泊等都在内，所以环境不论对消费者还是对生产者，都非常重要。资源（要素）与资产（货币资本）很不相同，前者全由自然提供，反映的是人与自然的关系；后者是人们在有组织的生产下通过市场活动产生的，而市场活动是人类的活动，反映的是人与人之间的关系。因此，在本书中，用资源（要素）反映人与自然的关系，用资产（货币资本）反映人与人之间的关系。单个消费者所面临的环境恶化有两个可能性：一个可能是在 $t-1$ 期环境正常，在 t 期恶化，恶化概率为 s_t；另一个可能是在 $t-1$ 期环境恶化，在 t 期仍然恶化，概率为 $1-f_t$，f_t 是环境被治理变好的概率。环境的运动定律是（原有好环境的加上新治理好的）：

$$n_t = (1 - n_{t-1})f_t + (1 - s_t)n_{t-1} \qquad (6-10)$$

一个通常考虑的周期性波动是：在 (f_t, s_t) 区间，由政府的环境保护政策变动的基本冲击和现有的自然环境的自然恶化。例如，在 (f_t, s_t) 区间，由于消费者在消费环境中生活，消费者经受环境恶化的

---

① Krusell 和 Smith（1998）介绍了不完全市场环境下的异构的随机贴现因子，以生成合理水平的财富离散。本书的规范更接近 McKay 和 Reis（2012）使用的异构，是确定的折扣因素。

② 参考 Becker（1980）；Becker and Foias（1987）；Kiyotaki and Moore（1997）；Iacoviello（2005）。

痛苦，内生变化会自然出现，两种情况下的过渡率都受潜在消费力冲击的影响。然而，我们希望在这里强调的关键市场摩擦导致一些消费者无法完全抵御这样的转变而进行时间变化的预防性储蓄。出于这个原因，我们将这些过渡率作为外生基线规范。

不文明的消费者。不文明的消费者预期终身效用最大化为：

$E_0 \sum_{t=0}^{\infty} (\beta^I)^t u^I(c_t^i), i \in [0, \Omega]$，$C_t^i$ 是消费者 i 在时期 t 的非耐用品消费，阶段效用函数 $u^{I'}(.)$ 满足 $u^{I'}(.) > 0$ 而且 $u^{I''}(.) \leq 0$。不文明的消费者源于较高的消费而有较少的储蓄，一旦面临失业、生病等风险，将享受（部分）政府补贴；如果政府补贴仍然不能维持其生活，他会面临借贷（外因），贷方评估借方的还贷能力，只能贷出最多与政府补贴相等的额度，故不文明消费者存在债务上限，当 $\mu \geq 0$ 时他们的资产财富不能下降到低于 $-\mu$。考虑到这些限制，唯一的资产——资本存量，可以用来平滑特殊的劳动收入波动。我们通过 e_t^i 表示消费者 i 在时间 t 的环境状况，如果消费者处于正常环境中，则 $e_t^i = 1$，否则为 0。一个不文明的消费者 i 所面临的非负预算约束是：

$$a_t^i + c_t^i = e_t^i w_t^I (1 - \tau_t) + (1 - e_t^i) \delta^I + R_t a_{t-1}^i$$
$$c_t^i \geq 0, \quad a_t^i \geq -\mu \tag{6-11}$$

其中，a_t^i 是消费者 i 在日期 t 持有的资本存量，R_t 是资本存量的事后总回报，w_t^I 不文明的消费者真实收入（假定是可识别的），δ^I 是不利环境下消费者享受的政府补贴，τ_t 是消费者在第 t 期的消费贡献率，也是资源流失贡献率，$W_t^I \tau_t$ 是消费贡献（正常环境中消费者缴纳的各类保险），旨在资助环境保护计划。不文明消费者的欧拉条件是：

$$u^{I'}(c_t^i) = \beta^I E_t [u^{I'}(c_{t+1}^i) R_{t+1}] + \varphi_t^i \tag{6-12}$$

其中，φ_t^i 是与借贷约束 $a_t^i \geq 0$ 相关的拉格朗日系数，如果约束绑定，则 $\varphi_t^i > 0$。不文明消费者的最佳持有资产条件是：方程(6-12)，最初的资产持有为 a_{-1}^i，终端条件 $\lim_{t \to \infty} E_t [\beta^{It} a_t^i u^{I'}(c_t^i)] = 0$。

文明的消费者。文明消费者预期终生效用为：

$E_0 \sum_{t=0}^{\infty} (\beta^P)^t u^P(c_t^i), i \in (\Omega, 1]$，达到最大化的条件是：$\beta^P \in (\beta^I, 1)$ 和日益增加的 $u^P(\cdot)$ 的在 $[0, \infty)$ 上严格凹。相对于不文明的消费者，文明消费者拥有较好的信用，能够完全进入资产市场，足额保

险意味着这些消费者集体表现得像一个有永久性收入消费的大的消费者代表，其中政府确保所有成员拥有平等的财富边际效用。因为消费是唯一的期间效用，相等的边际财富效用意味着平等消费，所以我们可以写消费者预算约束如下：

$$C_t^p + A_t^p = R_t A_{t-1}^p + (1-\Omega)[n_t w_t^p(1-\tau_t) + (1-n_t)\delta^p] \quad (6-13)$$

其中，C_t^p（≥ 0）表示恰当的消费，A_t^p 是家族期末资产控股（这两个必须除以 $1-\Omega$ 以找到每个消费者成员的对等点），w_t^p 是真正的资源资本，δ^p 是文明消费者的政府补贴，文明的消费者的欧拉条件是：

$$u^{p'}\left(\frac{C_t^p}{1-\Omega}\right) = \beta^p E_t\left[u^{p'}\left(\frac{C_{t+1}^p}{1-\Omega}\right)R_{t+1}\right] \quad (6-14)$$

这个条件，加上初始资产控股 A_{-1}^p 和终端条件 $\lim_{t\to\infty} E_t[(\beta^p)^t A_t^p u^{p'}(C_t^p/(1-\Omega))] = 0$，充分描述了文明消费者的最优消费路径。注意，当 $\Omega = 0$ 时，市场上只有有充分保险的文明消费者，成为代表代理经济。

2. 消费对象的假设

代表公司产生输出 Y_t，资本 K_t，自然环境提供有效的生产资源。让 n_t^I 和 n_t^p 分别表示公司在环境恶化和环境正常下的产出，$Y_t = z_t G(K_t, n_t^I + kn_t^p)$ 聚合生产函数，当 $k > 0$ 时是相对不熟悉的文明的消费者的资源效率，不文明的消费者资源效率正态化为 1，$\{z_t\}_{t=0}^{\infty}$ 在总生产力过程中随机分布，在无条件下意味着 $z^* = 1$。$G(\cdots)$ 表示积极的、边际产品降低和规模收益不变。引入一个文明消费者的有效资源溢价（$i.e, k > 1$），这增加了均衡中的消费产出份额，相对于对称情况（$k = 1$），对于任何合理的财富分散程度，有必要与横断面消费分散匹配①。定义 $k_t \equiv K_t/(n_t^I + kn_t^p)$ 为有效环境的单位资本，$g(k_t) = G(k_t, 1)$ 是有效环境下集中式的生产函数，则有 $Y_t = z_t(n_t^I + kn_t^p)g(k_t)$。资本

---

① 虽然在这里没有显式地模拟它，$k > 1$ 是标准自然资源积累模型的直接反应，预示着第一次文明消费的消费者越多，积累的自然资源更多（如 Ben Porath, 1967）。潜在的关于替代能力的完美假设是单位资源效率，因为它使平衡资源溢价 w_t^p/w_t^I 常数等于外生生产力溢价 K。引入不完美资源类型之间的替代能力（见 Acemoglu and Autor, 2011）构成环境良好水平的资源溢价功能（n_t^p, n_t^I），但不改变基本机制。

以恒定的速度 $v \in [0, 1]$ 贬值，因此投资是 $I_t \equiv K_{t+1} - (1-v)K_t$，给定 R_t 和 z_t，代表公司的最优资本需求满足：

$$z_t g'(k_t) = R_t - 1 + v \tag{6-15}$$

另外，在一个完全生产要素（资源）竞争市场，资源的最优需求必须满足 $z_t G(K_t, n_t^l + k n_t^p) = w_t^l = w_t^p/k$，$w_t^l$ 是有效要素（资源）的真正单位资本。

三 市场出清的条件

由大数定律和事实，所有消费者在劳动力市场都面临相同的过渡，文明的和不文明的消费者在代表公司资源的均衡数量分别为 $n_t^l = \Omega n_t$ 和 $n_t^p = (1-\Omega)n_t$。因此，有效的资源生产力是 $n_t^l + k n_t^p = (\Omega + [(1-\Omega)k])n_t$ [n_t 由式(6-10)给定]，资本是 $K_t = [\Omega + (1-\Omega)k] n_t k_t$。此外，通过 CRS 假设有效资源生产力的单位实际资本均衡是 $w_t^l = z_t[g(k_t) - k_t g'(k_t)]$。

一般来说，期望不完全的保险产生环境冲击以生成横断面财富分散，一个特殊消费者的资产财富积累取决于这个消费者拥有资源的状况。通过积累的财富 $F_t(\tilde{a}, e)$ 总结这异质性，表示测量在时间 t 的不文明的消费者与期初资产财富 $\tilde{a}$ 和资源状况 e，通过 $a_t(\tilde{a}, e)$ 和 $c_t(\tilde{a}, e)$ 表示相应的资产和消费政策函数[①]。因为这些消费者在经济中所占比重 Ω，资本股票市场的清算要求：

$$A_{t-1}^p + \Omega \sum_{e=0,1} \int_{\tilde{a}=-\mu}^{+\infty} a_{t-1}(\tilde{a}, e) \mathrm{d}F_{t-1}(\tilde{a}, e) = [\Omega + (1-\Omega)k] n_t k_t \tag{6-16}$$

式（6-16）的左边是所有消费者在 $t-1$ 日期的总资产，右边是代表公司在日期 t 的资本。商品市场的清算要求：

$$C_t^p + \Omega \sum_{e=0,1} \int_{\tilde{a}=-\mu}^{+\infty} c_t(\tilde{a}, e) \mathrm{d}F_t(\tilde{a}, e) + I_t = z_t [\Omega + (1-\Omega)k] n_t g(k_t) \tag{6-17}$$

---

① 假设存在消费问题的递归公式 $(\tilde{a}, e)$ 作为单独的状态变量，市场出清条件式（6-8）、式（6-9）将达到平衡，参见 Heathcote (2005) 家庭问题的无递归方程。

式（6-17）左边包括所有消费者的消费以及总投资，$I_t = [\Omega + (1-\Omega)k][n_{t+1}k_{t+1} - (1-v)n_t k_t]$，右边是市场输出。最后，我们需要平衡政府保险计划：

$$\tau_t n_t [\Omega w_t^I + (1-\Omega)w_t^p] = (1-n_t)[\Omega\delta^I + (1-\Omega)\delta^p] \quad (6-18)$$

式（6-18）左、右边分别是总资源贡献和福利贡献。

一个平衡的经济被定义为一系列消费者决策 $\{C_t^p, c_t^i, A_t^p, a_t^i\}_{t=0}^{\infty}$，$i \in [0, \Omega]$、公司的有效资源单位资本 $\{K_t\}_{t=0}^{\infty}$ 和总变量 $\{n_t, w_t^I, R_t, \tau_t\}_{t=0}^{\infty}$，满足消费者及代表公司的最优条件式（6-13）、式（6-15）和式（6-16），加上市场出清和平衡预算条件式（6-17）—式（6-19），迫使序列 $\{f_t, s_t, z_t\}_{t=0}^{\infty}$ 和最初的财富分配 (A_{-1}^p, a_{-1}^i)，$i \in [0, \Omega]$。

四 在有限平衡的横向财富流动异质性情况下的文明消费动力分析

众所周知，不完全市场和借贷限制下的动态一般均衡模型不容易处理，根本原因是任何消费者决策都依赖于积累的资产财富，而借贷限制是由这个消费者面临的整个历史上的特殊冲击决定。结果，财富分布的渐近横断面通常有无限多的状态，并因此有无穷多的代理类型充实经济（Aiyagari，1994；Krusell and Smith，2006）。假设不文明的周期效用和紧张的借贷约束，确保财富横向分布在均衡状态上是有限数量的财富。那么有限数目的异构代理人经济是一个行为集合，从而通过一个标准（小范围）的动态系统使它可以表示模型的动力。在本章的其余部分，将专注于最简单的平衡，其中包括不文明消费者两个可能的财富状态。

1. 假设和推测平衡

首先假定：①不文明消费者的即时效用函数在 $[0, +\infty]$ 上 $u^I(c)$ 连续、递增和可微；②当地相对风险厌恶系数 $\sigma^I(c) = -cu^{I\prime\prime}(c)/u^{I\prime}(c) > 0$ 在 $[0, c^*]$ 上严格凹①，c^* 是一个外生的、积极的阈值；③在 $(c^*, +\infty)$ 上线性斜率（边际消费效用）$\eta > 0$。在本质上，这种效用函数（一个减少相对风险厌恶的极端形式）暗示高消费的（相对富裕），即不文明消费者只要

———
① 考虑当地文化是风险厌恶型的。

被暗示在$(c^*, +\infty)$内有最优消费水平,不介意适度消费波动但也不喜欢消费显著下降,这将导致在区间$[0, c^*]$内消费会下降。

鉴于这种效用函数,得到有限的平衡横断面结构异质性;也就是说,首先想解决方案的一般形式,然后通过平衡推导中后置组条件推测平衡验证。第一个猜想是一个有资源的无耐性家庭有足够财富选择高于c^*的消费水平,而无资源的不文明的消费者选择低于c^*的消费水平。换句话说,构建一个满足下列条件的均衡:

条件1:

$$\forall i \in [0, \Omega], \begin{cases} e_t^i = 1 \Rightarrow c_t^i > c^* \\ e_t^i = 0 \Rightarrow c_t^i \leq c^* \end{cases} \quad (6-19)$$

很快我们将看到,这种效用函数和消费排名会使文明消费者担心资源流失,因此事前预防性储蓄行为可以限制(但不能够完全消除)相关的边际效用。

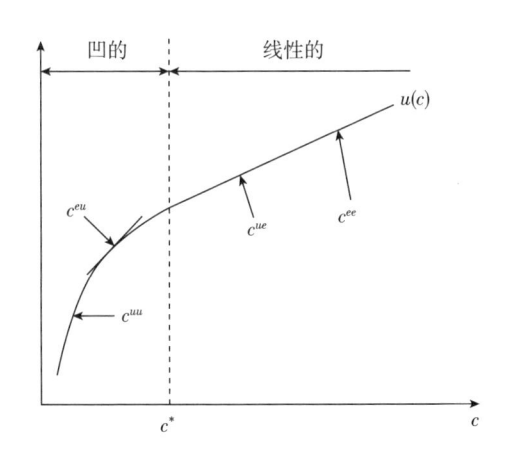

图6-1 消费波动

此均衡的第二个特征是,式(6-11)中的借贷约束绑定(拉格朗日乘数是正的);式(6-12)中所有无资源、不文明的消费者,期末资产持有量为零。

条件2:

$$\forall i \in [0, \Omega], e_t^i = 0 \rightarrow u'(c_t^i) > E_t[\beta^l u'(c_{t+1}^i) R_{t+1}] \text{ 且 } a_t^i = -\mu$$

$$(6-20)$$

式（6-19）—式（6-20）表示有资源的消费者的最佳资产持有量。通过建设，在时间 t 有资源的消费者在时间 $t+1$ 早期有资产财富 $a_t^i R_{t+1}$。如果消费者在日期 $t+1$ 陷入资源流失，然后借贷约束成为绑定，消费者流失所有资产。这意味着消费者在超出能力地（过度）享受消费：

$$c_{t+1}^i = \delta^I + \mu + a_t^i R_{t+1} \qquad (6-21)$$

边际效用 $u^{I'}(\delta^I + \mu + a_{t+1}^i R_{t+1})$ 现在有两种不同的情况，取决于这个消费者是否在时间 t 面临着绑定的借贷约束（当消费者仍拥有资源时）。如果消费者没有借贷约束，则在式（6-21）中 $a_t^i > -\mu$，在持有资源时消费者形成了一个超过借款限额的预防性的缓冲资产财富（缓冲的大小是 $a_t^i + \mu > 0$）。如果消费者面临绑定的借贷约束，那么在式（6-21）中 $a_t^i = -\mu$ ［因此 $c_{t+1}^i = \delta^I - \mu(R_{t+1} - 1)$］，消费者在时间 t 消耗了整个财富。

预防性储蓄情况下的财富状况。如果借贷约束在时间 t 不绑定，则 $a_t^i > -\mu$，下面的欧拉条件必须在那个日期持有：

$$\eta = \beta^I E_t \{[1 - s_{t+1} \eta + s_{t+1} u^{I'}(\delta^I + \mu + a_t^i R^{t+1})] R_{t+1}\} \qquad (6-22)$$

式（6-22）的左边是这个消费者的当前边际效用，在条件式（6-19）下等于 η。预计式（6-22）的左边，未来边际折扣效用，在时间 $t+1$ 下边际效用被分为两种可能的资源拥有状态，这个消费者可能会在那个期间经历将发生的概率加权［因此，预期 $E_t(\cdot)$ 在式（6-22）中仅为聚合不确定性］。更具体地说，如果消费者持有资源的发生概率为 $1 - s_{t+1}$，它在时间 $t+1$ 享有边际效用［式（6-19）］；如果消费者资源流失，发生的可能性为 s_{t+1}，它流失资产［式（6-20）］，享受边际效用 $u^{I'}(\delta^I + \mu + a_t^i R_{t+1})$。只有在文明消费者资产控股是对称（如 S_{t+1} 和 R_{t+1}）的情况下，式（6-22）以 a_t^i 作为函数的总变量。在形式上：

$$\forall i \in [0, \Omega], \ e_t^i = 1 \Rightarrow a_t^i = a_t \qquad (6-23)$$

为进一步了解失业风险是如何影响预防性财富的，将式（6-23）代入式（6-22），重写持有资源的消费者的最佳资产控股方程如下：

$$\beta^I E_t \left[\left(1 + s_{t+1} \frac{u^{I'}(\delta^I + \mu + a_t R_{t+1}) - \eta}{\eta}\right) R_{t+1} \right] = 1 \qquad (6-24)$$

考虑为了论点，完全可预测的效果在 S_{t+1} 上增加，保持 R_{t+1} 不变。直接效应是提高 $1+s_{t+1}\left[u^I\left(\delta^I+\mu+a_t R_{t+1}\right)-\eta\right]/\eta$，因为与资源流失相关的边际效用比例变化是正的，$\left[u^I\left(\delta^I+\mu+a_t R_{t+1}\right)-\eta\right]/\eta$（见图6-1）。因此，$u^I\left(\delta^I+\mu+a_t R_{t+1}\right)$ 必须在式（6-24）降低，通过提高日期 t 的资产持有 a_t 实现。由此，我们得到一个近似资产控股的消费规则，明确了预期资源流失率和预期利率与当前预防性资产财富的关系。

勉强维持情况下的财富状况。拥有资源的不文明的消费者，借贷约束具有约束力，被资源流失绑定，推测式(6-20)，然后从式(6-11)拥有资源的消费者的消费量是 $w_t(1-\tau_t)-\mu(R_t-1)$，而资源流失消费者的消费量是 $\delta^I-\mu(R_t-1)$。换句话说，所有不文明消费者在每一个时期消耗了他们的全部财富。在特殊的情况下模型是纯粹的"勉强维持"行为，这发生在借贷约束绑定所有不文明消费者（不仅失业）的情况下。这个特别的角点出现的条件是：政府保险充足（因此，自我保险是干扰），或不文明的消费者折现因素非常低（即消费者消费太多而没有储蓄）。

消费者之间财富横向聚合下的财富状况。上述分析表明，条件式（6-19）、式（6-20）下，不文明的消费者在任何时刻进行财富横向分配最多有两种状态：如果借贷约束绑定资源流失消费者而不是资源持有者消费者的财富有两个值 $-\mu$ 和 $a_t>-\mu$，如果约束绑定所有不文明的消费者（不论是否拥有资源），则消费者值的财富有一个（$-\mu$）。这意味着有约束绑定的不文明的消费者人数最多，因为从式（6-11）可知，消费者类型取决于期初和期末资产财富。我们称这些类型为 ij，$i,j=e,u$，ij 是指在以前（当前）日期消费者的资源状况（例如，"ue 消费者"当前时期拥有资源但前一时期无资源，它在时期 t 的消费是 c_t^{ue}）。这类消费者的消费水平是：

$$c_t^{ee}=w_t(1-\tau_t)+R_t a_{t-1}-a_t \tag{6-25}$$

$$c_t^{eu}=\delta_I+\mu+R_t a_{t-1} \tag{6-26}$$

$$c_t^{ue}=w_t(1-\tau_t)-a_t-\mu R_t \tag{6-27}$$

$$c_t^{uu}=\delta^I+\mu-u R_t \tag{6-28}$$

由式（6-24），a_t 在预防储蓄情况下给定，$-\mu$ 在勉强维持情况下给定（因此，当约束绑定所有不文明的消费者时 $c_t^{ee} = c_t^{ue}$ 且 $c_t^{eu} = c_t^{uu}$），在日期 t 不文明消费者类型 ij 的数量为 w^{ij}，要素市场流动暗示我们：

$$w_t^{ee} = \Omega(1-s_t)(w_{t-1}^{ee} + w_{t-1}^{ue}), \quad w_t^{eu} = \Omega s_t(w_{t-1}^{ee} + w_{t-1}^{ue}) \quad (6-29)$$

$$w_t^{uu} = \Omega(1-f_t)(w_{t-1}^{eu} + w_{t-1}^{uu}), \quad w_t^{ue} = \Omega f_t(w_{t-1}^{eu} + w_{t-1}^{uu}) \quad (6-30)$$

有限的横向异质性在不文明的消费者中盛行意味着我们完全可以聚合他们的资产持有选择。从式（6-20）和式（6-23），不文明的消费者所持有的总资产是：

$$\begin{aligned}A_t^I &\equiv \Omega \sum_{e=0,1} \int_{\tilde{a}=-\mu}^{+\infty} a_t(\tilde{a},e) \, dF_t(\tilde{a},e) \\ &= \Omega[n_t a_t - (1-n_t)\mu] \end{aligned} \quad (6-31)$$

可以替换成市场出清条件式（6-16）。同样，给定聚合个人消费水平式（6-25）—式（6-28）的分布类型式（6-29）—式（6-30），我们发现不文明消费者的总消费是：

$$\begin{aligned}C_t^I &\equiv \Omega \sum_{e=0,1} \int_{\tilde{a}=-\mu}^{+\infty} c_t(\tilde{a},e) \, dF_t(\tilde{a},e) \\ &= \Omega[n_t w_t^I(1-\tau_t) + (1-n_t)\delta^I] + (R_t-1)A_{t-1}^I - \Omega\partial[n_t(a_t+\mu)]\end{aligned}$$
$$(6-32)$$

A_{t-1}^I 由式（6-31）给定，Δ 是不同的操作水平〔因此，$\Delta A_t^I = \Omega \Delta [n_t(a_t+\mu)]$。由式（6-32）总结不文明消费者总消费的决定因素。对给定的消费者，在日期 t，他们的净收益等于过去的总资产积累与当前支付的差额。总资产持有量的变化，$\Omega \Delta [n_t(a_t+\mu)]$，取决于预防性储蓄者数量 Ωn_t 的变化（"广泛"资产控股保证金）和他们每个人持有的资产 a_t（"精细"保证金）。前者是由资源流动决定，因此在消费者控制之外，而后者是消费者可控的关键选择变量。在预防性储蓄的情况下，a_t 是由式（6-24）给定，因此当环境预期进一步恶化（预计 s_{t+1} 将下降）时，a_t 上升，这有助于 C_t^I 下降。在勉强维持情况下，只有 $a_t = -\mu$，因此，$A_t^{I,HTM} = -\mu\Omega$ 而且

$$C_t^{I,HTM} = \Omega[n_t w_t^I(1-\tau_t) + (1-n_t)\delta^I - \mu(R_t-1)] \quad (6-33)$$

暗示只有当前要素市场状况影响 $C_t^{I,HTM}$（通过它们对 n_t 的作用）。比较式（6-32）和式（6-33），可得 $C_t^I = C_t^{I,HTM} + \Omega[R_t n_{t-1}(a_{t-1}+$

$\mu) - n_t(a_t + \mu)]$,后者表达不文明消费者的总消费——因此,总消费本身在勉强维持和预防性储蓄情况下不同。

在勉强维持情况下,只有当前要素市场状况 n_t、价格因素(w_t^l,R_t),影响不文明消费者总消费。在预防性储蓄的情况下,资源有同样的效果,但除此之外,未来资源市场的政策问题,也会影响 a_t。这表明,预防储蓄比勉强维持能抵御更多消费波动,保证资源市场条件足够持久。所以,不文明消费者,应减少消费,进行预防性储蓄。

2. 文明消费动力存在的条件和稳定状态分析

存在的条件。有限的横向异质性均衡描述了到目前为止满足的两个条件。首先,假定不文明消费者在式(6-19)中消费水平排名必须保持均衡;其次,资源流失,不文明的消费者必须面对一个绑定借贷约束[见式(6-20)]。

从式(6-25)至式(6-28),$a_t \geq -\mu$(与在勉强维持的情况下相等),我们有 $C_t^{uu} \leq C_t^{eu}$ 和 $C_t^{ee} \leq C_t^{ue}$。因此,式(6-19)的充分必要条件是:

$$\delta^l + \mu + a_{t-1}R_t < C^* < W_c^l(1-\tau_t) - a_t - \mu R_t \qquad (6-34)$$

资源流失,不文明的消费者可以有两种类型,uu 和 eu,要求两种类型在均衡中都面临借贷绑定限制。然而,由于 $C_t^{uu} \leq C_t^{eu}$,因此,$u^l(C_t^{uu}) \geq u^l(C_t^{eu})$,这两种类型的充分必要约束条件是:

$$u^l(C_t^{eu}) > \beta^l E_t[f_{t+1}u^l(C_t^{ut}) + (1-f_{t+1})u^l(C_{t+1}^{uu})R_{t+1}]$$

不等式的右边是 eu 类型消费者的预期边际效用贴现,继续保持环境恶化(以概率 $1-f_{t+1}$)或环境治理(以概率 f_{t+1})。推测平衡,有 $u^l(C_t^{ue} = \eta)$ 和 $C_{t+1}^{uu} = \delta^l + \mu(1-R_{t+1})$ 所以后面的不等式就变成:

$$u^l(\delta^l + \mu + a_{t-1}R_t) > \beta^l E_t\{[f_{t+1}\eta + (1-f_{t+1})u^l[\delta^l + \mu(1-R_{t+1})]R_{t+1}\} \qquad (6-35)$$

接下来,计算推测平衡的稳定状态,派生一组必要和充分条件式(6-34)—式(6-35),以控制聚合冲击的缺乏。另外,通过连续性控制随机平衡聚合冲击在合理范围。

稳定状态。在稳定状态,实际利率取决于大多数文明消费者的贴现率,$R^* = 1/\beta^p$ [参见式(6-14)]。从式(6-10)到式(6-16),环境的稳定状态水平和单位有效资源的平均资本是:

$$n^* = \frac{f^*}{f^* + s^*} \qquad k^* = g^{t-1}\left(\frac{1}{\beta^p} - 1 + \upsilon\right) \qquad (6-36)$$

在模型中一个关键变量是资产持有水平，拥有资源的不文明的消费者持有缓冲存货以抵御资源流失风险。如果借贷约束绑定在稳定状态，那么他们从未拥有财富。式（6-24）对应着稳定状态的内部解决方案（当 $R^* = 1/\beta^p$），即个人持有资产：

$$\tilde{a}^* = \beta^p \left\{ u'^{-1} \left[\eta \left(1 + \frac{\beta^p - \beta^l}{\beta^l s^*} \right) \right] - \delta^l - \mu \right\} \qquad (6-37)$$

式（6-37）中的内部解决方案 $\tilde{a}^*$ 小于 $-\mu$ 时，借贷约束绑定。因此，不文明消费者的实际资源稳态财富水平为：

$$a^* = \max[-\mu, \tilde{a}^*] \qquad (6-38)$$

即为期初资产财富与边际消费效用的最大值。

上面所讨论的财富稳态水平在预防性储蓄和勉强维持情况下都表现如此。

式（6-37）—式（6-38）是勉强维持消费者的经济崩溃条件。更具体地说，拥有资源且不文明的消费者在 $\tilde{a}^* < -\mu$ 下没有财富可以缓冲，使式（5-37）—式（5-38）被重新运算

$$\frac{\beta^p - \beta^l}{\beta^l} > s^* \frac{u'(\delta^l + \mu - \mu/\beta^p) - \eta}{\eta} \qquad (6-39)$$

在勉强维持的情况下，不文明消费者的稳定状态消费水平，资源转换率是 $\delta^l + \mu - \mu/\beta^p$。也就是说，政府救济金 δ^l 加上新的借款 μ 减去总偿还利率 $R^* = 1/\beta^p$ 下的债务 μ。因此，式（6-39）的右边是比例成本，完全无缓冲的从资源持有（边际效用是 η）过渡到资源流失［边际效用是 $u'(\delta^l + \mu - \mu/\beta^p)$］，由这种转变发生的概率（资源流失概率 s^*）加权。这种转变的概率越高，缓冲动机越强，式（6-39）就越不太可能，其他一切平等。相反，政府救济 δ^l 越高，发生时的实际转换成本越低，缓冲存货有较弱的激励，式（6-39）更有可能发生。在形式上，$a^*(\delta^l)$ 没有增长，连续分段线性函数在式（6-37）中与 δ^l 在 $\tilde{a}^* = -\mu$ 下有一个转折点，见图 6-2。最后，式（6-39）的左边测量了不文明消费者的相对文明度；越不文明，越不愿意储蓄，式(6-39)更有可能发生。

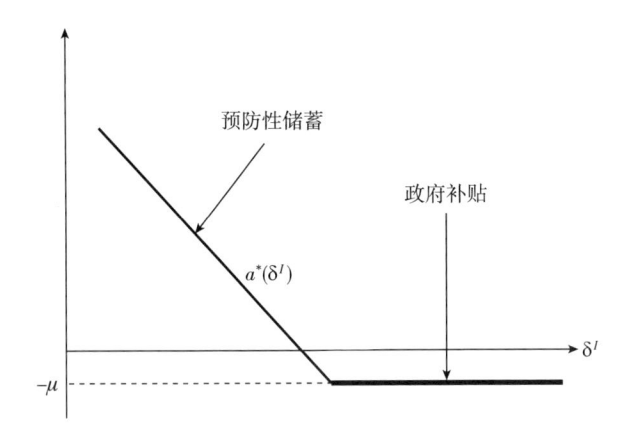

图6-2 政府补贴和预防性储蓄

最后，从式（6-16）和式（6-31），稳定状态下不文明和文明消费者的（总）资产持有分别是 $A^{I*} = \Omega[n^* a^* - (1-n^*)\mu]$ 和 $A^{P*} = [\Omega + (1-\Omega)K]n^* k^* - A^{I*}$，式（6-36）和式（6-38）给出 n^*, k^* 和 a^*。最不文明的消费者其财富份额占比为 $\Omega\%$，是校准目标之一，用公式表示为：

$$\frac{A^{I*}}{K^*} = \frac{\Omega[n^* a^* - (1-n^*)\mu]}{[\Omega + (1-\Omega)k]n^* k^*} \tag{6-40}$$

通过最不文明消费者的财富份额比例，直接可得其他相关稳定状态的值，尤其是文明和不文明消费者的总消费水平。另一个校准目标是最低的消费份额，用公式表示为：$C^{I*}/(C^{I*} + C^{P*})$。

现在考虑以下可能发生的状态，建立有限横断面异质性存在稳定状态的模型的深度参数。当聚合冲击已经足够小时，探索确保随机均衡的存在性与有限异质性一样的条件。

命题 假设（1）没有聚合冲击，（2）政府救济是不全面的 $[i, e, \delta^I < w^{I*}(1-\tau^*)]$；（3）不等式拥有如下控制：在条件 $\tau^* = \left(\frac{1-n^*}{n^*}\right)\frac{\Omega\delta^I + (1-\Omega)\delta^P}{[\Omega + (1-\Omega)k]w^{I*}}$ 下，有：

$$\eta\left(1 - \frac{\beta^P - \beta^I}{\beta^I s^*}\right) > \max\left\{\begin{array}{l}\frac{\beta^I}{\beta^P}\left[f\eta + (1-f)u'\left[\delta^I - \mu\left(\frac{1}{\beta^P} - 1\right)\right]\right], \\ u'\left[\frac{w^{I*}(1-\tau^*) + \beta^P \delta^I}{1+\beta^P} - \mu\left(\frac{1}{\beta^P} - 1\right)\right]\end{array}\right\} \tag{6-41}$$

(n^*, k^*) 由式（6-36）得出，可得公式：

$$w^{I*} = g(k^*) - k^* g'(k^*)$$

然后，它总是可以找到一个效用阈值 C^*，推测有限的非均质性均衡的存在。在这个均衡点，不论式（6-40）是否能成立，都有：$a^* = -\mu$，即财富均衡值为边际效用。

证明 第一，式（6-35）的对等稳态是：

$$a^* < \beta^P u^{I'-1} \left[\frac{\beta^I}{\beta^P} \left(f\eta(1-f) u' \left(\delta^I + u \left(\frac{\beta^P - 1}{\beta^P} \right) \right) \right) \right] - \beta^P (\delta^I + u) \quad (6-42)$$

第二，稳定状态对应的式（6-34）是 $\delta^I + \mu + a^*/\beta^P < w^{I*}(1-\tau_t) - a^* - \mu/\beta^P$ 存在的一个充分条件 c^* 是这样一个阈值：

$$\delta^I + \mu + \frac{a^*}{\beta^P} < w^{I*}(1 - \tau_t) - a^* - \frac{\mu}{\beta^P}$$

或者，在

$$a^* < \frac{\beta^P}{1} + \frac{\Gamma}{\beta^P} - \mu$$

$$\Gamma \equiv w^{I*}(1 - \tau^*) - \delta^I = (1 - \tau^*)[g(k^*) - k^* g'(k^*)] - \delta^I \quad (6-43)$$

式（6-43）是一个严格的积极的常数，这取决于模型的深度参数[见式（6-36）和式（6-41）]。不等式（6-42）—式（6-43）保持 $a^* = -\mu$（勉强维持情况）。否则，a^* 由式（6-37）给定（预防性储蓄的情况下）；将这个值代入式（6-42）—式（6-43），重新推理不等式的命题。

命题中的不等式确保在稳定状态下，①不文明的消费者候选均衡最多有两个可能的财富水平（资源流失 $-\mu$ 和资源拥有 $a^* \geq -\mu$）。②个人消费水平的隐含排名确实是"环境治理工程"的即时效用函数，这些消费者的形式如图6-1所示。

在这一节的结尾证明了资源持有下不文明的消费者做预防性储蓄的情况。随着时代变化，资源流失的可能性增加，S_{t+1} 有一个个体层面的预防性资产积累的一阶影响 a^I。这是因为即使在资源持有状态变化时，从资源持有到资源流失日期 $t+1$ 没有聚合风险，个人消费不连续下降，因此边际效用中下限边际从 η 上升至 $u^{I'}(c^{eu}) > \eta$，以概率 S_{t+1} 加权资源持有消费者欧拉方程的可能性［见式（6-24）］，所以即使是 S_{t+1} 小的变化也会对资产控股和消费选择产生相当大的影响。在上面的稳态计算中，发现以下近似个人资产控股规则：

$$a_t \approx a^* + \Gamma_s E_t(s_{t+1} - s^*) + \Gamma_R E_t(R_{t+1} - R^*),$$

$$\Gamma_s = \frac{(\beta^P - \beta^I)[\beta^P(\delta^I + \mu) + a^*]}{[\beta^P - \beta^I(1-s^*)]s^*\sigma^I(c^{eu*})} > 0$$

并由式（6-37）给出一个 a^*, $c^{eu*} = \delta^I + \mu + a^*R^*$ 稳态对应式（6-26），而 $\sigma^I(c^{eu*}) \equiv -c^{eu*}\frac{u^{I''}(c^{eu*})}{u^{I'}}(c^{eu*})$ 是不文明消费者在估计值 c^{eu*} 下的相对风险厌恶系数（一个资源流失的消费者的消费水平稳定状态）。综合参数 Γ_s 测量了个人对预防财富的回应力度，预测环境状态的变化，比如总结各期间的环境恶化率 s_{t+1}。

上面的模型意味着一些消费者通过提高风险防范财富合理应对周期环境状况的变化——因此，他们减少个人消费的动机超过无预防动机。

总结我们的储蓄理论模型，该模型包括三个控制变量（z_t, f_t, S_t）和 9 个内生变量，即有效单位劳动的平均就业 n_t 和资本 k_t，不文明的和文明的消费者的总消费分别是 C_t^I 和 C_t^P，拥有资源的、不文明的消费者 a_t 相应的资产水平 A_t^P，资本存量的回报为 R_t，不文明消费者的真实收入 w_t^I，资源流失贡献率 τ_t。这些内生变量可以通过以下方程联系在一起：

$$\beta^I E_t\left\{\left[1 + S_{t+1}\left(\frac{u^{I'}(\delta^I + \mu + a_t R_{t+1}) - \eta}{\eta}\right)\right]R_{t+1}\right\} = 1 \tag{6-44}$$

$$C_t^I + A_t^I = \Omega(n_t w_t^I(1-\tau_t) + (1-n_t)\delta^I) + R_t A_{t-1}^I \tag{6-45}$$

$$A_t^I = \Omega[n_t a_t - (1-n_t)\mu] \tag{6-46}$$

$$\beta^P E_t\left[\frac{u^{P'}(C_{t+1}^P/1-\Omega)}{u^{P'}(C_t^P/1-\Omega)}R_{t+1}\right] = 1 \tag{6-47}$$

$$C_t^P + A_t^P = (1-\Omega)[kn_t w_t^I(1-\tau_t) + (1-n_t)\delta^P] + R_t A_{t-1}^P \tag{6-48}$$

$$R_t = z_t g'(k_t) + 1 - \mu \tag{6-49}$$

$$w_t^I = z_t[g(k_t) - k_t g'(k_t)] \tag{6-50}$$

$$A_{t-1}^P + A_{t-1}^I = [\Omega + (1-\Omega)k]n_t k_t \tag{6-51}$$

$$\tau_t n_t w_t^I(\Omega + (1-\Omega)k) = (1-n_t)(\Omega\delta^I + (1-\Omega)\delta^P) \tag{6-52}$$

$$n_t = (1-n_{t-1})f_t + (1-s_t)n_{t-1} \tag{6-53}$$

式（6-44）—式（6-46），其总体预算约束是式（6-45）—式（6-46），正好是式（6-31）—式（6-32）。式（6-47）—式（6-48）是相同条件的文明消费者，如由式（6-13）—式（6-14）给出的消费条件，w_t^p 代替了其平衡值，KW_t^I 与式（6-49）的乘积代表公司的最优条件式（6-15），生产要素价格在式（6-50）中给出 w_t^I。式（6-51）是资本市场出清条件，是替代式（6-31）进入式（6-16）的结果。最后，式（6-52）是环境治理计划的平衡条件，$w_t^p = k w_t^I$ 已被替换成式（6-18），式（6-53）是环境的运动定律。

这一部分提出了一个容易处理的一般均衡模型，模拟了不完全保险和时变预防性储蓄下的消费者行为，它能够揭示消费环境周期中不文明消费者和文明消费者在各种不同情况下的最优消费路径和财富积累值。通过分析各类条件约束下的情况，得出的总结论是：不文明消费者比文明消费者需要更多的预防储蓄才能应对各类风险，否则连勉强维持生活的状态都难以维系。这其实也揭示了应该提倡文明消费。

第七章　文明消费对可持续发展的影响

第五章应用行为经济学的利他主义理论证明了消费者采用文明消费方式的动力。论证过程在预防性储蓄理论的基础上提出了消费文明函数，并考虑了环境状况变化、资源要素流动、政府政策保护等因素下的文明消费者与不文明消费者的消费行为差异，多角度证明了消费文明在财富积累上的作用。但是，上述证明仅仅考察了横截面上文明消费的福利，即同代消费者之间文明消费对财富积累的作用，并没有考虑纵向上即代际之间消费文明的长远影响。为弥补这一研究缺漏，本章将从理论上深入考察文明消费对可持续发展的作用。

第一节　文明消费关系影响着可持续发展

文明消费固然包含着文明的消费观念、消费模式与消费结构，但是，它更体现的是一种消费关系，是人与人、人与物之间的关系。消费不是单个个体的孤立行为，而是与他人、与自然紧密联系的社会行为。虽然人们认识到这些关系的存在，也认识到了这些关系的重要性，但其对经济发展尤其是可持续发展的影响没有得到广泛讨论。

关系本身是一个有成本、有收益、有生命周期的客观存在。在社会学和管理学中，出现了关系资本、关系类型、关系维护、关系价值、关系质量、关系治理的丰富文献，关系如同生产、服务一样，已经被视为一种符合投入产出性质的利益活动。但在经济学文献中，大家只关注生产、分配、交换、消费中的活动，尤其偏爱可以量化的经济术语，如收入、消费支出等，而对活动关系尤其是消费关系关注不足。对消费关系探讨最多的经济学家是卡尔·马克思，但由于他把消费关系上升到了阶级层面，成为政客开展革命运动的理论依据，从而使消费关系被纳入了政治经济学范畴。人们更多地关注消费关系中的矛盾、冲突、对立，似乎忘了消费关系的生产性。虽然，在许多教科书里，也指出消费是生产的起点和终点，但相对于学者对经济增长的研究，对消费关系的研究显得微弱无力。

20世纪80—90年代，刘方棫、尹世杰等著名经济学家开创了中国消费经济学的先基，对消费关系进行了讨论，如尹世杰教授（1982）认为消费关系是生产关系的一个重要方面，消费关系的主要内容，从微观来说，包括不同居民集团以及不同消费者在消费过程中各自所处的地位及其相互关系，体现了消费水平、消费结构、消费方式等方面的差别和联系及其发展趋势；从宏观来说，包括社会消费水平、消费结构、消费方式等方面各自的发展和规律性等[①]。本人并不赞同这种观点，消费关系不是消费水平、消费结构、消费方式的总括，而是与之平行的概念。消费关系本身是一个独立的术语，是由消费活动确立的不同主体之间的关系，关系的建立、维持、分裂过程在一定交换条件下进行，交换主体为了特定经济目标，相互之间展开权利、地位、资源、心理等方面的博弈，导致商品、货币、情感等发生变化，这种变化或许是所有权的转移，或许是信任的积累。将消费关系的内容等同于消费水平、消费结构、消费方式的内容，是对消费关系内容的误解，没有正确认识消费关系的本质内涵。

消费关系本身是个经济活动过程。除了一对一关系的联结过程外，还有一对多或多对一的关系辐射过程。因为消费具有外部性。外部性是某个经济主体生产和消费物品及服务的行为不以市场为媒介而对其他的经济主体产生的附加效应的现象（植草益，1992）。消费的外部性影响着消费关系，并进而影响着资源配置。消费的示范效应正是消费外部性起作用的结果。因偏好系统相互作用，引发了一种普遍的需求区分，鼓励个体模仿他人的消费行为以保护或提升自身的社会地位及荣誉，使相对收入水平而非绝对收入水平决定了许多个体消费和储蓄的性质与

---

① 尹世杰：《消费经济学》，高等教育出版社2007年版，第13页。

方向。

消费关系除了界定主体利益关系外,还界定了代际利益关系。在资源约束下,当代与后代的消费成零和关系。当代消费者消费多,后代消费者必然消费少。消费关系的时间属性不仅是同时代内的,还是无限期跨代的。对代际外部性的关注有助于解决人类所面临的可持续发展问题。

消费关系对经济增长有影响。消费关系不平衡导致环境的冲突,如工人阶级和资产阶级对立而引发的革命,不仅仅是财物、生命的直接损耗,也是整个经济运行系统的大崩溃,导致经济危机。马克思指出:"生产和消费普遍联系和全面依赖随着消费者和生产者的相互独立和漠不关心而一同增长,因为这种矛盾导致危机。"经济危机又会引发经济大萧条。

文明消费所蕴含的社会消费关系,是消费主体在文明消费观念的引导下,在消费机制的作用下,通过规范自身的消费行为,与他人建立起平等、和谐的社会群体关系。这种平等与和谐有利于减少社会冲突,形成一致的积极向上的合力,保证社会经济发展不会受到人为的中断,并以一定的速度前进。

一 文明消费关系本身影响着可持续发展的成本

消费关系的存在过程经历三个阶段:建立期、持续期、衰退期。在建立期,消费者为寻找合意商品或服务,需"货比三家",从而发生搜寻成本;在持续期,为实现商品或服务交割,消费者与供应方发生交易成本;在衰退期,由于消费者需求得到满足,对商品或服务残余进行清理,付出沉淀成本。文明消费的公平性和利他性,会降低消费关系的各项成本,从而维护和谐的社会关系。

(一)文明消费关系会降低搜寻成本

消费关系建立的初始动力是消费需求。为满足需求,消费者寻求消费对象,发生了搜寻成本。信息搜寻成本是指为找到某物品市场最低价而支付的各种费用、时间、精力及各种风险的总和。由于消费者和商家之间的信息不对称,使消费者努力寻找在不同地域出售的同类商品的信息,以找到性价比最高的商品。信息搜寻行为会帮助消费者做出比较理想的购买决策。但是，当信息搜寻成本大于由此带来的价格和心理收益时，信息搜寻会被终止。

信息搜寻成本很大程度上随着人类文明的进步而降低。人类文明的进步常包含三个变化：一是科学技术水平的提高，使知识存储介质和传播媒介能够储存和传播更多的信息，如印刷技术和信息技术。二是人类社会组织方式的变化，专业化及网络化促进了不同领域的信息在人群中的优化分布；如企业、学校、图书馆和沙龙。三是人类思想观念的进步，减少了信息不对称，提高交易效率，如公开、公平、公正。

在消费者接收、比较供给方的信息时，根据信号检测理论，消费者对信息的反应分为四种：击中、正确拒斥、虚报和漏报。其中击中是指成功地找到目标需求信息，正确拒斥指成功地排除信息噪声，虚报指把噪声当成目标信息，漏报是指把目标信息当成噪声。因此，成功的消费信息搜寻必须是前两者的集合：成功找到目标需求信息并且排除信息噪声。于是信息搜寻成本包含两部分，获得目标信息的成本和排除信息噪声的成本。

在文明消费关系建立的过程中，卖方诚实经营，提供优质产品，明码标价；买方遵守约定，按时付款。无欺诈的市场环境使消费者能够放心就近获取商品，从而减少信息搜寻的长度，节约时间、精力与差旅费。

（二）文明消费关系会降低交易成本

当消费者信息搜索完毕后，进入实质性的交易关系环节。交易成本是指达成一笔交易所要花费的交易对象成本之外的成本，包括时间成本、货币成本和人际关系成本。它与生产成本（人—自然关系成本）相对应。从本质上说，只要人类交往互换活动存在，就会有交易成本。它是人类社会生活中一个不可分割的组成部分。

由于人性因素与交易环境因素，产生了消费交易发生时的不确定性，增加了契约签订的谈判成本，并提高了交易的难度。消费主体在参与交易时，因为身心、智能、情绪等限制，总是在有限理性的情况下作消费决策，并不能如理想中的那样追求效益最大化。而某些不文明的消费者，可能为寻求自我利益而采取欺诈手法，交易的另一方为规避这一风险，在交易中会带着对彼此的不信任与怀疑，导致交易过程监督成本的增加，降低经济效率。

但是，在文明消费关系中，消费主体的文明程度使之具备个体信任，即消费者主体比较注重自身信誉的建设，有违道德、法律的事情坚决不会做；同时，社会经济系统也通过制度建设，构建了比较完善的系统信任，即在交易活动中存在机制上的信任监控，使消费主体必须遵循文明交易原则。这种完备的信任存在，使消费主体彼此依赖，形成长久稳定的交易关系。由此，消费文明关系降低了投机风险、道德风险，减少了议价成本与契约成本，从而降低了交易成本。

（三）文明消费关系会降低沉没成本

由于交易与使用的时空分离，消费者在消费交易完成后，才开始享用产品或服务，此时，商品的一些隐形特征显露，在不文明的消费关系中，可能存在信息隐瞒或欺诈，导致商品不如卖家事先描述的那样好。当消费者真正体验产品时，由于已经拆开包装或已经使用了部分产品而无法退货，此时，消费者要承担沉没成本。

沉没成本是指业已发生或承诺、无法回收的成本支出，可以是整体成本，也可以是部分成本。例如，因停产而剩余的生产资料，如果能变卖出售获得部分价值，那么生产成本追回了部分成本，沉没了变现价值低于账面价值的那部分成本。

在文明消费关系中，消费主体遵循公平原则，交易实现等值交换，卖方不会让买方吃亏，买方也不会占卖方的便宜，因此，交易后可能会遇到的问题在交易前都已经明确告知，让双方能做出有效决策，究竟能不能卖，究竟是否可以买。由此，文明消费关系自觉地帮助降低沉没成本。

二 文明消费关系影响着社会关系的和谐

（一）文明消费关系影响着消费阶层的划分

文明消费关系不仅包括交易主体之间的关系，也包括消费者与其他消费者之间的关系。消费决定阶级归属。韦伯认为，在市场经济中，存在一个通过对某种商品的消费来获得相同生活方式的共同体；在这个共同体中，社会分化表现在经济、声望、权利三个维度上，与经济标准相联系。

消费是地位群体的区分标志。以声望和生活方式为标志产生的是地位群体，与权力相联系的则是政治领域的政党。社会上实实在在地存在的群体是地位群体，而不是阶级。他说："人们可以——有些过于简单化地——这样说：'阶级'是根据其货物的生产和获得的关系来划分的；'等级'则是根据其货物消费的原则来划分的，表现为'生活方式'的特殊形式。"生活方式是与消费方式相联系的，不同的生活方式有不同的消费模式和消费偏好。因此，韦伯认为，地位分层是多种影响因素综合作用的结果，但地位群体的主要区别是消费和生活方式。消费在一定程度上决定了个人的阶层归属。对上层社会的人来说，特定的消费方式是上层社会保持和区别身份的手段。马克思也认为，消费存在阶级差异。他根据消费主体将个人消费划分为资产阶级消费和工人阶级消费，资本家阶级的消费，既有其追求腐朽生活的方面，又从根本上服从他作为人格化的资本追求剩余价值的目的。资本家绝对不会把他们榨取的剩余价值全部用于个人消费，而是把其中绝大部分重新转化为资本。在一定发展阶段，资产阶级已经习以为常的挥霍，将其作为炫耀富有从而取得信贷的手段，甚至成了"不幸的"资本家营业上的一种必要。奢侈被列入资本的交际费用。工人阶级的个人消费也是生产消费的一部分。"工人往往被迫把自己的个人消费变成生产过程的纯粹附带的事情。在这种情况下，他给自己添加生活资料，是为了维持自己劳动力的运转，像给蒸汽机添煤加水，给机轮上油一样。在这里，他的消费资料只是一种生产资料的消费资料，他的个人消费是直接生产消费。"工人在生产关系中的地位决定了他们的消费水平。由此，消费成了一种社会群体划分的利器。

从韦伯和马克思的论述可知，虽然两个消费者之间并没有交易活动发生，但由于消费的外部性，使消费自然而然地划分消费群体，并将之归为三六九等。这样自然的结果影响着他人的心理与生活，进而引发社会公平感知，当公平感知差距太大时，会诱发社会秩序混乱，破坏可持续发展的社会关系。

（二）消费负外部性增加了消费主体生存的社会成本

消费具有正外部性和负外部性。一个消费者文明的消费行为会给周围人带来诸多方便和好处，不文明的消费行为却会让很多人承受不该承受的痛苦。查尔斯（Charles，2011）曾列举外部性的 16 种常见的表现形式，其中有 8 种正的外部性和 8 种负的外部性。他所列举的正外部性现象包括：发起减少奢侈、推行礼貌等社会运动；自己注射防疫针，减少传染他人的机会；兴建孤儿院、养老院等非营利事业；整洁自己的住宅与美化庭院；教育子女谦恭有礼、遵纪守法；在办公楼前设置时钟与温度计；举办免费的学术演讲或音乐会；音乐爱好者欣赏当演员的邻居在家练唱。负外部性现象包括：工厂产生污染（水、气、噪声等）；滥用森林、土地等自然资源；汽车排放废气、噪声、抢占人行道；车祸导致他人无辜受害；乱扔垃圾、吐痰等；麻将声或音乐声妨碍他人休息；公共场所高谈阔论；高楼挡住较低建筑物的阳光。对于外部性的种种表现，没有人能够穷尽列举。尽管查尔斯的归纳也不尽完全和准确，但他的尝试为人们了解具体的文明与不文明行为奠定了基础。

外部性问题的实质是社会成本（Social Cost）高于私人成本（Private Cost）导致资源配置失当。所谓私人成本，是指为消费一件物品，消费者自己所承担的成本费用。当存在负外部性时，造成外部成本（External Cost），此时社会成本等于私人成本与外部成本之和。消费者为了实现某种需要，被迫在正常成本下额外支付成本，无法实现社会资源的最优效用，市场失灵。

在当今中国，据官方报告，基尼系数近 10 年来一直在 0.4—0.5 徘徊，而民间研究机构发布的数字是 2010 年中国基尼系数为 0.6，2011 年为 0.717，2013 年为 0.761[①]，学术界对基尼系数的计算方法及数据展开了大讨论，但不论讨论结果如何，都传达了这样一条信息：中国的贫富差距已超过警戒线，进入到差距较大甚至是悬殊的状态。这意味着少数富有人群占有了较多消费资料，生活奢侈，而大部分穷人却还在生存线上挣扎。少部分富人的炫富行为激发了穷人的愤慨，一些激进分子报复社会，砍杀幼儿园的小朋友、公交车爆炸等，危害了公众安全，引发了社会恐慌。当人人自危时，社会成本陡然上升，如在中国大城市，几乎每一个有孩子的家庭，每天都要派专人接送子女上下学，这已成了耗费双职工家庭大量时间和精力的必要事件，苦不堪言。所以，消费的

---

① 数据来源：百度百科，http://baike.baidu.com/view/186.htm?fr=aladdin#6_2。

外部性尤其是负外部性不可忽视,应提倡具有正外部性的文明消费。

(三) 消费的代际正外部性促进可持续发展

消费不仅具有代内外部性,也具有代际外部性,即当代消费者的消费行为会对未来若干代的消费者产生影响,比如,当代消费者过度开采了石油,后代消费者不得不面临石油匮乏危机。当然,也存在代际正外部性,比如先辈们在科学领域的探索,不论是哲学思想还是天体原理,都为后代留下了宝贵的精神财富。我们把第 i 代人对第 j 代人产生的净外部性称为 w_{ij},它是第 i 代人对第 j 代人造成的正负外部性之和,其中 $i<j$。那么第 n 代人所受到的前代人对他所造成的外部性 W_n 为:

$$W_n = \sum_{j=2}^{n} \sum_{i=1}^{j-1} w_{ij} \quad (i \geq 1, j \geq 2, n \geq 3)$$

其中,W_n 事实上是第 n 代人在出生时所面对的社会条件和自然条件之和,包括习俗、道德、文化、宗教、政治制度、法律制度、经济制度、科学技术水平、生产力水平、自然资源和生态环境等。其中习俗、文化和道德、宗教等需要经过几百年甚至上千年才能趋于稳定,虽然 i 和 j 之间可能相隔若干代,但 i 仍然能对 j 产生影响。一个好的文化传统能使后代受益无穷,一个保守和落后的文化传统也会增加后代的追赶速度。科学技术和生产力水平对社会发展的影响以中短期居多,i 与 j 越接近,影响力越大;i 与 j 之间的差距越大,影响力衰减速度越快。自然资源和生态环境的影响比较复杂,不可再生资源的消耗以及大规模的环境改变能带来长远影响。

由于第 i 代人对自然和社会的改造,对 j 代人所造成的外部性可正可负。假如 $W_i > W_{i-1}$,那么社会在进步发展,W_{i+1} 代人能比 W_i 代人具有更好的发展条件。反之,第 i 代人对自然和社会的改造活动则起了负作用[①]。

对代际外部性思考的着眼点大多在资源配置上,尤其是不可再生资源的使用数量问题。经济学家呼吁代际公平,对有限资源的使用在代际之间实现公平分配,但是由于未来人口及生产力水平未知,所以实现代际之间的数量公平分配显然存在困难。因而,一些学者建议应注重消费

---

① 赵时亮、高海燕、谭琳:《论代际外部性与可持续发展》,《南开学报》(社会科学版) 2003 年第 4 期。

效率的代际公平①。

代际公平的本意是某种行为利益的代际分配公平，跨代收入相等、代际财富分配相等都可以对其进行很好的解释。但是以往主流经济学所定义的代际公平是福利数量代际分配的公平，没有从效率角度来理解代际之间的公平。在文明消费中，代际公平应当是基于效率评价基础上的公平，从资源分配的角度看，是资源消费效率在代际之间的合理与公平。

资源配置在代际之间保持公平关系，意味着不会在某一时期出现低效消费或不足消费。衡量资源代际配置及其消费效率与合理性的基本标准是看资源消费的边际产出（MP）与社会生产力的技术发展水平（T）是否匹配，资源消费效率的最优条件为：

$$\frac{MP_0}{T_0} = \frac{MP_1}{T_1} = \cdots = E$$

在资源消费过程中，具体衡量代际公平的标准是资源消费的边际产出与社会生产力保持最优比例关系 E，从而使资源消费以最优水平促进社会生产力发展。若 $\frac{MP}{T} < E$，则说明市场低估了资源价格，此时，当期所消费的资源数量超过当时技术水平的资源最优消费量，既造成当期资源消费的低效率，又减少了后代可消费的资源量，损害了代际公平。

若 $\frac{MP}{T} > E$，则说明市场高估了资源价格，此时当期消费的资源数量达不到当时社会的技术水平相应的最优资源消费量。当期资源消费不足，将延缓当期社会生产力技术水平的提高速度，造成后代发展处于落后态势，损害了代际公平。

而在 $\frac{MP_0}{T_0} = \frac{MP_1}{T_1} = \cdots = E$ 处，在当时社会的技术水平下，每期资源消费量符合相应最优边际产出所决定的最优资源消费量，资源消费达到最优效率，为后代各期的社会经济发展奠定了基础。

消费文明产生的外部性，也不能完全排除正负之分，但消费文明会力图将负外部性控制在合理范围内，以更科学、更合理的方式来处理代

---

① 郭骁、夏洪胜：《代际外部性问题与可持续发展关系研究》，《郑州大学学报》（哲学社会科学版）2007 年第 4 期。

际公平问题。

第二节　文明消费程度影响着可持续发展

前一节从文明消费关系对可持续发展的影响展开了论述，但是文明消费除了有质的规定性外，还有量的规定性，即文明消费总体表现出的水平高低，反映在消费文明程度上。那么，文明消费程度对可持续发展是否有影响呢？考虑到文明消费的代际外部性，采用交替迭代模型进行验证。假设市场上有大量公司、消费者存在，且公司和消费者是对称的，即一个消费者对应着一个公司，为鼓励文明消费，政府对消费文明行为给予补贴，并根据消费文明程度反比例向消费者征税，由此判断消费文明程度对不同代消费者的消费水平及财富积累的影响。

一　关于生产的假设

假设大量的对称的公司在竞争激烈的经济中存在。在 Mino 和 Shibata（2000），每个公司的生产函数为：

$$y[k(t-1), l(t)] = \Lambda k(t-1)^{\alpha} l(t)^{1-\alpha} E(t)^{1-\alpha}, \Lambda > 0, 0 < \alpha < 1, \quad (7-1)$$

其中，$\kappa(t)$ 是每个时期结束时的资本存量，$l(t)$ 是每个公司的劳动力投入，$E(t)$ 是生产外部性[①]。生产外部性等于 $\hat{K}(t-1)/N(t)$，其中 $\hat{K}(t-1)$ 是总资本存量 $N(t)$ 是公司的总数。从每个公司的利润最大化出发，实际利率 $r(t)$ 和真正的工资 $w(t)$，被重写为：

$$r(t) = \alpha \Lambda k(t-1)^{\alpha-1} l(t)^{1-\alpha} E(t)^{1-\alpha} \quad (7-2)$$

$$w(t) = (1-\alpha) \Lambda \left(\frac{k(t-1)}{l(t)}\right)^{\alpha} E(t)^{1-\alpha} \quad (7-3)$$

假设每个消费者拥有一个单位的劳动，每个消费者属于一个公司，所以，消费者总数等于公司总数 $N(t)$，此时生产外部性等于消费外部性，

$$k(t-1)/l(t) = \hat{K}(t-1)/N(t) = E(t) \quad (7-4)$$

[①] 在内生经济增长理论的文献中，Van der Ploeg and Alogoskoufis（1994）使用了 Blanchard（1985）的经典 OLG 模型，Mino and Shibata（2000）使用了 Weil（1989）的经典 OLG 模型，这些模型都考虑了连续时间的作用。

由此，$r(t)$ 和 $w(t)$ 如下：
$$r(t) = \alpha \Lambda, \quad w(t) = \frac{(1-\alpha)\Lambda K(t-1)}{1+n} \tag{7-5}$$

$K(t-1)$ 是人均总资本存量。总输出 $Y(t)$ 是每个企业的产出与企业总数量的乘积，是有效的总资本存量，可表达为 $Y(t) = y(t)N(t) = \Lambda \hat{K}(t-1)$，因此，总体人均产出为：

$$\frac{Y(t)}{N(t)} = \frac{\Lambda K(t-1)}{1+n} \tag{7-6}$$

二 关于消费者的假设

遵循 Weil（1989），假设人口结构由两部分人组成，原有的消费者和新生的消费者。经济体中有无限代消费者，每个消费者的生命周期是 t 期，每个周期新一代的消费者诞生时有零资产，在时间 s 接收老一代的资产馈赠，新一代和老一代共同生活 (s, t) 期。$N(t)$ 代表了在时间 t 现有的消费者数量，人口以恒定的速度 $n \geq 0$ 增长。当 $n = 0$ 时，经济体仅有最初的活着的消费者代表，这意味着模型中有较少的代表代理。在本节中假设人口结构相同。

消费者代表从时间 s 到时间 t 从资产中获得利息收入 $a(s, t)$ 和工资收入 $w(t)$，在消费上花费 $c(s, t)$。他或她从消费和真实的资源持有（储备）中获得效用。让 $R(t)$ 代表名义利率，$\pi(t)$ 为资源商品价格 p 的自然损耗率，τ 是消费文明的程度，β 是积极的主观贴现因子，$m(s, t)$ 是真实的资源储备，$f(t)$ 是从政府转移到消费者手中的补贴。然后，经济体中无限代的消费者在时期 (s, t) 共生的最大化效用是消费效用和资源效用的和，考虑到消费者跨期偏好的不一致性，采用双曲线函数，表达式为①②：

---

① $(1+\tau)p$ 是在消费税政策下的消费价格水平。消费税率为什么进入效用函数有两个原因：第一，假设货币效用来源于货币购买力。因此，更高的税率降低了消费者持有的资金效用。第二，如果消费税率不进入效用函数，消费税的提高直接增加效用而且不受任何限制，因为高税收使一般价格变低和使真实的货币持有水平变高。将居民消费价格水平引入进效用函数避免了这个不切实际的情况。以下论点认为即使消费税率不引入效用函数，只要假定一个 log 线性效用函数就可以了。

② 由于采用了 log 线性效用函数，如果经济达到平衡增长的均衡点，整体效用总是有界的。

$$\max_{c(s,t),m(s,t)} \sum_{t=s}^{\infty} \beta^{t-s} \{\ln c(s,t) + \delta \ln[m(s,t)/(1+\tau)]\},$$

s.t. $a(s, t) = [1+r(t)]a(s, t-1) + w(t) - (1+\tau)c(s, t) -$
$$\frac{R(t)}{1+\pi(t)}m(s, t-1) + f(t) \tag{7-7}$$

消费者在 (s, t) 期间的从资产中获得的利息收入是上一期利息收入的实际利润、工资收入与政府补贴的和减去真实资源储备的名义自然损耗。

从福利经济学角度，只有当消费者无限代延生时，从资产中获得的收益永远不为负，才能保证可持续发展。由此得到限制条件（7-8），初始期的利息值为 0。

$$\lim_{t\to\infty} a(s, t) \prod_{i=s}^{t} 1/(1+r(i)) \geq 0, \ c(s, t) \geq 0, \ m(s, t) \geq 0,$$
$$a(s, s) = 0 \tag{7-8}$$

一阶条件收益率：

$$\frac{\delta(1+\tau)c(s, t)}{m(s, t)} = \frac{R(t+1)}{1+R(t+1)}, \tag{7-9}$$

$$\frac{c(s, t+1)}{c(s, t)} = \beta[1+r(t+1)] = \beta \frac{p(t)}{p(t+1)}[1+R(t+1)] \tag{7-10}$$

式（7-9）意味着，在其他条件相同的情况下，消费文明程度低的消费者会增加消费，减少资源储备，即从消费者个体角度，消费者消费得越多，效用越大。这符合人性的自利动机。式（7-10）是欧拉方程，用来比较两个相邻期的消费，式（7-10）说明未来消费比当前期消费是多还是少取决于消费者主观预期的价格变动。此外，一个高度文明的社会，劳动是必须存在的，应鼓励消费者通过劳动创造收入，故应减少资产收入的比例，使单纯的资产利息收入随着时间的延长而呈降低趋势，故给资产利息收入一个乘数效应，用 $\lambda(s, t)$ 表示乘数，存在横截性条件，如下：

$$\lim_{t\to\infty} \lambda(s, t) a(s, t) \beta^{t-s} = 0 \tag{7-11}$$

三 关于政府的假设

为鼓励大家文明消费，政府根据消费者的文明程度，向消费文明的人少征税，向消费不文明的人多征税。政府所征收的税收用于各项保障

性活动补贴,如环境保护、资源保护、医疗保险、养老保险等,由此有:

$$f(t) = \tau c(s, t) \tag{7-12}$$

在政府的保护政策下,可再生资源有自然再生长的生态空间,设资源自然增长率为 $\theta(>-1)$,时间点 t 上的名义资源量为 $\hat{M}(t)$,则 $\hat{M}(t)=(1+\theta)\hat{M}(t-1)$,设名义资源用于政府转移,分发给消费者,则每个消费者一次性获得的名义资源量为当前期的名义资源量与上期名义资源量的差值,即 $\hat{M}(t)-\hat{M}(t-1)$。用 $M(t)$ 表示在时间 t 的真实资源需求。然后,$f(t)$ 可表达成:

$$f(t) = \frac{[\hat{M}(t)-\hat{M}(t-1)]}{p(t)N(t)} = \left[\frac{\hat{M}(t)-\hat{M}(t-1)}{\hat{M}(t-1)}\right]\left[\frac{\hat{M}(t-1)}{p(t)N(t)}\right]$$
$$= \frac{\theta M(t-1)}{[1+\pi(t)](1+n)} \tag{7-13}$$

四 参与方的聚合

给出聚合规则:定义 $f(s,t)$ 的平均变量为 $F(t)$,则:

$$F(t) = \frac{1}{N(t)}\sum_{s\leqslant t}[N(s)-N(s-1)]f(s,t) \tag{7-14}$$

当政府转移支付给消费者后,消费者个人拥有的真实财富为工资收入与名义资源收入的实际值之和。由于名义资源是由政府发放,设政府的任期为 j,则个人财富 $h(t)$ 是一个不依赖于年龄而依赖于政府任期的变量。

$$h(t) = \sum_{j=0}^{\infty} i_{(t+1,t+j)} w(t+j) + \sum_{j=0}^{\infty} i_{(t+1,t+j)}\left[M(t+j) - \frac{M(t+j-1)}{[1+\pi(t+j)](1+n)}\right]$$
$$i(s,t) = \Pi_{v=s}^{t} \frac{1}{1+r(v)} \tag{7-15}$$

从式 (7-8)—式 (7-11),可获得以下消费函数:

$$c(s, t) = \frac{1-\beta}{1+\delta(1+\tau/\beta)}\{[1+r(t)][k(s, t-1) + m(s, t-1)] + h(t)\} \tag{7-16}$$

从式 (7-16) 可知,在 (s, t) 时期的消费者个体消费由资本存量、资源储备和个人财富决定。

从式 (7-9)、式 (7-10) 和式 (7-16)，应用聚合规则，求得平均消费和实际货币平衡分别为：

$$C(t) = \frac{1-\beta}{[1+\delta(1+\tau)/\beta]}\left\{[1+r(t)]\frac{[K(t-1)+M(t-1)]}{1+n} + H(t)\right\} \quad (7-17)$$

$$M(t-1) = \frac{\delta(1+\tau)C(t)}{\beta}\frac{[1+\pi(t)](1+n)}{R(t)} \quad (7-18)$$

式 (7-17) 表明，平均消费由消费倾向 $\frac{1-\beta}{1+\delta(1+\tau)/\beta}$ 和人均总财富构成。

在均衡点，所有的资产都必须以资金 $K(t)$ 和实际资源 $M(t)$ 的形式被持有。因此，资产市场均衡条件是由下面给出：

$$A(t) = K(t) + M(t) \quad (7-19)$$

资源的市场均衡条件是：

$$\hat{M}(t)/p(t) = N(t)M(t) \quad (7-20)$$

这种情况下，获得货币政策和通货膨胀率的定义：

$$\frac{M(t+1)}{M(t)} = \frac{1+\theta}{(1+n)[1+\pi(t+1)]} \quad (7-21)$$

资金的市场均衡条件表示为：

$$K(t) - \frac{K(t-1)}{1+n} = \frac{Y(t)}{N(t)} - C(t) \quad (7-22)$$

五　模型的动态系统

通过聚合规则，可得未来一期的平均消费：

$$C(t+1) = \frac{1}{N(t+1)}\sum_{s\leqslant t+1}[N(s) - N(s-1)C(s,t+1)]$$

$$= \frac{1}{N(t+1)}\left\{\sum_{s\leqslant t}[N(s) - N(s-1)]C(s,t+1) + [N(t+1) - N(t)]c(t,t+1)\right\} \quad (7-23)$$

考虑到新消费者出生，没有资产，$h(t+1) = H(t+1)$，结合式 (7-16) 和上面的方程为：

$$C(t+1)/C(t) = \beta[1+r(t+1)] - \frac{n(1-\beta)[1+r(t+1)]}{[1+\delta(1+\tau)/\beta](1+n)}$$

$$\frac{K(t)+M(t)}{C(t)} \tag{7-24}$$

右边的第一部分等于消费者代表的欧拉方程。第二部分反映了现有一代比新生一代有更高消费水平（因为新生一代进入经济体时没有资产）。从这个方程可以观察到，现有几代消费者的资产水平或消费边际倾向越大，第二部分变得更大，消费的平均增长率减少。

我们分别定义了 $C(t)/K(t)$ 为 $c(t)$（消费资本比率），定义 $M(t)/K(t)$ 为 $m(t)$（真实的资源持有资本比率）。从式（7-5）、式（7-6）、式（7-22）和式（7-24），我们获得：

$$c(t+1)\frac{(1+\Lambda)}{[1+c(t+1)](1+n)}-\beta(1+\alpha\Lambda)c(t)+\frac{n(1-\beta)(1+\alpha\Lambda)}{[1+\delta(1+\tau)/\beta](1+n)}[1+m(t)]=0 \tag{7-25}$$

使用费雪方程式，$1+R(t)=(1+\pi(t))(1+R(t))$，式（7-5）、式（7-6）、式（7-18）、式（7-21）和式（7-22），我们获得：

$$m(t+1)-\frac{\delta(1+\tau)(1+\theta)(\Lambda+1)m(t+1)}{\beta\{(1+\theta)(1+\alpha\Lambda)[1+c(t+1)]m(t)-(\Lambda+1)m(t+1)\}}$$
$$c(t+1)=0 \tag{7-26}$$

式（7-16）和式（7-17）包括自治动力系统。

在平衡增长的均衡点，$c(t+1)=c(t)=c^*$ 和 $m(t+1)=m(t)=m^*$。式（7-25）和式（7-26）

$$\frac{(\Lambda+1)c^*}{(1+n)(1+c^*)}=\beta(1+\alpha\Lambda)c^*-\frac{n(1-\beta)(1+\alpha\Lambda)}{[1+\delta(1+\tau)/\beta](1+n)}(1+m^*) \tag{7-27}$$

$$m^*=\frac{\delta(1+\tau)(1+\theta)(\Lambda+1)c^*}{\beta[(1+\theta)(1+\alpha\Lambda)(1+c^*)-(\Lambda+1)]} \tag{7-28}$$

平衡增长均衡是独特又完全不稳定的。因此，没有过渡方程，在 $AK-type$ 内生增长模型中是常见的。式（7-6）和式（7-22）：

$$\Lambda\frac{K(t-1)}{(1+n)K(t)}+\frac{K(t-1)}{(1+n)K(t)}=\frac{C(t)}{K(t)}+1 \tag{7-29}$$

因为在时间 t 的增长率是 $[K(t)-K(t-1)]/K(t-1)$，平衡增长率 g^* 是：

$$g^* = \frac{(1+\Lambda)}{(1+n)(1+c^*)} - 1 \qquad (7-30)$$

这个方程表明，在平衡增长均衡点增长率与消费资本比率成反比例。

区分式（7-27）和式（7-28）中的 c^* 和 m^* 上的消费文明程度，使用式（7-30）消费文明程度的影响力 $dg^*/d\tau$，表示为：

$$\frac{dg^*}{d\tau} =$$

$$-\frac{n(1+\alpha\Lambda)(1+\Lambda)}{(1+n)^2(1+c^*)^2}\left\{-\frac{1-\beta}{[1+\delta(1+\tau)/\beta]^2}\frac{\delta}{\beta}(1+m^*) + \frac{1-\beta}{[1+\delta(1+\tau)/\beta]}\frac{\partial m^*}{\partial\tau}\right\}$$
$$\underbrace{\qquad\qquad\qquad\qquad\qquad\qquad\qquad\qquad\qquad\qquad\qquad}_{B}$$

$$(7-31)$$

当 $B \equiv -\dfrac{1+\Lambda}{(1+c^*)^2(1+n)} + \beta(1+\alpha\Lambda) - \dfrac{n(1-\beta)(1+\alpha\Lambda)}{(1+\delta(1+\tau)/\beta)(1+n)c^*}$

$$\left[\frac{(1+\theta)(1+\alpha\Lambda)-(1+\Lambda)}{(1+\theta)(1+\alpha\Lambda)(1+c^*)-(\Lambda+1)}\right] \qquad (7-32)$$

消费文明程度对增长率的影响取决于分子的走势。重写分子为：

$$-\frac{n(1+\alpha\Lambda)(1+\Lambda)}{(1+n)^2(1+c^*)^2}\frac{1-\beta}{[1+\delta(1+\tau)/\beta]}\left(\frac{1+m^*}{c^*}\frac{\partial c^*}{\partial\tau} + \frac{\partial m^*}{\partial\tau}\right)$$

从这个结果可看出，消费文明程度减少了消费倾向，因为它使存钱比消费重要。总体而言，这种效应本身降低了消费资本率，但提高了真正资源持有的资本率。反过来，增加真实的资源持有资本率将导致更大的消费资本率，因为这意味着消费者拥有的真实资产水平增加了。事实上，分子影响了边际消费资本比率的下降，这是由于消费倾向下降，边际真实资源持有资本率增加。消费倾向下降造成的消费资本率直接下降主要是由于真实资源持有资本率增加，现有几代人之间的平均消费水平和新生一代的消费水平的缺口增加；或者，消费倾向下降造成的真实资源持有资本率增加导致了消费资本率直接下降，现有几代人之间的平均消费水平和新生一代的消费水平的缺口在减少。不同代之间消费水平缺口的减少（增加）会提高（降低）平均消费增长率。由此，可得下列命题：

命题 在重叠代模型，改变消费文明程度引起了资源持有的替代量，资源消费影响了经济增长率。这种影响效果的大小取决于消费倾向的变化和实际资源消费量的变化。

使用式（7-28），可以重写分子式（7-31）如下：

$$-\frac{\delta(1-\beta)(1+m^*)/\beta}{[1+\delta(1+\tau)/\beta]^2} + \frac{1-\beta}{[1+\delta(1+\tau)/\beta]}\frac{\partial m^*}{\partial \tau} =$$

$$\frac{\delta(1-\beta)}{[1+\delta(1+\tau)/\beta]}\left[-\frac{1}{\beta}+\frac{m^*}{\delta(1+\tau)}\right] \tag{7-33}$$

一个重要的决定因素是真实资源持有资本率，即财政扩张速度。当财政政策是更加扩张性时，真正的资源持有资本率 m^* 会变大。这是因为财政扩张会导致更高的通货膨胀率从而减少消费资金储备。定义 $\tilde{\theta}$ 为通货膨胀率的阈值，由此，$-1/\beta + m^*(\tilde{\theta})/\delta(1+\tau) = 0$。得到推论：

推论 在重叠代模型，消费文明程度的变化影响经济增长率，其效果取决于当前的财政政策。具体来说，当财政扩张的速度高于（或低于）$\tilde{\theta}$，τ 的增加会提高（降低）经济增长率（Akihiko & Daisuke，2009）。

通过论证，可得结论：在重叠代结构和资源储备中，消费文明程度对经济增长有影响。Weil（1991）清楚地说明了，OLG 结构使资金投入净财富。在代表代理经济，由通货膨胀产生持有资源的机会成本，抵消了货币资产价值。因此，货币不是净财富。即使消费文明程度的变化影响资源储备水平，它不影响实体经济。相比之下，未来通胀增加的成本在未来几代会部分下降，当前几代在 OLG 经济中部分会避免机会成本。因此，货币被认为是一种资产，导致非零点的消费文明水平。

第八章 文明消费方式的测评

第一节 文明消费方式的测评维度

文明消费方式究竟是什么样的？应该包括哪些内容？现有研究没有给出完整的回答。由于文明消费具有动态性、整体性、区域性、主观性等特征，这些特征很笼统，无法具体描述。因此，从文明消费方式的特征说明文明消费具体内容的方法不可行。从方法论上讲，对某一概念进行细化描述的方法有三种：①描述概念属性，即分析概念特征；②分析构念，即将概念构念化，从其构念的维度或成分描述；③通过相近概念的改良描述，即对相似或相近概念的测量指标根据情况加以改进，建立改良的描述条目。而且，文明消费是新兴概念，与之相似的概念在有关学科中几乎鲜有，文明消费由"消费"和"文明"两个核心词构成，各自有大量文献可供借鉴，因此，本章采用第二种方法详细说明文明消费方式的表现特征。

文明作为人类组织、宗教和自然之间的接口，它应用于价值驱动的文化行为和基础设施工具，以指导生活质量和控制资源为目标（Andrew Targowski，2004）。一般认为，文明有三个成分，即组织、文化和设施。现代文明由下列成分构成：①大社会：专业化的劳动力，自我区分及知识共享；②空间与时间：自治，显著地可扩展的空间或时间段；③价值与符号驱动的文化系统：宗教、财富与权力导向，交流导向；④技术驱动的设施系统：城市基础设施，农业基础设施，其他（如工业、农业等）；⑤生命周期：上升、成长、衰落、死亡。文明的构成说明，文明是为改善人类生存，行为主体对行为客体通过一定手段在特定时间或空间受某些观念的指引而发生的有周期性的运动，文明消费方式是人类文明在消费活动领域的转化，是消费者为满足需求，在某一时间或空间内对产品或服务在消费观念的影响下进行消费决策、消费享用及消费评价的过程。因此，文明消费方式的构成可以通过5W1H元素建立，即"who""whom""when""where""why""how"，具体表现为：①消费理念：符合社会规范、价值观；②消费对象：绿色产品；③消费过程：适度消费，注重质量，讲求效率；④消费结构：精神消费比重增加，食品、衣着、用品、交通等八个消费类别合理；⑤消费结果：资源节约、环境友好、个人能力增长、财富平衡。

一　文明消费价值观指标

罗浩波（2010）认为，文明消费体现为人类理性消费方式和生活方式的形成，要求人类使物质财富的消费与物质生产相适应，使自然资源的利用与再生相适应，使环境的污染与自净能力相适应。文明消费所提倡的消费观包括科学消费观、可持续消费观、适度消费观，重视高尚的精神文化消费。

文明消费倡导的价值观，要求消费者必须协调当前和长远、物质和精神、认知和行为的正确关系。在现有文献中，消费价值观与消费行为常常混为一谈，没有严格区分，如"可持续消费"，既是消费价值观也是消费行为模式，而可持续消费价值观属思想意识范畴，可持续消费行为属实际做法范畴。消费者拥有某一类价值观并不一定会按照这个价值观实际行动。文明消费不仅注重思想意识的文明，更注重行为举止文明，因此本节将区分观念与行为，从文明消费价值观与文明消费行为角度构建指标体系。在文明消费行为中，有经济行为与非经济行为，消费者对货币的偏好程度不同，使之在经济行为与非经济行为中可能表现不一，为了探测文明消费的事实措施，在本节中将文明消费行为划分为消费举止行为和消费货币行为。前者是指消费者在日常生活中的细节表现，后者是指为了满足需求的经济支出情况。

（一）消费价值观指标

消费价值观是消费者对消费行为的基本观点和态度，是消费者价值观在消费内容、消费目标、消费方式等活动因素上的体现。国内外学者对消费价值观进行了大量研究，如表8-1所示。

表8-1　　　　　　　　　　消费价值观指标

年份	作者	消费价值观构成	消费价值观测量
1953	Kluckhohn	人与自然，理想人格，人与他人，评价时间和组织，本我	
1973	Rokeach	终极性价值观，工具性价值观	36条目
1983	Kahle	自我尊重、安全、和他人维持和谐关系、成就感、刺激感、归属感、被人尊重、生活的乐趣和享受、兴奋感	
1983	Mitchell	价值观和生活方式	
1994	Schwartz	自我超越，自我提高，对变化的开放性态度，保守	8条目
1998	Lowe	人与自然倾向、自我倾向、关系倾向、时间倾向和个人行为倾向	
2003	Hawkins	他人导向、环境导向和自我导向	
2002	石绍华	勤俭传统、追求现代生活、消费压力	11条目，从品牌、节约、享受三个角度测量态度
2005	张梦霞	和谐	儒家人与人和谐；道家人与自然和谐；佛家人与社会和谐
2009	王国猛	客观科学、以人为本	考虑绿色营销理念、价值观、文化等
2010	石文典	内在评价标准	考虑人生价值观等心理因素
2011	董雅丽	消费文化价值观	面子导向型价值观、经济导向型价值观、时尚导向型价值观
2013	张强	发展型、时尚型、实用型	从品牌、实用、质量等方面测量
2013	史有春	总体价值观	消费领域、产品导向、消费行为、目标价值观和信号价值观

从表8-1可知，消费价值观的测量大多从自我需要和关系需要着手，自我需要满足马斯洛需求层次理论，关系需要讲求公平和谐。文明

消费的价值观是社会主义价值观在消费活动中的体现，核心内容为实现"社会主义生产力充分发达、财富充分涌流、没有压迫和剥削、各尽所能、按需分配、每个人都得到全面发展的自由人联合体"，具体表现为"以人为本、共同富裕、公平正义"。可见，消费价值观中的部分测量与文明消费的要求吻合。

然而，从消费价值观的整理中，我们发现，这些测量大多以价值观的内容结构与测量为基础，直接测量消费价值观的量表并不多。消费价值观不仅是社会大众的价值观，更是作为经济主体的消费者的消费观，是对消费活动的期望和看法。文明消费的观念指引是伦理消费、绿色消费、适度消费和可持续消费等观念的综合。

（二）伦理消费观的指标

消费是一个重要的日常过程；"活着就是消费"。就其本质而言，消费有显著的道德性；是人类和非人类、人类与环境之间的亲密互动（Whatmore & Throne，1997），这与文明的要求显著一致。道德消费研究通常可以划分为两个主题："伦理消费"（Carrigan and Attalla，2001）和"消费伦理"（Albers‐Miller，1999）。"伦理消费"侧重于讨论符合伦理的消费行为，其测量条目多包含具体实践，常作为行为研究模型的因变量；"消费伦理"侧重于讨论指导消费者行为的道德原则和标准，其测量条目为价值信念，一般作为影响消费者行为决策的前置变量。

消费的道德基础（Sayer，2003）包括正义和权力、正确与错误、好与坏。Johanna 等（2007）认为道德领域包含的各种哲学，应从多角度建立多维道德测量量表，他认为前人研究的测量维度包括利己主义、相对主义、功利主义、道义论和正义，代表广泛的现代伦理思想。这些理论以男性为中心，高估文化属性理解的阳刚之气，例如，独立、理性、自主性、智力、意志和阶层（Jaggar，1992）。这些理论往往淡化，甚至否认代表女性属性的文化立场的价值，如亲密，特别是关系，情绪，关怀，重点是通用性原则的关系与行为（Koehn，1998）。多维度伦理量表偏向现代伦理理论，因此，除了男性气质的暗示，应扩展量表显示女性气质。因此，他建立了扩展的多维道德量表（见表8-2）：

表 8-2 扩展的道德量表

理论维度	道德准则
自我主义	确保自己的利益；自私；保证公司利益
相对主义	依据惯例行动；遵从亲密人的认可行动；依从个人认可行动；遵从 CEO 的角色行动
功用主义	有效率；注重行动的结果；最大化利益和最小化伤害；依据利益最大化行动
道义论	不违背没写的合同；不违背公平；履行个人义务；依据正确的道德行动
公平论	公正；公平
女性伦理	迎合不同团体的观点；不伤害团体之间的关系；介意不同团体的感情

相对于国外对道德的广义测量，国内学者的测量显得具有中国特色。如田志龙等（2011）基于对中国消费者的大样本调查，通过探讨消费者规范感知、规范认同和规范行为意向之间的关系，阐明了主流社会规范影响消费行为的特点及消费者规范理性的形成路径。主流社会规范词条包括热爱祖国、保护环境、健康生活、诚实守信、尊老爱幼、热心公益、公平正义、勤俭节约、移风易俗、遵纪守法。赵宝春（2011）认为在中国城乡二元社会背景下，农村和城镇的消费者在消费伦理信念上存在差异，研究中对行为准则的测量为"礼"和"法"，对人际关系的测量为"熟人"和"陌生人"，对价值取向的测量为理想主义、相对主义和权术主义。

综合国内外学者的研究，伦理消费观从自我与他人、过程与结果的关系出发，测量消费者的消费取向。由于文明消费要求实现自我、善待他人、过程公平、结果皆好，所以，伦理消费观中的道义论、公平论可作为文明消费价值观的参考。

(三) 绿色消费观的指标

绿色消费以健康生活为目标，提倡简朴，偏爱绿色产品。从价值观角度对绿色消费进行研究的文献并不多，杨智等（2010）认为价值观对绿色消费行为有重要影响，构建了物质主义和集体主义的计划行为理论模型。Rachel（2013）从 Schwartz（1992，1994）的价值观测量出发，将其分为"利他""生物圈""自我"价值观，列出了 12 项问表，通过访问评分，发现这些价值观对人们采用低碳生活方式有影响。同时，该作者通过访谈，发现社会公平、社区、节俭和诚信是消费者绿色消费的动机。

表 8-3　　　　　　　　　　绿色消费价值观的指标

年份	作者	绿色消费观	测量指标
2009	于伟	环保主义	3 类
2010	杨智等	物质主义和集体主义	
2011	David	环境信念	7 类
2013	Rachel	利他主义、生物圈信念、自我主义	36 个问项

一些学者从影响绿色消费行为的前置因素出发，探讨了影响消费者绿色消费行为的具体因素，如于伟（2009）认为消费者环保意识、群体压力及环保知识对绿色消费行为有影响。心理变量对绿色消费影响的探讨有：安全意识、对人类与自然环境关系的认知、政治导向、利他主义、对绿色消费的认知、绿色消费的态度等。Dvid（2011）开发一个消费环境前因及行为的概念性框架，通过对绿色消费者的调查测试假设框架。其绿色消费的前因为：①一般环境信念；②环境规范；③环境行为的驱动因素；④环境行为的障碍；⑤社会或社区影响；⑥环境态度；⑦政府政策和补贴。

绿色消费观从表面上看只是人与自然环境之间的关系，其实从深层次上体现了人在利益面前处理与利益分割者之间关系的原则。尽管这些原则会受到群体压力的牵制，但一个真正的绿色消费者更多地受内在价值导向的驱动。因此，绿色消费观中的物质主义与集体主义、利他与自我可作为文明消费价值观测量的参考。

（四）适度消费观的指标

适度消费以提高生活质量为中心，以获得基本需要的满足为标准，通过简朴获得方便和自在，满足享受和发展的需要，这是更高层次的生活结构。

Dorothy（1981）提供了一套测量个人倾向自愿简单生活方式的行为意识指标，包括：①物质简单（使用非消费主义模式）；②自决（渴望能更多地控制个人命运）；③生态意识（承认人们和资源之间的相互关系);④人群规模(渴望小型机构和技术);⑤个人成长(渴望探索和发展"内在生活")。这一套意识指标符合文明消费的要求。

(五)可持续消费观的指标

可持续消费以发展性和可持续性为目标,体现了生态经济伦理学的发展,采取公正和适度的原则,显现消费公正性,构建人与自然、人与社会的和谐关系,提高人类生活质量、促进人类发展。国内外学者对可持续消费价值观的研究不是很明确,一般隐含在对概念的剖析及行为的解读上,如表8-4所示。

表8-4　　　　　　　　　　可持续消费价值观的指标

年份	作者	可持续消费价值观的构成	测量指标
2003	喻雪红	发展、公正和适度	
2004	Gill Seyfang	个人主义、平等主义、等级主义和宿命论	16条
2005	陈勇等	整体主义、互利	
2007	刁志萍	适度、和谐	
2010	黄嫱等	消费公平、反对消费主义	人与自然共生共荣、人与社会全面发展、人与人和谐共处
2011	刘倩等	内在因素	环境知识、环境态度、环境价值观、环境敏感度、环境责任感以及直觉行为控制
2013	Wang等	内在因素	行为意图,环境知识,后果感知,环境责任,环境价值观,感知的行为控制,回应效率,环境敏感性和情境因素

从表8-4可知,公平与和谐是可持续价值观的核心词汇。消费公平包括代内公平和代际公平。消费和谐着重于两点:一是人与自然之间关系的和谐,消费不能超过生态环境承载力,应有利于环境保护和生态平衡。二是人与人之间关系的和谐,自身的消费需求得到满足,不损害他人的消费。

（六）文明消费价值观的指标

综合消费价值观、伦理消费、绿色消费、适度消费及可持续消费观念，发现这些信念终究反映了五个方面的内容：①价值追求：在基本生活保障得到满足的情况下，物质与精神在消费者生活中的轻重；可通过消费者是否是物质主义者、功利主义者判断；②数量追求：消费者对物质或服务的占有是否有数量上限，是否容易满足，自控力强度如何；③状态追求：消费者是否热爱变化，是否能经常自省，是否积极地发现问题并尝试解决问题；④地位追求：在与自然及与他人相处中，消费者是否要处于主导地位，是否以自我利益为中心，是否具有同理心；⑤时间追求：消费者是注重眼前利益还是长远利益，是注重今生的享乐还是后代的积累，是否有风险规避意识。

价值追求是消费者生活目的的本质，是一切消费行为的源头动力。只追求物质占有的消费者会因物背道，只追求精神富裕的消费者会患幻想症，因此，只有持"物质是精神基础，物质不是唯一"观点的消费者才能自发规范自身行为；在物质追求与精神追求相冲突时，能找到正确的解决方法。

数量追求是消费者适度消费观念的检验，尽管"奢简"标准会因消费者收入、生活环境等因素存在差异，但对"度"是否有掌控可反映一个消费者量的约束性。文明的消费行为是受数量制约的有限消费。

状态追求反映了消费活动的动态性，是消费者对过去状态认知后的调整，引导下一阶段的消费行为。对消费行为有自省的消费者，具有较高消费理性，更容易规避冲动消费。

地位追求是消费者对利益关系处理的原则，以"自我"为中心的消费者，个人利益至上；有较强集体主义观念的人，个人利益让渡于集体利益，拥有较和谐的关系；能够站在对方立场考虑问题的消费者，会更容易坚持公平、公正的准则。

时间追求是可持续发展的基本内容，不仅注重当前生活质量，也为未来生活预备保障。着眼于长远的消费者比较注意消费比例，注重财富积累，规避一切可预见的危害。因此，这类消费持续自觉地节约资源。

上述五个方面综合了文明消费价值的五个纬度，是测量文明消费价值观的一级指标。文明消费价值观是一切有利于关系和谐、健康发展的价值观念，是物质主义、集体主义、适度、道义、互利、公平、时间等在价值五维度上的表现（见表8-5）。

表8-5　　　　　　　　　文明消费价值观指标

一级指标	二级指标	说明
价值追求	物质—精神	参考物质主义、功利主义、精神主义的测量
数量追求	适度、知足、约束	参考适度消费、自愿简单生活的测量
地位追求	集体主义、道义、公平	参考集体主义、伦理消费的测量
状态追求	变化、自省、积极	参考词条的本意
时间追求	远见、风险	参考时间价值观的测量

（七）文明消费价值观指标

关于物质主义的直接测量，Marsha 等（1992）把物质主义区分为中心（centrality）、幸福（happiness）和成功（success）三个维度，编制了物质主义价值观量表。在此量表的基础上，Marsha 等（2004）通过对44篇文献的分析发现，这些量表在许多研究中存在问题，于是，他们将原有的18个项目简化成了15个项目、9个项目或3个项目，以使该量表更具有实用性。他们通过数据说明简化本同样可以有效地测量物质主义。由于文明消费内容丰富，为保持量表合理的长度，本书对物质主义的测量采用 Marsha 等（2004）中的3项量表。

查阅文献，没有找到关于精神主义测量的文献，而对精神追求的说法众说纷纭，没有形成理论系统。由此，本书试图从精神文明的界定中找到相关衡量标准。精神文明是人类智慧、道德的进步状态，是人类在改造客观世界和主观世界的过程中所取得的精神成果的总和。主要表现为两个方面：一是科学文化方面，包括社会的文化、知识、智慧的状况，教育、科学、文化、艺术、卫生、体育等项事业的发展规模和发展水平。二是思想道德方面，包括社会的政治思想、道德面貌、社会风尚和人们的世界观、理想、情操、觉悟、信念以及组织性、纪律性的状况。科学文化是学识积累一定程度在人类思维加工下的结果，所以，用"学识"和"思考"作为精神追求的科学文化方面的测量。中国是礼仪之邦，在博大精深的思想道德表述中，善良是一切道德的基础。因此，本书采用善良作为精神追求在道德方面的测量。

在功利主义和道义的测量中，Bond（2007）的量表比较简单，而且有较高的效度，所以直接采用该量表。

当将"适度消费"译为"Moderate Consumption"时，搜索的英文文献全部与酒消费主题有关，尤其是红酒。所以，没有查到直接测量适度消费的文献。适度消费崇尚简单生活，在能力范围之内消费，既不是过分节约，也不是铺张浪费。适度消费原则及简单生活态度量表启发本书采用"月光族""简单生活""节约"三个词条测量适度消费价值观。

知足是对数量追求的态度主张，谓自知满足，不做过分的企求。从消费者对自身生活状况的评价、满意情绪以及对数量的主观判断三方面测量。三个测试条目中前两项为正向测量，后一项为反向测量。

约束是消费者在消费过程中对外在客观限制条件的主观自控度。消费者对财务支出的态度、对消费效用的评价以及对消费欲望的控制可较好地测量约束。

Theodore 等（1995）将集体主义与个人主义划分成水平和垂直维度的测量，每一个维度 8 个测量问项，共 32 个问项。这种测量方法一经开发，被大量文献采纳，但是，研究者发现单纯在不平等群体（垂直）和同类群体（水平）中测量，并不能反映集体主义和个人主义在不同社会背景中的表现，Scoones（2001）关注到个人在家庭、同事、国家、学校等集体中的不同行为，设计了一个多维极度的集体主义测量量表，并用验证性因子分析法对量表进行了证明，得到了包含 30 个测项的量表。在本书中，由于文明消费包含了消费者与个人、与社会、与自然的和谐关系，集体主义的层面很宽泛，所以，本书采用家庭、同事及国家三个层面的利益冲突测量消费者的态度。

公平是指参与者对投入与获得的均等算计感知，在不同的情境中，公平的测量量表差别较大。如 Michelle 等（1998）从人际关系角度出发，开发了人际关系处理量表，包含主管处理和同事处理两方面，共 18 个测项。Nirmalya 等（1995）从供应商和弱势经销商之间的关系出发，设计了分配公平和过程公平的测量量表，共 17 个测项。还有一些学者从数学模型上建立了服务行业的公平对待模型，如 David 和 Hanoch

（2004a）在社会公正的基础上提供了一个资源分配公平的队列方法，于同年，他们在考虑服务达到时间和服务时间之间的延迟后，又建立了另外一个模型。文明消费中的公平是指消费者除要求自身权利得到公平对待外，也要求消费者具有同理心，能从他人、社会、自然的角度出发，公平对待他们的资源，即消费者需具备他人公平、代际公平、自然公平的理念。

现有研究中没有从价值观角度测量"变化""自省""积极"的相关文献。文明消费是可持续发展的消费，消费者拥抱变化、改革成新，追求先进的新鲜事物，推动技术进步。因此，故步自封的消费者不合时宜。变化的方向分好和坏，所以，消费者必须对自己的行为有自觉，能检查过去、评判现在、展望未来。所以，从三个角度测量自省。对于变化是否采取积极的态度，是社会发展的主观能力，即自信、不惧艰难、付出行动。

时间价值观是个体对时间于生存和发展意义的稳定态度和观念。国外对时间的研究文献比较丰富，主要侧重于时间管理，开发的量表有时间管理量表（Britton and Tesser，1991）、时间管理行为量表（Hill，1990）和时间结构问卷（Bond and Feather，1988），这些问卷建立在现在、过去、未来价值取向的基础之上，通过一定时间价值手段实现时间价值目标。国内学者黄希庭（2001）设计了青少年时间管理倾向量表，从时间价值感、时间监控感和时间效能感三维度测量，共44个测项。文明消费不仅满足当代人的需要，也要维持未来发展的需要，是约束当代消费的可持续消费。因此，时间价值取向倾向于未来。为实现未来发展目标，必须通过计划、机制、组织等方法。本书采用未来利益、财富积累、职业规划测量消费者时间价值观。在未来发展中，难免会遇到各种风险，风险防范措施可以保证社会发展不受影响。对于个人而言，法律、道德、金钱是行为的利器，在利益面前，如何看待他们是风险意识的重要表现。文明消费是消费者遵守法律、尊崇道德、反对拜金的行为价值观。

综合上述讨论，提出文明消费价值观量表，见表8-6。

表 8-6 文明消费价值观量表

指标	具体测量	说明
物质—精神	1. 我羡慕那些拥有昂贵的车、房和衣的人 2. 我喜欢生活中有很多奢侈品 3. 如果我能支付更多的东西我会更幸福 4. 我羡慕有学识的人 5. 我喜欢思考问题 6. 我认为善良的人比较傻 7. 我做事情以结果为导向 8. 我在工作中依据利益最大化行动 9. 我注重行动效率	1—3 项是 Marsha（2004）对物质主义测量量表改进的 3 项量表；4—6 项是对精神追求的测量；7—9 项是 Johanna（2007）对功利主义的测量
适度、知足、约束	10. 我不赞同当"月光族" 11. 我崇尚过简单的生活 12. 我认为在现今仍然需要节约 13. 我现在的生活水平已经很好了 14. 我比上不足，比下有余 15. 多总比少好 16. 我赞同每月的开销设限额 17. 购买不实用的东西是在浪费金钱 18. 我能控制不购买超出我所属阶层的东西	10—12 项测量适度，13—15 项测量知足，16—18 项测量约束
集体主义、道义、公平	19. 如果同事获得了奖，我会感到很自豪 20. 如果亲戚有经济困难，我会尽我的能力帮助他 21. 如果需要，我们应该为国捐躯 22. 不能违背口头合同 23. 应履行个人义务 24. 正确的道德是行动的依据 25. 如果我的车排放了大量尾气，我会对他人感到内疚 26. 当我看到开采过度的矿山时，我为子孙们感到担忧 27. 当我踩踏了绿草时，我感到我在摧残生命	19—21 项集体主义测量参考 Theodore 等（1999）、Mark and Prashant（2001）、Renzhi 等（2013）；22—24 项是对道义的测量，参考 Johanna（2007）；25—27 项是对公平的测量

续表

指标	具体测量	说明
变化、自省、积极	28. 当生活一成不变时，我会感到不安 29. 我喜欢购买最新的产品 30. 我喜欢追随时尚 31. 当财务超支时，我会责备自己 32. 我没有虚度时日 33. 我未来的生活正在向我理想中的样子迈进 34. 我没有办法改变现状 35. 当我想做某件事时，即使有困难，我也愿意去尝试 36. 我相信经过我的努力能克服困难	28—30 测量变化；31—33 测量自省；34—36 测量积极
远见、风险	37. 为了未来，现在少赚一点也没关系 38. 我有理财 39. 我有职业生涯规划 40. 如果有利益，可以违反法律 41. 如果有利益，可以违反道德 42. 如果有利益，可以赔钱	37—39 测量远见；40—42 测量风险

二 文明消费举止行为指标

文明消费价值观为文明消费举止行为提供了观念指引，但是，实际消费行为与主观理念往往存在一定差距。对文明消费举止行为进行测量可反映文明消费实际状态，是社会文明消费执行状况的检验。

文明消费举止行为是消费主体对消费客体以某种方式施加作用的过程。消费客体即消费对象，是社会生产的商品或服务，消费方式包括占有和消费。吕宁等（2009）认为应抵制消费主义，构建健康文明的消费模式，即在消费规模上提倡适度消费；在消费方式上提倡循环消费；在消费结构上提倡绿色消费。本书从文明消费内涵出发，整理伦理消费、绿色消费、适度消费及可持续消费的行为指标，构建文明消费举止行为测量指标体系。

伦理消费实践经常被描述为避免伤害他人、动物或环境的消费活动

(Harrison et al., 2005)。包括公平贸易（Dolan, 2008）、本地（Pratt, 2008）、有机（Pratt et al., 2008）、可持续性（Seyfang, 2004）、合作（Lang and Gabriel, 2005）、环境责任（Hobson, 2006）和社区（Thompson and Coskuner - Balli, 2007）。Terrence 等（2010）认为道德消费由以下七个活动构成：购买有机食品、购买本地出产的食物、购买节能产品、回收、购买不伤害动物的产品、购买公平贸易食品、从具有社会责任感的公司购买。伦理消费主义报告（2008 年）共有 39 个不同的条目，从 6 个方面进行测量：①在伦理食品和饮料上的花费：包括有机食品、公平贸易物品，放养的鸡蛋；②绿色家庭开销：包括节能电器、绿色抵押贷款还款，小型可再生能源（如微风涡轮机）和绿色能源；③生态旅行和运输：包括环保运输，负责任的旅行社、公众运输和绿色汽车销售；④消费个人伦理产品：如人道的化妆品和环保时装；⑤在道德金融上的货币：包括伦理银行和投资；⑥社区：本地购物和慈善捐助。Senet 等（2001）认为道德消费者行为包括购买"伦理"产品、抵制"不道德的"产品和品牌。从这些测量可看出，其中部分内容与绿色消费和可持续消费相重合。

绿色消费的行为特征概括为"5R"原则，即节约资源、减少污染（reduce），绿色生活、环保选购（reevaluate），重复使用、多次利用（reuse），分类回收、循环再生（recycle），保护自然、万物共存（rescue）五个方面。绿色消费行为避免使用下述任何一种商品：①可能危害消费者自身或他人健康的产品；②会消耗过多能源的产品；③会对环境造成损害的产品；④因其过度包装或过短的生命周期而造成不必要浪费的产品；⑤使用来自濒临绝种动植物或濒临毁减环境物质的产品；⑥因毒性测试或其他目的而残酷或不必要使用动物的产品；⑦对其他国家，尤其是发展中国家有不利影响的产品。归纳起来，绿色消费主要包括三方面内容：消费无污染的物品；消费过程中不污染环境；自觉抵制和不消费那些破坏环境或浪费资源的商品等。David（2011）构建了包含 27 个具体行为的绿色消费量表，主要侧重循环使用、回收使用、购买绿色产品和节约资源四个方面。这些指标可借鉴到文明消费指标体系中。

在消费活动与环境关系上，学术界在碳足迹方面进行了大量研究，通过建立指标计算消费者行为释放或减少的碳含量，从而采取其他活动补偿环境。这些指标主要包括经济指标和非经济指标，经济指标从消费者货币支出上计算，而非经济指标从行为上计算（Greimel et al.，2012）。国家节能减排中心制定了"全国节能减排计算器"，从衣、食、住、用、行五个方面计算减少浪费、节约能源的程度，对每一项赋予权重，加总求和可得碳排放量。虽然碳排放的计算指标及程序为建立文明消费举止行为指标提供了很好参考，但碳排放指标的建立仅仅是对消费者生活状态的客观反映，碳排放数量的多少与消费者肉类消费量、旅行里程、房屋居住面积等有直接关系，但并不是消费者肉类消费越多、旅行次数越多、房屋面积越大就越不文明，所以，单纯从碳排放指标来构建文明消费指标不科学。

在适度消费上，王玉生（2003）认为中国传统的节俭观念既有合理性又有局限性，正确的消费行为是合理消费，即①厉行节约影响生存的消费品；②限量节约对环境有负效应的商品；③消费绿色产品。这一观念与绿色消费行为的观念有重合之处。

综观上述内容，文明消费举止行为发生于消费者日常生活，在食品、衣着、用品、医疗、交通、文娱、居住上一定符合伦理、节能减排、适度节约。结合文明消费价值观，构建文明消费举止行为指标，如表8-7所示。

表8-7　　　　　　　　　　文明消费举止行为量表

指标类别	具体测量	说明
食品	1. 我的饮食中蔬菜居多 2. 我的食品以有机食品为主 3. 我平均每周喝酒量＿＿＿＿ 4. 我平均每周吸烟量＿＿＿＿ 5. 我平均一周外出就餐＿＿＿次 6. 外出点餐时食物分量以刚好吃完为准 7. 打包就餐未吃完的食物 8. 不使用一次性碗筷 9. 买回家的食物不会因超出有效期被扔掉	参考足迹计算器①和伦理消费

---

① http：//footprint.wwf.org.uk/questionnaires/show/1/1/1。

续表

指标类别	具体测量	说明
衣着	10. 我只买品牌服装 11. 我喜欢棉麻面料的衣服 12. 我跟随潮流买衣服 13. 平均每个季节的服装购买量一套 14. 超过三年的衣服我都会捐掉 15. 我会手洗衣服 16. 我用的洗衣剂有____种 17. 我每年送进干洗店的次数是：____	参考 Dorothy（1981）的"自愿简易生活表"
用品	18. 购物时自带环保袋 19. 我的电脑是小屏幕的 20. 不使用打印机时将其断电 21. 我的电视屏幕尺寸。20 寸以下、21—30 寸、31—40 寸、41—50 寸、50 寸以上 22. 我使用的是节能冰箱 23. 饮水机不用时断电 24. 及时拔下家用电器插头 25. 我使用节能热水器 26. 我家使用节水龙头 27. 避免家庭用水跑、冒、滴、漏 28. 用微波炉代替煤气灶加热食物 29. 选用节能电饭锅 30. 空调温度设置在 25 摄氏度 31. 我家使用节能灯泡 32. 购买简易包装的物品 33. 再利用可回收物	参考"全民节能减排计算器"[1] 和 David（2011）
医疗	34. 我一年进医院____次 35. 我经常购买非处方药 36. 家里储藏了很多药品 37. 很多药品没有在有效期内吃完 38. 我每天吃滋补类的药品	

---

[1] http：//www.acca21.org.cn/eser/counter/index.htm。

续表

指标类别	具体测量	说明
交通	39. 短途出行，我的主要工具是：公交、私用轿车、自行车、电动车、步行 40. 我家是小排量汽车 41. 距离较近时我不坐车 42. 长途出行，我的主要工具是：长途汽车、火车、飞机、轮船、轿车 43. 我调整作息时间避免高峰期出行 44. 能拼车时尽量拼车	参考足迹计算器和 Stewart（2011）
文娱	45. 我一年泡夜店的次数__次 46. 我一年看电影的次数__次 47. 我一年观看文艺演出__次 48. 我一年看书__本 49. 我一年参加__小时培训 50. 我一年健身__小时 51. 我一年外出旅行__天 52. 我每天上网休闲__小时 53. 我每天看电视__小时	参考文化消费的内容，罗晓玲（2004）
居住	54. 我家的房屋类型是：独立式别墅、半独立式别墅、电梯房、小高层、平房 55. 我家的人均居住面积：小于10平方米、11—20平方米、21—30平方米、31—40平方米、41—50平方米、50平方米以上 56. 我家房子的装修：没有装修、简易装修、普通装修、精致装修、豪华装修 57. 我居住的小区配套设施完善 58. 我居住的小区绿化面积较多 59. 我居住的小区交通便利 60. 我家采用隔音措施 61. 我家采用隔热措施 62. 我居住的建筑采用环保建材	参考"全民节能减排计算器"和碳足迹计算器

三 文明消费货币行为指标

文明消费价值观量表测量了消费者主观意识的文明程度，文明消费举止行为量表测量了消费者实际行动的文明程度，但这两份量表以态度问项居多，具有较强趋和性，为保证文明消费整体测量的客观性和科学性，文明消费货币行为量表采用硬性经济指标，协整测量的规范性。

为最终确保文明消费测量的准确性，我们回到核心概念——"文明"。关于文明的测量，Barry Smith（2002）进行了思索，他认为不能以单一标准来测量文明，比如幸福、物质福利、道德等；同时，提出了文明测量中的几个问题：①鲍尔奇悖论：相对主义，好或坏的标准因境况不同而不同；②自由的效用：呼吁更多自由，尊重自由的本质；③教皇革命：宗教只是生活中的一部分；④生活的意义：对世界起作用。虽然Barry没有提出具体的测量指标，但为如何测量文明进行了开创性的工作。之后，Andrew Targowski（2003）在介绍了文明的演变历程及研究方法后，构建了人类体、文化与基础设施三维度的文明模型，其中，人类体包括个人、家庭、政治等21项内容，文化包括战略文化、传播文化、启蒙文化三方面共18项内容；基础设施包括核心基础设施、基本基础设施和集成基础设施三方面，共10项内容。至此，他提出的文明构成包含43个指标。它可以将文明的静态模型转换为动态模型，以便更好地分析文明的动力和比较不同的文明。至此，文明从社会学角度有了比较具体的构成分子。在此研究基础之上，Andrew Targowski（2004）基于Mazur（1966）的控制论自动系统建模方法，建立了一个文明定量模型，这个模型可以分析文明的行为和特征，并比较不同文明。他认为自治的文明被一个由世界观、战略文化和权威基础设施组成的导向系统引导，这系统的目的是稳定一个给定的文明。Andrew Targowski（2004）认为文明包括内部力量和外围力量，每个自治文明行为由一个给定的丰富资源环境供应它的外部力量，设它为文明力量（P_c）。一个文明不能吸收比它的需要总功率（P_t）更多的能量，它可以处理或吸纳的权力有限。换句话说，内部权力的文明不能大于文明力量和总功率，否则就会导致文明的灭亡。在这一思维逻辑下，Andrew

Targowski（2004）从资源角度构建文明测量的量化指标，如表 8-8 所示。

表 8-8　　　　　　　　　　关于文明的指标

指标名称	具体测量	测量方法	说明
文明总力（P_t）	年度煤炭消耗量	按照世界各个文明族群消耗量划分为 7 个等级	反映文明对资源的使用能力
文明工作力（P_w）	劳动力每周工作时间	同上	反映社会发展的人力资本
文明闲散力（P_{id}）	每 1000 人电影入座率	同上，如果 $P_{id}=0$，则文明没有弹性，文明行为是被迫的	反映社会文化系统
文明维护力（P_s）	$P_s = P_w + P_s$		反映人对环境资源占有和补偿的处理能力，以获得长期生存
文明力供应系数（r）	$r = P_w / P_s$		r 越大，则从自然中获取能源需要的劳动力越多
文明协调力（P_k）	每 1000 人电脑拥有量	划分为 7 个等级	文明自治程度越高，文明协调力越高
文明处置力（P_d）	$P_d = P_w + P_k$		反映改造外部环境的能力
文明处置力比率（f）	$f = P_k / P_d$		f 越大，文明协调力越大，文明越长久

表 8-8 对文明的测量，从整体上反映了一个社会文明的程度，启发我们文明消费的测量必须考虑资源消费和人力资本，但如何从消费个体角度测量文明，需要进一步思考。国内学者将文明与生态环境结合，提出"生态文明"，并建立了指标测量体系（关琰珠，2007），如表 8-9 所示：

表 8-9　　　　　　　　　　关于生态文明的指标

一级指标	二级指标	三级指标	说明
资源节约	节约能源	单位 GDP 能耗	综合反映可持续发展
	节约用水	单位 GDP 用水量，工业用水重复利用	
	节约土地	每平方公里产出值	
	综合利用	工业固体废物处置利用率，规模化畜禽养殖场粪便综合利用率	
	绿色消费	绿色市场认证比例	
环境友好	环境质量	全年 API 指数优良天数，集中式饮用水资源地水质达标率，区域环境噪声平均值	反映环境状况
	污染控制	工业污染控制指数，化肥施用强度，农业施用强度	
	环境建设	城市污水集中处理率，生活垃圾无害化处理率，建成区绿地率	
	环境管理	生态环境议案、提案、建议比例，为民办事环境友好项目比例，环境管理能力建设标准化达标率	
生态安全	生态保育	森林覆盖率，受保护地区买农机占国土面积比例，水土流失率	反映生态平衡
	生态预警	健全完善生态预警机制	
社会保障	国民素质	中小学环境教育普及率，生态知识普及率，万人各类人才总量	反映文明程度
	经济保障	人均绿色 GDP，生态环境投资指数	
	科技支撑	科技进步贡献率	
	公共卫生	居民平均期望寿命	
	公众参与	公众对城市环境保护的满意率，NGO 组织参与环境保护活动人次	

虽然这套指标体系较为完整，但由于一些指标过于理想化，数据的采集比较困难，因此有些指标暂时无法应用。但这为文明消费指标体系的建立提供了一些启示，比如，在资源节约上，可采用人均用水量、人均用电量、人均能耗量来测量；在文明发展上，可采用教育年限指标。

与社会文明和生态文明不同，文明消费关注消费支出比例是否适度，结构是否均衡，内容是否符合人类生存及发展需要。人力、资金、资源、知识等是社会可持续发展的要素,这些要素在良好环境中流通,形成文明生产力。由此,从生存消费、资源消费、休整消费、潜能消费、资产消费、交流消费、公平消费七方面构建文明消费效果测量指标。生存消费反映人力资源生存现状,是经济发展的基础,从消费结构中选取涉及民生的指标。资源消费是对能源消费的测量,反映能源的消费水平;休整消费是休闲娱乐消费的内容,反映消费者如何使用业余时间,是否采取健康文明的消遣方式;潜能消费反映消费者技能投入,是知识、技能与审美的综合;资产消费是消费者未来的生活保障,同时也可能是发展资本,当资产变成财产,被下一代继承时,是下一代的发展基金,可充分反映可持续发展能力;交流消费反映消费者的活动能力,在现今社会网络中,孤立的个体很难得到较好的机会和更多的帮助;公平消费反映了公共空间的消费公平和代际公平,是消费者伦理道德的优良表现。综合上述考虑,建立文明消费货币行为测量指标,如表8-10所示。

表8-10　　　　　　　　文明消费货币行为的指标

指标	具体测量	说明
1. 生存消费	(1) 家庭每个月的饮食支出	
	(2) 每个月外出就餐支出	
	(3) 个人服装支出	
	(4) 家庭购房支出	
	(5) 年度服装支出比例	
	(6) 个人医药支出	
	(7) 家庭设备支出	
2. 资源消费	(8) 月家庭水费	
	(9) 月家庭电费	
	(10) 月家庭燃气费	
	(11) 月家庭汽油费	
3. 休整消费	(12) 月个人娱乐场所消费	
	(13) 年个人旅游景区消费	
	(14) 年个人健身运动消费	

续表

指标	具体测量	说明
4. 潜能消费	（15）个人提升学历支出	
	（16）个人提升技能培训支出	
	（17）个人一年报刊书籍消费	
	（18）个人一年博物馆、图书馆消费	
5. 资产消费	（19）家庭年储蓄	
	（20）家庭房产支出	
	（21）家庭汽车支出	
	（22）家庭股权支出	
	（23）年个人保险支出	
6. 交流消费	（24）年个人电话支出	
	（25）年个人话费消费	
	（26）家庭电脑支出	
	（27）年家庭网络通信费支出	
7. 公平消费	（28）个人年碳补偿支出	
	（29）个人年环保基金捐赠支出	
	（30）个人年环境保护费支出	包括植树、垃圾处理、打水窖等
	（31）个人年爱心捐赠支出	各类慈善捐款

第二节　文明消费指标体系的使用

文明消费价值观指标、举止行为指标和货币行为指标共同构成了文明消费方式的详细说明表，为了验证这套指标的有效性，了解居民文明消费行为的现状，将这些指标组合成测量量表，编制成调查问卷（共145个问项）。虽然本书意欲调查中国各地文明消费状况，但由于时间和调研资金有限，只在贵阳市发放了调查问卷。贵阳市作为生态文明示范城，当地市民自古就有浓郁的"天人合一"的生存理念，这为文明消费的实现提供了可能的思想意识基础，因此，选取贵阳市居民作为调查对象具有一定代表性。2014年6月28日至7月6日，12名同学在贵州省贵阳市南明区、云岩区、小河区、花溪区、金阳区进行了有奖实地调查，共发放问卷 540 份，回收 505 份；剔除逻辑不合理及具有缺省值的问卷，有效问卷 487 份。

在调查对象中，男性占比 55.2%，女性占比 44.8%；23—45 岁的人为主要调查对象，占比 70.4%；大专/本科文化程度的人群居多，占比 56.1%；职业分布较均匀，政府公务员占比 7.4%，企业员工占比 23.2%，事业单位员工占比 21.1%，自由职业者占比 21.4%，学生 14.2%，其他 12.7%。未婚者占比 34.9%，已婚者占比 59.8%；个人月收入在 3000 元以下的占比 39.2%，3000—5000 元的占比 37.2%，5000—7000 元的占比 9%，7000 元以上的占比 14.6%；家庭月收入在 5000 元以下的占 21.4%，5000—10000 元的占 43.7%，10000—20000 元的占 20.9%，20000 元以上的占 14%。有 1 个小孩的家庭占比 39.2%，有 2 个小孩的家庭占比 14.4%；有 32.6% 的家庭 3 个人住在一起，27.9% 的家庭 4 个人住在一起，18.9% 的家庭 5 个人住在一起。从调查对象人口统计特征看，分布合理。

一　文明消费指标体系中测量维度的有效性分析

（一）消费价值观测量维度的有效性分析

消费价值观量表共包括 44 个问项，对数据进行可信度检验，Cronbach's Alpha 值为 0.905，基于标准化项后的 Cronbach's Alpha 值为 0.912，达到了可以接受的水平。因为价值观测量量表较多，变量之间可能存在相关性，所以进行探测性因子分析，通过降维用较少的综合指标分别代表存在于各变量中的各类信息。通过 KMO 检验，值为 0.899，在合理值范围，表明变量间偏相关很小。Bartlett 球形检验显著，表明相关矩阵式单位矩阵。这两类数据表明该组数据适合采用因子模型。

表 8-11　　　　　　　KMO 和 Bartlett 的检验

取样足够多的 Kaiser – Meyer – Olkin 度量		0.899
Bartlett 的球形度检验	近似卡方	18256.672
	df	2701
	Sig.	0.000

第八章 文明消费方式的测评 | 201

表 8-12　旋转成份矩阵

	成分										
	1	2	3	4	5	6	7	8	9	10	11
93. 我说过的事情，我都会尽力做到	0.787	0.128	0.059	0.135	0.160	-0.024	0.086	-0.027	-0.035	-0.100	0.004
94. 我分内的事情，我都会尽力做到	0.780	0.110	0.107	0.176	0.182	-0.063	0.184	-0.019	0.014	-0.029	0.025
91. 如果亲戚有经济困难，我会尽尽力帮助他	0.634	0.167	0.108	0.024	0.098	-0.024	0.192	0.003	0.034	0.162	0.028
95. 正确的道德是行动的依据	0.560	0.149	0.325	0.219	0.281	-0.011	0.068	-0.046	0.077	-0.080	-0.061
92. 如果需要，我们应该为国捐躯	0.547	0.045	0.252	0.050	-0.068	0.057	-0.151	0.051	-0.107	0.264	0.321
110. 我有职业生涯规划	0.081	0.734	0.121	0.107	-0.070	0.099	0.112	0.123	-0.031	0.214	0.029
109. 我有理财	0.115	0.684	-0.019	-0.040	-0.166	0.135	0.332	0.183	0.060	0.114	-0.098
105. 我未来的生活正在向我理想中的样子迈进	-0.002	0.646	0.202	0.044	0.211	-0.024	-0.050	-0.129	0.084	0.140	0.281
107. 我相信我有能力克服困难	0.291	0.642	0.217	0.124	0.327	-0.011	-0.065	-0.010	0.202	-0.060	0.033
108. 为了未来，现在少赚一点也没关系	0.224	0.573	0.177	0.147	0.085	-0.027	-0.029	0.081	0.012	0.151	0.054
106. 当我想做某件事时，即使有困难，我也愿意去尝试	0.301	0.561	0.123	0.083	0.319	-0.042	0.059	0.001	0.223	-0.209	0.248
104. 我会想办法改变现状	-0.011	0.469	0.220	0.181	0.429	0.100	0.019	-0.128	0.180	-0.085	0.221
98. 当我踩踏了绿草时，我会感觉不好	0.071	0.220	0.793	-0.052	0.014	-0.011	0.157	0.037	0.083	0.033	-0.065
97. 当我看到开采过度的矿山时，我会感到担忧	0.215	0.131	0.756	0.060	0.018	0.095	0.205	0.059	0.071	0.113	0.169

续表

	成分										
	1	2	3	4	5	6	7	8	9	10	11
96. 当我忘了关水龙头时，我会感到内疚	0.116	0.131	0.751	0.076	0.209	0.073	0.081	0.018	-0.071	0.209	0.127
99. 当生活一成不变时，我会感到不安	0.139	0.109	0.674	0.081	0.089	0.114	-0.009	0.032	0.150	-0.142	0.064
76. 我喜欢思考问题	0.026	0.069	-0.002	0.711	-0.001	0.017	0.048	0.040	-0.153	-0.050	0.418
80. 我注重行动效率	0.114	0.065	-0.004	0.684	0.118	-0.047	0.168	-0.040	0.189	0.073	0.019
79. 我注重工作中依据利益最大化采取行动	0.099	0.100	-0.016	0.683	0.098	0.196	-0.083	0.212	0.026	0.018	-0.033
78. 我非常看重事情的结果	0.061	0.142	0.147	0.608	0.123	0.209	0.140	0.113	0.087	0.087	-0.214
77. 我认为品德比能力更重要	0.256	0.042	0.111	0.581	0.009	-0.180	0.236	-0.132	0.018	0.045	0.152
88. 购买不实用的东西是在浪费金钱	0.254	0.047	0.190	0.097	0.674	0.019	0.215	0.064	-0.067	0.015	0.023
87. 我赞同每月的开销没限额	0.288	0.097	0.003	0.093	0.640	0.059	0.079	0.060	0.012	0.089	0.193
89. 我能控制不购买超出我所属阶层的东西	0.205	0.255	0.142	0.126	0.535	0.053	0.035	0.074	-0.281	0.387	0.010
72. 我羡慕富人的生活	0.077	0.016	0.105	0.085	0.134	0.816	-0.020	0.077	0.001	-0.047	0.027
74. 如果我能支付更多东西我会更幸福	-0.104	-0.005	-0.029	0.092	0.037	0.785	0.111	0.011	0.186	0.004	0.062
73. 我喜欢生活中有很多奢侈品	-0.046	0.105	0.146	-0.042	-0.066	0.742	-0.102	0.051	0.266	0.113	-0.012
83. 我认为在现今仍然需要节约	0.099	0.082	0.248	0.098	0.167	-0.045	0.706	-0.137	0.011	-0.106	0.004
82. 我崇尚过简单的生活	0.287	0.058	0.091	0.154	-0.056	-0.055	0.630	-0.044	-0.001	0.174	0.181
81. 我不赞同当"月光族"	0.152	0.046	0.050	0.219	0.357	0.067	0.556	0.040	-0.151	0.014	-0.012

续表

	成分										
	1	2	3	4	5	6	7	8	9	10	11
111. 对于有利益的事，只要法律不禁止，就可以干	0.085	0.028	0.089	0.082	0.167	-0.065	0.064	0.773	0.085	-0.062	-0.022
112. 对于有利益的事，即使违反道德，也可以干	-0.169	0.027	0.049	-0.020	-0.164	0.093	-0.101	0.759	0.027	0.236	-0.123
113. 对于有利益的事，即使风险较大，也值得干	0.005	0.085	-0.018	0.073	0.071	0.131	-0.067	0.747	0.107	-0.032	0.140
100. 我喜欢购买最新的产品	0.061	0.170	0.070	0.115	-0.120	0.245	-0.106	0.090	0.723	0.198	0.021
101. 我喜欢追随时尚	-0.045	0.123	0.154	0.051	-0.070	0.354	-0.076	0.171	0.715	0.090	0.076
86. 多总比少好	0.007	0.073	0.070	0.089	0.358	0.096	0.265	0.085	0.408	0.394	-0.090
84. 我现在的生活水平已经好了	0.021	0.162	0.036	0.113	-0.019	0.023	-0.098	0.001	0.133	0.770	0.050
85. 我比上不足，比下有余	0.002	0.107	0.091	-0.035	0.196	-0.060	0.341	0.138	0.324	0.514	0.119
90. 如果同事获得了奖，我会感到自豪	0.424	0.190	0.011	-0.049	0.200	0.102	0.159	-0.010	0.037	0.430	0.222
103. 我的生活很充实	0.117	0.245	0.103	0.047	0.124	-0.005	0.042	-0.006	0.106	0.150	0.681
75. 我羡慕有学识的人	0.095	0.056	0.131	0.322	0.067	0.229	0.372	-0.037	-0.192	0.019	0.444
102. 当财务超支时，我会责备自己	0.014	0.045	0.202	0.025	0.234	0.107	0.300	0.146	0.346	-0.038	0.420

提取方法：主成分。

注：旋转法：具有 Kaiser 标准化的正交旋转法。a. 旋转在 22 次迭代后收敛。

通过主成分分析法，提供 11 个公因子，可解释 63.22% 的总方差；采用 Kaiser 标准化正交旋转法，在 22 次迭代后收敛。旋转成分矩阵如表 8-12 所示。

根据旋转成分矩阵（见表 8-12），挑选旋转后因子（或成分）与原始变量相关度高（相关系数大于 0.5）的变量，重新归类并命名，第 1 个主成分与助人、牺牲、守信、尽职、有德有较高关联，共同反映了与他人的关系，故命名为"集体主义"因子；第 2 个主成分与生活理想、尝试、自信、弃利、理财、职业规划有关，共同反映了对困难的预料与应对，故命名为"远见"；第 3 个主成分与内疚、担忧、自责、焦虑有较高相关度，共同反映了公共资源受损后的担忧，是对他人能否能继续公平消费的忧虑，故命名为"公平"；第 4 个公因子与喜欢思考、看重品德、看重结果、关注利益、关注行动效率有较高相关度，共同反映了对实际处事过程及结果的偏好，故命名为"务实"；第 6 个公因子与羡慕富人、喜欢奢侈品、喜欢支付有较高相关度，共同反映了对物质的追求，故命名为"物质主义"；第 7 个公因子与反对月光族、崇尚简单、主张节约相关，共同反映了对自身生活的约束，故命名为"约束"；第 8 个公因子探测了消费者在利益面前对法律、道德、风险的偏好，共同反映了对利益风险的处理态度，故命名为"冒险"；第 9 个公因子与喜新、追随潮流有较高相关度，共同反映了对变化的态度，故命名为"变化"；第 10 个公因子与生活水准和生活比较相关，共同反映了对生活的满足状态，故命名为"知足"；第 11 个公因子只与生活充实有关，反映了消费者对生活的积极态度，故命名为"积极"。

从因子分析结果看，虽然因子被划分成 11 个维度，但与原有设计并不相冲突。物质主义、适度、知足、约束、风险与最初设计的量表一模一样，指标数既没有增加也没有减少。数据指标增加的测量指标变动有三个：一是原来测量"精神"和"功利主义"的指标由于相关性被合并成一个，变成测量"务实"的指标；二是原来测量"集体主义"和"道义"的指标被合并成测量"集体主义"的指标；三是原来测量"积极"和"远见"的指标被合并成测量"远见"的指标。原有维度被因子分析剔除掉的是"道义"和"自省"，由于其测量指标与其他维度相关度更高，被抽离。在因子分析中，测量指标与任何维度相关度都不高的有羡慕学识、数量比较、同誉感、自责、改变现状,这些问项可能是语义情景不明确,可能是与被测维度不相关,被删除。由此,最终有效量表被缩减至39项,11个维度。根据因子得分系数矩阵,重新计算因子得分,并保存为新变量。

(二) 文明消费举止行为指标体系中的测量维度有效性分析

消费举止行为测量问项中包括10分制态度测量和选择题,因此,在进行分析前,需要进行数据处理。首先,对逆向问题的值求反,即用10减去观测值得到计算值,采用这种方法的选项包括"我平常喝酒""我平常抽烟""我经常外出就餐";其次,对选择题进行了加权处理,"短途出行"和"长途出行"是多选题,对每个选项依据交通工具环保程度的高低设置权重,然后用响应值乘以权重,加总求和,得到两个变量的计算值;最后,由于房屋类型、人均居住面积、房屋装修受其他因素的影响(比如家庭人口数),不能单纯根据选项判断消费适宜度,因此采用了熵值法赋予权重。

熵值评价法将数据与均值比较,是一种比较客观(层次分析法比较主观)、全面(主成分分析法丢失部分信息)、无须先验结果(BP神经网络模型需要先验结果进行训练才能得出指标的相应权重)的综合评价方法。在信息论中,熵是对不确定性复杂混乱系统的一种度量。在指标体系中包含的信息量越大,不确定性就越小,其熵值也就越小,其权重也就越大,反之亦然。所以根据用熵值来判断各项指标的离散程度,指标的离散程度越大,说明指标对综合评价的影响越大。

通过充分利用各个指标所包含的信息量进行熵值判断,避免了设置权重的主观性,弥补了传统综合评价的缺陷,在实践应用中对指标的筛选与权重的设定有较强的实用性。熵值法计算步骤为:

(1) 原始数据的收集与整理。

构造 m 个样本 n 个指标的综合评价指标体系,X_{ij} 表示第 i 个样本第 j 项评价指标的数值。存在量纲的影响,需要对数据进行标准化处理,

正向指标:$x'_{ij} = (x_{ij} - \bar{x})/s_j$

逆向指标:$x'_{ij} = (\bar{x} - x_{ij})/s_j$

当然如果数据中有负数就要对数据进行平移做非负化处理。

$Z_{ij} = x'_{ij} + A$ 式中,Z_{ij} 平移后数值,A 为平移幅度。

(2) 计算第 j 项指标下第 i 个样本占该指标的比重。

$$p_{ij} = \frac{x_{ij}}{\sum_{i=1}^{n} X_{ij}}, (j = 1, 2, \cdots, m)$$

(3) 计算第 j 项指标的熵值。

$e_j = -k \times \sum_{i=1}^{n} P_{ij} \log(P_{ij})$,其中 $k > 0$,ln 为自然对数,$e \geq 0$。式中常项 k 与样本 m 有关,一般令 $k = 1/\ln m$,则 $0 \leq e \leq 1$。

(4) 计算第 j 项指标的差异系数。

对于第 j 项指标,指标值 X_{ij} 的差异越大,对方案评价的作用越大,熵值就越小 $g_j = 1 - e_j$,则:g_j 越大指标越重要。

(5) 求权数。

$$\omega_j = \frac{g_j}{\sum_{i=1}^{n} g_j}, (j = 1, 2, \cdots, m; \omega = \omega_1, \omega_2, \cdots, \omega_m)$$

于是得到评价指标的熵权向量,通过权重的大小,完成对指标体系中指标的初步筛选。用数值乘以权重就得到了相应的得分。

由于在标准化中,存在负数,根据数值大小,选择向左平移 10 个单位。由于消费行为量表根据八大消费结构被设计而成,故在变量测量是否充分反映了相关维度中,根据分类采用因子分析法。分别测量各维度指标的组内相关性,保留相关度高的指标,剔除相关度低的指标。采用主成分分析、正交旋转,得结果如表 8-13 所示。

表 8-13　　　　　消费举止行为指标变动情况

测量维度	KMO 值	Bartlett 检验	变量变动情况
生存消费货币行为	0.806	0.000	全部保留
资源消费货币行为	0.784	0.000	全部保留
休整消费货币行为	0.667	0.000	全部保留
潜能消费货币行为	0.643	0.000	剔除第 126 题,个人学历支出(V126)
资产消费货币行为	0.842	0.000	全部保留
交流消费货币行为	0.854	0.000	全部保留
公平消费货币行为	0.767	0.000	全部保留

在各维度中，根据主成分得分系数计算各成分得分，每一个主成分赋予权重1，加总得某一消费行为的维度总分。如食品消费行为在因子分析中被划分成3个主成分，则食品消费行为总分为3个主成分分值之和。

（三）消费货币行为测量指标分析

由于消费货币行为指标采用5分量表，故数据初始值不需要处理，如上直接采用因子分析法，结果如表8-14所示。

表8-14　　　　　　　消费货币行为指标变动情况

测量维度	KMO值	Bartlett检验	变量变动情况
生存消费货币行为	0.806	0.000	全部保留
资源消费货币行为	0.784	0.000	全部保留
休整消费货币行为	0.667	0.000	全部保留
潜能消费货币行为	0.643	0.000	剔除第126题，个人学历支出（V126）
资产消费货币行为	0.842	0.000	全部保留
交流消费货币行为	0.854	0.000	全部保留
公平消费货币行为	0.767	0.000	全部保留

由于所有维度的测量都只有一个公因子，所以采用公因子得分作为维度测量总分。

二　文明消费指标的聚类分析

聚类分析（Cluster Analysis）根据事物本身的特性进行个体分类。聚类的分析原则是同一类中的个体有较大相似性，不同类中的个体有很大差异。文明消费是文明消费价值观、文明消费行为方式和文明消费行为结果共同的产物，不能单凭哪一类数值的高低来判断文明消费程度的高低，因此，只能采用样本间的相似性来判断。

由于标准化后的数据在0附近，且存在负值，为保证数据计算，整体向左平移20单位。采用两步聚类法，将降维后的变量输入，选择Log-likelihood算法计算两类间的相似程度，该算法要求所有变量彼此独立，连续变量是正态分布的。两步聚类会自动确定分类数，采用系默认的最大值 15；采用 Schwartz 施瓦茨的贝叶斯判据确定自动聚类算法，对那些不指派到任何一类中的观测量任其成为局外类；输出聚类结果，并保存每个样本的类标识号为分类变量"分类类别1"。分析结果如图 8-1 所示。

模型概要

算法	两步
输入	25
聚类	2

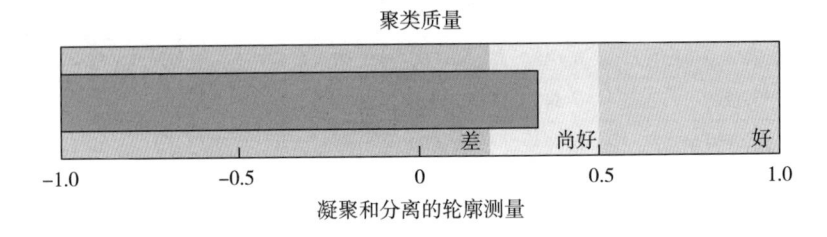

聚类质量

图 8-1　聚类类别及聚类质量

通过两步聚类法，将样本分成两类，且分类质量较好。其中，划分在第 1 类别的有 352 个样本，划分在第 2 类别的有 135 个。

由于不同的距离指标可能导致不同的聚类结果，因此最好使用不同指标并比较其结果。为了保证分类的准确性，采用快速聚类法进行核实。输入分析变量，在分类数量中系统默认分为两类，与前面所做的两步分类法一致，不改变；采用 K-means 算法在迭代过程中不断计算类中心，并根据结果更换类中心，把观测量分配到与之最近的类中去；把聚类结果中的各类中心数据保存到指定文件中，命名为"分类中心距离"；在当前工作数据文件中建立新变量，并命名为"分类类别2"；输出初始聚类中心、方差分析表、每个样本的分类信息；将变量表中带有缺失值的观测量从分析中剔除。分析结果如表 8-15 所示。

表 8–15　　　　　　　　　　　初始聚类中心

	聚类 1	聚类 2
食品消费举止行为	19.76	19.93
衣着消费举止行为	16.34	21.85
用品消费举止行为	15.46	21.59
医疗消费举止行为	18.24	21.48
交通消费举止行为	17.88	19.93
休闲消费举止行为	17.85	22.99
居住消费举止行为	16.47	23.80
生存消费货币行为	19.74903	23.48024
资源消费货币行为	19.31429	24.47254
休整消费货币行为	19.08061	22.89991
潜能消费货币行为	19.82015	23.26644
资产消费货币行为	19.18001	24.12484
交流消费货币行为	19.28477	22.64396
公平消费货币行为	19.21239	23.77183
集体主义	21.89838	21.03062
远见	15.99241	21.19110
公平	23.88299	21.29575
务实	17.71349	21.24042
约束	17.13318	20.45705
物质主义	18.33304	22.07201
适度	21.52751	20.88011
冒险	18.32452	21.92177
变化	18.45447	21.02202
知足	17.67836	21.48302
积极	17.66996	21.12822

表 8–16 中的初始聚类中心与指定的聚类种子数据文件中的数据一致；表明经过 7 次迭代完成聚类，第一次迭代第 1 类和第 2 类的类中心与初始类中心之间的距离分别是 10.189、9.597；经过第二次迭代后，类中心变化幅度很小，直至第 7 次几乎为 0。由于聚类中心内没有改动

或改动较小而达到收敛。任何中心的最大绝对坐标更改为0.000。初始中心间的最小距离为20.111。

表8-16　　　　　　　　　　迭代历史记录

迭代	聚类中心内的更改	
	1	2
1	10.189	9.597
2	0.159	0.181
3	0.083	0.098
4	0.065	0.075
5	0.071	0.077
6	0.025	0.028
7	0.000	0.000

表8-17给出了最终聚类中心，相对于初始聚类中心，值更加集中，且两类间呈现差别。除了"约束"这个变量外，其他变量在第一类聚类中心的值比第二类小。

表8-17　　　　　　　　　　最终聚类中心

	聚类	
	1	2
食品消费举止行为	19.62	20.41
衣着消费举止行为	19.27	20.79
用品消费举止行为	18.91	21.19
医疗消费举止行为	19.63	20.40
交通消费举止行为	20.00	20.00
休闲消费举止行为	19.34	20.72
居住消费举止行为	18.99	21.10
生存消费货币行为	19.51367	20.53016
资源消费货币行为	19.53213	20.51004
休整消费货币行为	19.53162	20.51060
潜能消费货币行为	19.63239	20.40075

续表

	聚类	
	1	2
资产消费货币行为	19.51081	20.53328
交流消费货币行为	19.47950	20.56741
公平消费货币行为	19.48623	20.56007
集体主义	19.97598	20.02619
远见	19.85134	20.16205
公平	19.90951	20.09865
务实	19.88591	20.12437
约束	20.06915	19.92462
物质主义	19.89991	20.10911
适度	19.94609	20.05877
冒险	19.92586	20.08082
变化	19.78208	20.23756
知足	19.76515	20.25602
积极	19.92675	20.07985

方差分析表（见表8-18）中除了交通消费举止行为、集体主义的类间均方小于类内误差均方值外，其他都大于类内误差均方值。从概率值看，交通消费举止行为、集体主义、公平、物质主义、适度、冒险、积极在类间无差异的假设在0.05水平上成立，不能很好地区分各类。其他变量在类间的差异度足够大。但系统分析也说明因为选中的聚类将被用来最大化不同聚类中的案例间的差别，观测到的显著性水平并未据此进行更正，无法将其解释为是对聚类均值相等这一假设的检验。因此，还需进一步验证各变量在划分类别中的作用。

表8-18   方差分析

	聚类		误差		F	Sig.
	均方	df	均方	df		
食品消费举止行为	74.983	1	2.852	485	26.295	0.000
衣着消费举止行为	279.851	1	1.427	485	196.096	0.000

续表

	聚类		误差		F	Sig.
	均方	df	均方	df		
用品消费举止行为	634.468	1	2.700	485	234.983	0.000
医疗消费举止行为	70.938	1	0.856	485	82.891	0.000
交通消费举止行为	0.001	1	2.004	485	0.001	0.981
休闲消费举止行为	233.168	1	1.523	485	153.061	0.000
居住消费举止行为	543.770	1	1.885	485	288.470	0.000
生存消费货币行为	125.566	1	0.743	485	168.962	0.000
资源消费货币行为	116.214	1	0.762	485	152.422	0.000
休整消费货币行为	116.469	1	0.762	485	152.862	0.000
潜能消费货币行为	71.745	1	0.854	485	83.998	0.000
资产消费货币行为	127.044	1	0.740	485	171.655	0.000
交流消费货币行为	143.829	1	0.706	485	203.865	0.000
公平消费货币行为	140.132	1	0.713	485	196.503	0.000
集体主义	0.306	1	1.001	485	0.306	0.580
远见	11.732	1	0.978	485	11.998	0.001
公平	4.348	1	0.993	485	4.378	0.037
务实	6.910	1	0.988	485	6.995	0.008
约束	2.538	1	0.997	485	2.547	0.111
物质主义	5.318	1	0.991	485	5.366	0.021
适度	1.543	1	0.999	485	1.545	0.215
冒险	2.918	1	0.996	485	2.930	0.088
变化	25.212	1	0.950	485	26.537	0.000
知足	29.282	1	0.942	485	31.095	0.000
积极	2.849	1	0.996	485	2.860	0.091

注：F 检验仅用于描述性目的，因为选中的聚类将被用来最大化不同聚类中的案例间的差别。观测到的显著性水平并未据此进行更正，因此无法将其解释为是对聚类均值相等这一假设的检验。

表 8-19 给出了聚类中的案例数，从结果看，划分到第 1 类的样本量有 254 个，划分到第 2 类的有 233 个。这与两步法得出的分类结果有较大差异，需要进一步通过判别分析验证。

表 8-19　　　　　　　　　　每个聚类中的案例数

聚类	1	254.000
	2	233.000
有效		487.000
缺失		0.000

三　文明消费程度的判别分析

判别分析是根据观察或测量到的若干变量值，判别研究对象属于哪一类的方法。通过两步聚类和 K-均值聚类，虽然都将文明消费划分为两类，但在各个类别的样本数量上存在差异。因此，通过判别分析，根据一致的观测量分类和反映观测量特征的变量值推导出判别函数，把各观测量的自变量值回代到判别函数中，根据判别函数给出分类，对比原始数据的分类和按判别函数所判的分类，给出错分概率。

首先，以两步聚类的结果为分类变量，分类变量的最小值为 1，最大值为 2；其他变量为分类特征变量；判别函数的建立采用逐步选择法，即初始时，模型中没有变量，然后按照对模型判别能力贡献的大小，一步步添加贡献大的变量，并移出不符合条件的变量，每一步都对模型进行检验，直到符合条件的变量都被引入模型中，所有不符合条件的变量都留在模型外，才停止逐步选择变量的过程。逐步选择法能比较好地选择变量。在统计量中，要求计算各自变量均值、方差、组内相关、组内协方差、Box's M 检验、Fisher 分组系数；每步以 Wilk's Lambda 统计量最小的变量进入判别函数，用 F 检验的概率决定是否加入函数。加入变量的 F 值概率默认值是 0.05，移出变量的 F 值概率是 0.01；要求输出个案结果、摘要表及分组图，保存预测组成员、判别得分和组成员概率。分析结果如表 8-20 所示。

表 8-20　　　　　　　　　　组均值的均等性的检验

	Wilk's 的 Lambda	F	df_1	df_2	Sig.
食品消费举止行为	0.999	0.366	1	485	0.545

续表

	Wilk's 的 Lambda	F	df$_1$	df$_2$	Sig.
衣着消费举止行为	0.849	86.061	1	485	0.000
用品消费举止行为	0.904	51.415	1	485	0.000
医疗消费举止行为	0.862	77.355	1	485	0.000
交通消费举止行为	0.953	24.039	1	485	0.000
休闲消费举止行为	0.814	110.595	1	485	0.000
居住消费举止行为	0.772	143.459	1	485	0.000
生存消费货币行为	0.553	392.348	1	485	0.000
资源消费货币行为	0.610	310.583	1	485	0.000
休整消费货币行为	0.562	377.579	1	485	0.000
潜能消费货币行为	0.718	190.843	1	485	0.000
资产消费货币行为	0.577	355.662	1	485	0.000
交流消费货币行为	0.550	397.238	1	485	0.000
公平消费货币行为	0.524	440.761	1	485	0.000
集体主义	0.997	1.557	1	485	0.213
远见	0.966	17.084	1	485	0.000
公平	0.966	17.302	1	485	0.000
务实	0.992	3.935	1	485	0.048
约束	0.988	6.033	1	485	0.014
物质主义	0.977	11.413	1	485	0.001
适度	0.999	0.358	1	485	0.550
冒险	0.970	15.206	1	485	0.000
变化	0.939	31.542	1	485	0.000
知足	0.952	24.466	1	485	0.000
积极	0.994	2.898	1	485	0.089

表8-20是逐步分析前组均值相等的检验，25个变量中食品消费举止行为、集体主义、务实、约束、适度、积极6个变量在两组中的均值差异不明显，因此，要进一步检验是否要在判别函数中移出。

表 8-21　　　　　　　　　　　检验结果

箱式检验结果		410.978
F	近似	6.030
	df_1	66
	df_2	223134.697
	Sig.	0.000

对相等总体协方差矩阵的零假设进行检验

表 8-21 是协方差矩阵均等的箱式检验结果，结果表明两组之间的矩阵差异明显。

表 8-22　　　　　　　　　　输入的/删除的变量

步骤	输入的	Wilk's 的 Lambda				精确 F		
		统计量	df_1	df_2	df_3	统计量	df_1	df_2	Sig.
1	公平消费货币行为	0.524	1	1	485.000	440.761	1	485.000	0.000
2	生存消费货币行为	0.422	2	1	485.000	331.537	2	484.000	0.000
3	休闲消费举止行为	0.394	3	1	485.000	247.544	3	483.000	0.000
4	休整消费货币行为	0.378	4	1	485.000	198.492	4	482.000	0.000
5	衣着消费举止行为	0.367	5	1	485.000	165.611	5	481.000	0.000
6	交通消费举止行为	0.359	6	1	485.000	142.899	6	480.000	0.000
7	交流消费货币行为	0.354	7	1	485.000	124.976	7	479.000	0.000
8	医疗消费举止行为	0.348	8	1	485.000	111.796	8	478.000	0.000
9	潜能消费货币行为	0.344	9	1	485.000	101.131	9	477.000	0.000
10	用品消费举止行为	0.341	10	1	485.000	92.179	10	476.000	0.000
11	适度	0.337	11	1	485.000	84.844	11	475.000	0.000

在每个步骤中，输入了最小化整体 Wilk's Lambda 的变量

a. 步骤的最大数目是 50
b. 要输入的 F 的最大显著水平是 0.05
c. 要删除的 F 的最小显著水平是 0.10
d. F 级、容差或 VIN 不足以进行进一步计算

表8-22是逐步判别分析的一个小结，F统计量越大越先进入判别函数，当Sig小于0.05或0.01时，拒绝零假设。从检验结果看，这11个变量对判别的贡献都很显著，说明该变量在不同组间均值不同是由于组间差异引起的，而不是由随机误差引起的。同时，也确定了对分组起主要作用的变量。

表8-23　　　　　　　　　参与分析的变量

步骤		容差	要删除的F的显著水平	Wilk's的Lambda
1	公平消费货币行为	1.000	0.000	
2	公平消费货币行为	0.935	0.000	0.553
	生存消费货币行为	0.935	0.000	0.524
3	公平消费货币行为	0.920	0.000	0.486
	生存消费货币行为	0.932	0.000	0.489
	休闲消费举止行为	0.983	0.000	0.422
4	公平消费货币行为	0.898	0.000	0.445
	生存消费货币行为	0.713	0.000	0.409
	休闲消费举止行为	0.974	0.000	0.399
	休整消费货币行为	0.707	0.000	0.394
5	公平消费货币行为	0.898	0.000	0.430
	生存消费货币行为	0.713	0.000	0.397
	休闲消费举止行为	0.857	0.001	0.377
	休整消费货币行为	0.707	0.000	0.383
	衣着消费举止行为	0.877	0.000	0.378
6	公平消费货币行为	0.898	0.000	0.419
	生存消费货币行为	0.706	0.000	0.384
	休闲消费举止行为	0.841	0.000	0.370
	休整消费货币行为	0.704	0.000	0.373
	衣着消费举止行为	0.846	0.000	0.372
	交通消费举止行为	0.902	0.001	0.367

续表

步骤		容差	要删除的 F 的显著水平	Wilk's 的 Lambda
7	公平消费货币行为	0.838	0.000	0.398
	生存消费货币行为	0.640	0.000	0.369
	休闲消费举止行为	0.824	0.001	0.362
	休整消费货币行为	0.673	0.000	0.363
	衣着消费举止行为	0.845	0.000	0.367
	交通消费举止行为	0.896	0.002	0.361
	交流消费货币行为	0.648	0.009	0.359
8	公平消费货币行为	0.836	0.000	0.389
	生存消费货币行为	0.627	0.000	0.360
	休闲消费举止行为	0.803	0.004	0.354
	休整消费货币行为	0.670	0.000	0.358
	衣着消费举止行为	0.795	0.001	0.357
	交通消费举止行为	0.885	0.001	0.357
	交流消费货币行为	0.643	0.005	0.354
	医疗消费举止行为	0.836	0.006	0.354
9	公平消费货币行为	0.763	0.000	0.372
	生存消费货币行为	0.625	0.000	0.356
	休闲消费举止行为	0.803	0.005	0.350
	休整消费货币行为	0.635	0.003	0.350
	衣着消费举止行为	0.786	0.000	0.353
	交通消费举止行为	0.878	0.000	0.353
	交流消费货币行为	0.636	0.011	0.349
	医疗消费举止行为	0.829	0.003	0.350
	潜能消费货币行为	0.760	0.013	0.348
10	公平消费货币行为	0.761	0.000	0.367
	生存消费货币行为	0.625	0.000	0.353
	休闲消费举止行为	0.799	0.009	0.345
	休整消费货币行为	0.634	0.002	0.347
	衣着消费举止行为	0.712	0.006	0.346
	交通消费举止行为	0.793	0.000	0.352

续表

步骤		容差	要删除的 F 的显著水平	Wilk's 的 Lambda
10	交流消费货币行为	0.636	0.011	0.345
	医疗消费举止行为	0.814	0.009	0.345
	潜能消费货币行为	0.760	0.017	0.345
	用品消费举止行为	0.690	0.032	0.344
11	公平消费货币行为	0.757	0.000	0.361
	生存消费货币行为	0.622	0.000	0.350
	休闲消费举止行为	0.799	0.009	0.342
	休整消费货币行为	0.631	0.004	0.343
	衣着消费举止行为	0.708	0.004	0.343
	交通消费举止行为	0.790	0.000	0.348
	交流消费货币行为	0.631	0.007	0.343
	医疗消费举止行为	0.810	0.015	0.342
	潜能消费货币行为	0.739	0.007	0.343
	用品消费举止行为	0.690	0.031	0.341
	适度	0.936	0.033	0.341

表 8-23 是根据 Wilk's Lambda 值进行逐步选择变量进行 F 检验的过程数据（由于不在分析中的变量的逐步检验结果文件有点大，在这里没有展示）。每一步都计算该变量进入模型使 Wilk's Lambda 值降低了多少，能够使总的 Wilk's Lambda 值最小的变量进入判别函数。从检验结果看，医疗消费举止行为、用品消费举止行为、适度 3 个变量对分组的贡献较小。

表 8-24　　　　Wilk's 的 Lambda 检验

步骤	变量数目	Lambda	df_1	df_2	df_3	精确 F			
						统计量	df_1	df_2	Sig.
1	1	0.524	1	1	485	440.761	1	485.000	0.000
2	2	0.422	2	1	485	331.537	2	484.000	0.000
3	3	0.394	3	1	485	247.544	3	483.000	0.000

续表

步骤	变量数目	Lambda	df_1	df_2	df_3	精确 F 统计量	df_1	df_2	Sig.
4	4	0.378	4	1	485	198.492	4	482.000	0.000
5	5	0.367	5	1	485	165.611	5	481.000	0.000
6	6	0.359	6	1	485	142.899	6	480.000	0.000
7	7	0.354	7	1	485	124.976	7	479.000	0.000
8	8	0.348	8	1	485	111.796	8	478.000	0.000
9	9	0.344	9	1	485	101.131	9	477.000	0.000
10	10	0.341	10	1	485	92.179	10	476.000	0.000
11	11	0.337	11	1	485	84.844	11	475.000	0.000

表 8-24 给出了判别函数有效性的检验结果，从结果看，11 个变量能很好地进行组间区分。表 8-25 是这 11 个变量的判别函数系数。

表 8-25　　　　　　　　标准化的典型判别式函数系数

	函数 1
衣着消费举止行为	0.192
用品消费举止行为	0.146
医疗消费举止行为	0.152
交通消费举止行为	-0.243
休闲消费举止行为	0.164
生存消费货币行为	0.296
休整消费货币行为	0.203
潜能消费货币行为	0.176
交流消费货币行为	0.192
公平消费货币行为	0.364
适度	-0.124

表 8-26 特征值

函数	特征值	方差的%	累计%	正则相关性
1	1.965[a]	100.0	100.0	0.814

注：a. 分析中使用了前 1 个典型判别式函数。

表 8-26 给出了典型判别函数的特征值，表明只需要 1 个函数就可以进行判别，而且能够解释 100% 的总方差。

表 8-27 Wilk's 的 Lambda 检验

函数检验	Wilk's 的 Lambda	卡方	df	Sig.
1	0.337	521.127	11	0.000

表 8-27 对判别函数进行了检验，结果显著，说明所选择的这个判别函数能很好地进行分类。

表 8-28 标准化的典型判别式函数系数

	函数
	1
衣着消费举止行为	0.192
用品消费举止行为	0.146
医疗消费举止行为	0.152
交通消费举止行为	-0.243
休闲消费举止行为	0.164
生存消费货币行为	0.296
休整消费货币行为	0.203
潜能消费货币行为	0.176
交流消费货币行为	0.192
公平消费货币行为	0.364
适度	-0.124

表 8-28 给出了在选入的每一个变量上进入函数的系数，从而可得

标准化的判别函数，以反映总体特征。

F = 0.192 × 衣着消费货币行为 + 0.146 × 用品消费货币行为 + 0.152 × 医疗消费货币行为 - 0.243 × 交通消费举止行为 + 0.164 × 休闲消费货币行为 + 0.296 × 生存消费货币行为 + 0.203 × 体整消费货币行为 + 0.176 × 潜能消费举止行为 + 0.192 × 交流消费货币行为 + 0.364 × 公平消费举止行为 - 0.124 × 适度

表 8 - 29　　　　　　　　　分类处理摘要

已处理的		487
已排除的	缺失或越界组代码	0
	至少一个缺失判别变量	0
用于输出中		487

表 8 - 29 给出了分类处理的样本信息，说明对所有样本进行了分类判别。

表 8 - 30　　　　　　　　　组的先验概率

两步聚类类别号	先验	用于分析的案例	
		未加权的	已加权的
1	0.500	352	352.000
2	0.500	135	135.000
合计	1.000	487	487.000

表 8 - 30 对函数内自变量的先验概率进行了报告，两组在均等概率下参与检验。

表 8 - 31　　　　　　　　　分类函数系数

	两步聚类类别号	
	1	2
衣着消费举止行为	4.894	5.353
用品消费举止行为	-2.683	-2.443

续表

	两步聚类类别号	
	1	2
医疗消费举止行为	18.632	19.142
交通消费举止行为	9.606	9.057
休闲消费举止行为	2.446	2.847
生存消费货币行为	15.462	16.704
休整消费货币行为	13.596	14.440
潜能消费货币行为	11.300	11.950
交流消费货币行为	10.527	11.338
公平消费货币行为	17.709	19.280
适度	15.081	14.694
（常量）	-1150.715	-1268.719

注：Fisher 的线性判别式函数。

表 8-31 给出了 Fisher 线性判别式函数的系数，可得到两个组的函数，用以归类：

F1 = 4.894 × 衣着消费举止行为 - 2.683 × 用品消费举止行为 + 18.632 × 医疗消费举止行为 + 9.606 × 交通消费举止行为 + 2.446 × 休闲消费举止行为 + 15.462 × 生存消费货币行为 + 13.596 × 体整消费货币行为 + 11.300 × 潜能消费货币行为 + 10.527 × 交流消费货币行为 + 17.709 × 公平消费货币行为 + 15.081 × 适度 - 1150.715 × （常量）

F2 = 5.353 × 衣着消费举止行为 - 2.443 × 用品消费举止行为 + 19.142 × 医疗消费举止行为 + 9.057 × 交通消费举止行为 + 2.847 × 休闲消费举止行为 + 16.704 × 生存消费货币行为 + 14.440 × 体整消费货币行为 + 11.950 × 潜能消费货币行为 + 11.338 × 交流消费货币行为 + 19.280 × 公平消费货币行为 + 14.694 × 适度 - 1268.719 × （常量）

在最终分类函数中，选取了 11 个变量作为典则变量代替原始数据文件中指定的自变量。典则变量是原始自变量的线性组合，以用少量的变量方便地描述各类之间的关系，所以并不意味着原来的变量不能反映研究问题，需要根据具体情况分析。

图 8-2 聚类类别 1 的判别函数

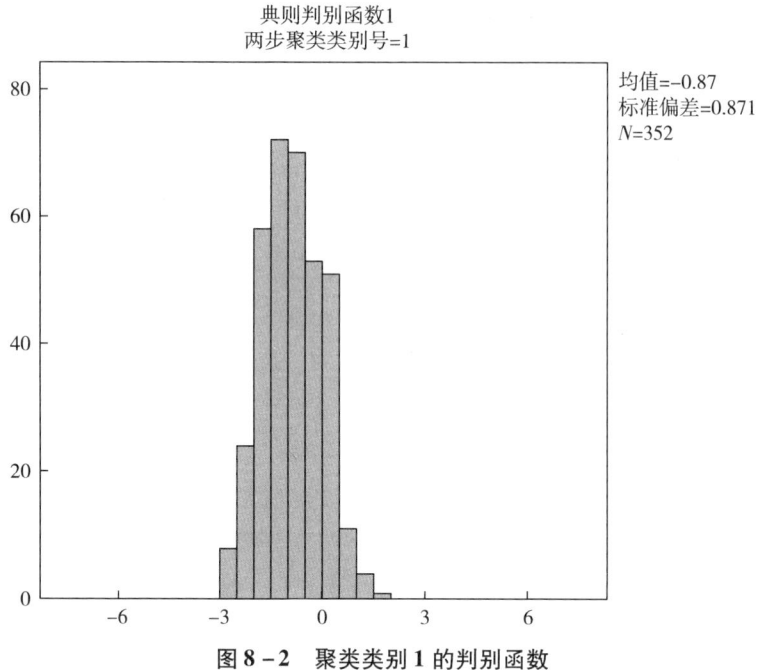

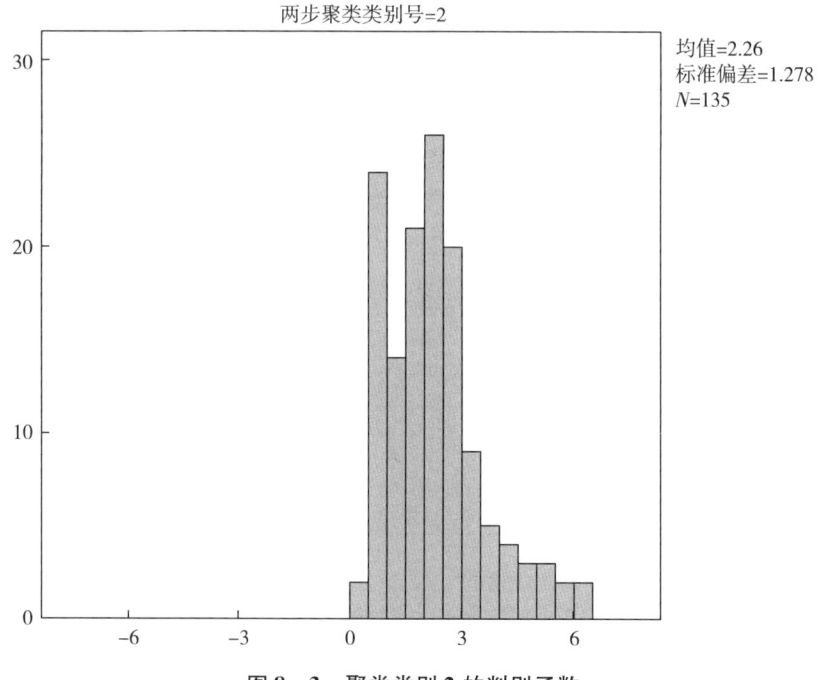

图 8-3 聚类类别 2 的判别函数

图 8-2、图 8-3 是判别分组图，给出了各组的均值、标准差及数量的报告，从直方图中更可以清楚地看到两组的差异，组 1 的大部分样本均值小于 0，位置分布图上在横轴 0 点左侧；而组 2 的样本均值大于 0，分布在横轴 0 点右侧。

表 8-32 两步聚类法的分类结果

两步聚类类别号		预测组成员		合计
		1	2	
初始	计数	1	341	11	352
		2	9	126	135
	%	1	96.9	3.1	100.0
		2	6.7	93.3	100.0

注：a. 已对初始分组案例中的 95.9% 进行了正确分类。

表 8-32 对分类结果进行了小结，第 1 组的错判率是 3.1%，第 2 组的错判率是 6.7%；对初始分组 95.9% 的案例进行了正确分类。

依据上述方法对 K 均值分类法进行判别，不对判别过程进行详细报告，仅列判别结果（见表 8-33）。

表 8-33 两步聚类法的分类函数系数

	案例的类别号	
	1	2
食品消费举止行为	8.826	9.042
衣着消费举止行为	8.114	8.753
用品消费举止行为	4.465	5.140
休闲消费举止行为	7.765	8.117
居住消费举止行为	2.419	3.095
生存消费货币行为	15.803	16.425
交流消费货币行为	12.681	13.412
公平消费货币行为	13.837	14.591
（常量）	-718.251	-811.709

注：Fisher 的线性判别式函数。

对于 K 均值法分类结果的判别函数包括 8 个变量，只有 1 个判别函数，变量和判别函数的 Wilk's Lambda 值检验都显著。

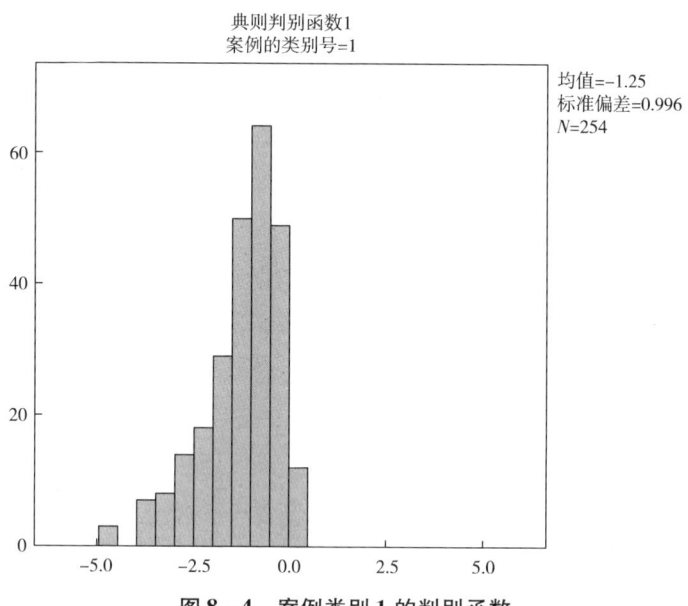

图 8-4　案例类别 1 的判别函数

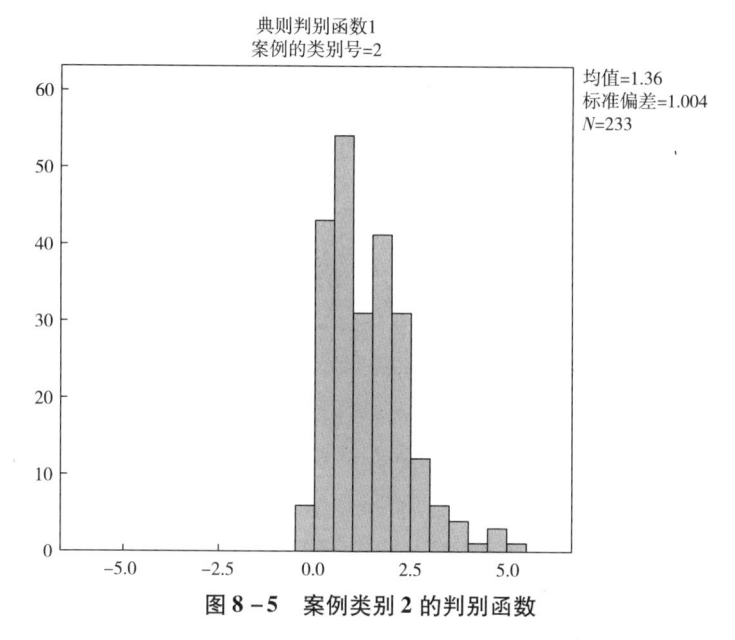

图 8-5　案例类别 2 的判别函数

从分组图（见图8-4、图8-5）中可知，K均值法分类的两个组在均值分布上大部分落在 [-5, 5] 之间，集中度不如两步分类法，但在组间的界限上，K均值法更分明。

表8-34　　　　　　　　　K均值分类法的分类结果

案例的类别号			预测组成员		合计
			1	2	
初始	计数	1	245	9	254
		2	10	223	233
	%	1	96.5	3.5	100.0
		2	4.3	95.7	100.0
交叉验证[a]	计数	1	244	10	254
		2	11	222	233
	%	1	96.1	3.9	100.0
		2	4.7	95.3	100.0

注：a. 仅对分析中的案例进行交叉验证。在交叉验证中，每个案例都是按照从该案例以外的所有其他案例派生的函数来分类的。已对初始分组案例中的96.1%进行了正确分类。已对交叉验证分组案例中的95.7%进行了正确分类。

对K均值法分类进行判别分析（见表8-34）的结论是，第一组的错判率为3.9%，第2组的错判率为4.7%；通过交叉验证对所有样本中95.7%的案例进行了正确分类。

比较两种分类法的最终正确分类比例，两步法的正确分类比例为95.9%，K均值法为96.1%，K均值法略优于两步法，因此采用K均值法的分类结果。

在K均值法分类的判别分析中，所有样本被划分为两组。在两组判别分析中，单个样本的分组是根据其判别分与组重心的接近程度决定的。组重心（见表8-35）将文明消费划分为两组，组1的均值为-1.251，组2的均值为1.364，根据均值差异，可判断组1为文明消费程度低的组，组2为文明消费程度高的组。组1的均值为负值，并不意味着居民消费不文明，负号只是标准化演算的结果，代表偏离组重心的方向。

表 8-35　　　　　　　　　　组质心处的函数

案例的类别号	函数
	1
1	-1.251
2	1.364

注：在组均值处评估的非标准化典型判别式函数。

判别函数的结构矩阵如表 8-36 所示，显示了各因素在文明消费程度判别函数中的系数，根据判别变量和标准化典型判别式函数之间的汇聚组间相关性，按函数内相关性的绝对大小排序的变量。由此，可得文明消费程度函数：

F = 0.589 × 居住消费举止行为 + 0.532 × 用品消费举止行为 + 0.495 × 交流消费货币行为 + 0.486 × 公平消费货币行为 + 0.486 × 衣着消费举止行为 + 0.451 × 生存消费货币行为 + 0.429 × 休闲消费举止行为 + 0.405 × 体整消费货币行为 + 0.402 × 资产消费货币行为 + 0.398 × 资源消费货币行为 + 0.332 × 医疗消费举止行为 + 0.295 × 潜能消费货币行为 + 0.178 × 食品消费举止行为 + 0.160 × 冒险 + 0.136 × 公平 + 0.119 × 远见 + 0.115 × 物质主义 + 0.100 × 知足 + 0.087 × 变化 + 0.082 × 积极 + 0.058 × 集体主义 + 0.054 × 交通消费举止行为 + 0.035 × 适度 + 0.023 × 务实 + 0.006 × 约束

表 8-36　　　　　　　　　　结构矩阵

	函数
	1
居住消费举止行为	0.589
用品消费举止行为	0.532
交流消费货币行为	0.495
公平消费货币行为	0.486
衣着消费举止行为	0.486
生存消费货币行为	0.451
休闲消费举止行为	0.429
体整消费货币行为[a]	0.405

续表

	函数
	1
资产消费货币行为	0.402
资源消费货币行为	0.398
医疗消费举止行为[a]	0.332
潜能消费货币行为[a]	0.295
食品消费举止行为	0.178
冒险[a]	0.160
公平[a]	0.136
远见[a]	0.119
物质主义[a]	0.115
知足[a]	0.100
变化[a]	0.087
积极[a]	0.082
集体主义[a]	0.058
交通消费行为总分[a]	0.054
适度[a]	0.035
务实[a]	0.023
约束[a]	0.006

注：a. 该变量不在分析中使用。

第三节　构建文明消费指标体系及检测函数的价值

通过聚类和判别分析，文明消费程度能够在消费群体中被明确识别，但是文明消费程度被划分之后，有何经济意义？这需要深入分析文明消费划分指标之间的关系。

根据结构矩阵表（见表 8-36），按照数值大小可判断各变量在文明消费程度中的贡献度。表 8-33 表明，文明消费不仅在文明消费价值观、文明消费举止行为、文明消费货币行为上表现不同，而且在消费结构、消费水平、消费关系、消费方式上的表现也不同。文明消费具有深刻而广泛的经济意义。

一 拓展了经济学的研究视角与方法

从表8-36中可知,在文明消费的三大指标体系中,消费价值观对文明消费的影响程度最低,也许是量表太过于显性,也许是被试者在填写测量量表时都趋向于认为自己拥有正确的消费价值观;消费举止行为类的变量在文明消费程度划分中占据主导地位,这说明消费价值观与消费实际行为之间存在差距,正确的消费价值观需要落实到实际行动中;文明消费货币行为在文明消费程度划分中起次要作用,由此可知,消费者的文明消费程度更多地受消费行为举止的影响而不是货币支出的影响,并不是货币支出越多就越不文明,也不是货币支出越少就越文明,而是如何使用购买的商品或服务。所以,文明消费并不是消费膨胀或抑制消费,而是要理性、合规、适度地消费。

虽然文明消费价值观、文明消费举止行为、文明消费货币行为之间存在影响作用的高低,但是三者之间是不可分割的整体。采用相关分析法,得到表8-37:

表8-37　　　　　　　　文明消费构成之间的相关性

		文明消费价值观	文明消费举止行为	文明消费货币行为
文明消费价值观	Pearson 相关性	1	0.384**	0.313**
	显著性（双侧）		0.000	0.000
	N	487	487	487
文明消费举止行为	Pearson 相关性	0.384**	1	0.345**
	显著性（双侧）	0.000		0.000
	N	487	487	487
文明消费货币行为	Pearson 相关性	0.313**	0.345**	1
	显著性（双侧）	0.000	0.000	
	N	487	487	487

注:**在0.01水平（双侧）上显著相关。

由表8-37可知,文明消费价值观、文明消费举止行为和文明消费货币行为在0.01水平上（双侧）Pearson检验两两显著相关。进一步作文明消费价值观、文明消费行为、文明消费行为结果的散点图，如图8-6所示。

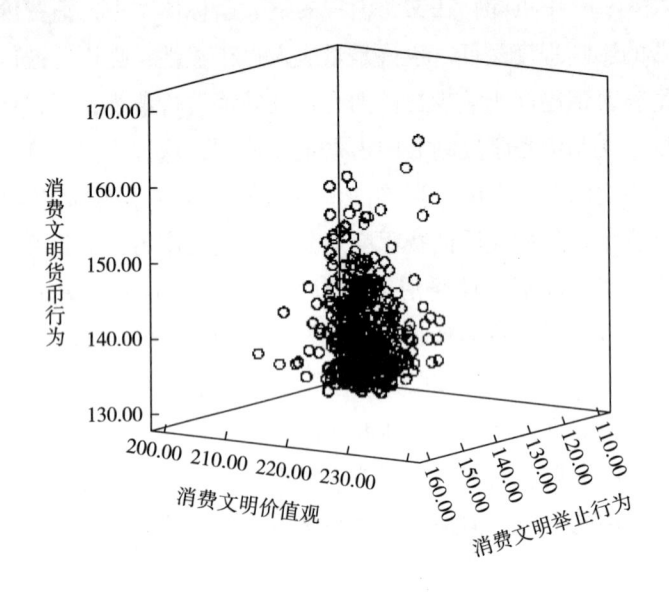

图8-6　文明消费散点

绝大部分样本在三个维度上重合，没有明显偏重于哪一个维度，因此，文明消费价值观、文明消费举止行为和文明消费货币行为共同反映了居民的文明消费程度。这说明在研究经济问题时，不能仅仅只看货币流动指标，还应该关注经济主体的思想意识及举止行为。在经济学研究的理论体系中，虽然有行为经济学理论，但在研究中，常常将行为经济学理论局限在经济个体层面，向经济群体扩展的力度不够；而且常常将行为经济学作为一个独立分支，与规制经济学、产业经济学、发展经济学等学科分离，使各个学科的研究范围被大大缩小，研究路线越走越窄。如果将行为经济学的一些理论应用于各个学科中，相互交叉的主题将会极大地丰富原有学科的研究内容，比如在规制经济学中，常剖析的方法是经济性规制（如价格、税收、投资等）和社会性规制（如法律、政策、道德）等，并没有重视经济群体的思想意识，如何通过影响经济群体的思想意识进而让经济主体自觉服从市场调节的力量，尚未有相关的深入研究。

在经济学研究的方法上，大部分定量研究都采用统计年鉴数据，姑且不讨论数据来源的真实性，就经济指标的数量而言非常有限。研究者经常用替代指标来代替研究变量，虽然是行业内默认的做法，但毕竟在意义上存在差距，就研究的科学性而言，是要被打折扣的。如果能够参考管理学或社会学的研究方法，自行设计指标，并从市场上获得一手数据，是否会使研究更符合真相、更科学？

二　不同消费行为在消费结构上存在差异

文明消费举止行为类指标依据消费结构设计，涉及衣、食、住、用、行、医疗通信、教育、休闲等方方面面。在文明消费举止行为类别中，由表8-36可知，居住消费举止行为的影响最大，用品消费举止行为第二，衣着消费举止行为第三，排在第二梯队的是休闲和医疗，排在最后一个梯队的是食品和交通，这三个层次的消费结构反映了消费主体对消费资料的良性使用。消费主体对居住的关注度最高说明居住对于消费主体而言是最重要的消费类别，这与当前我国房地产行业的运行现状及经济政策相符。用品消费举止行为的重要程度超过衣着，说明居民注重生活质量，关注生活中的实质细节，比较务实；衣着消费举止行为的重要性低于用品消费超过休闲消费，说明居民比较注重个人形象，在个人护理上会花费更多心思。休闲和医疗排在第二梯队说明消费者还没有足够的精力和能力关注休闲和医疗，可能受时间、收入水平和福利保障政策的影响；食品和交通排在末尾，说明消费主体已经满足基本生存需求，对此类消费的关注度已经较少，反映了居民生活水平达到了小康建设的目标。

文明消费举止行为指标采用态度量表测量，也反映了消费者对各大消费类别的敏感度，表明了消费弹性。房屋、用品和衣着类的商品消费者最关注，消费弹性较高，商品的被替代性较高，受价格影响的波动较大；休闲和医疗的消费弹性居中，消费者可选择的消费方式较少，属于可挖掘行业，商家可设计更符合消费大众的产品或服务；食品和交通受消费者的关注度最低，属于消费弹性较低的行业，但属于刚性需求，较大的价格波动会引发社会问题。

由表8-36可知，文明消费货币行为类指标对文明消费判别的重要程度按从高到低排列，依次是交流消费货币行为、公平消费货币行为、生存消费货币行为、休整消费货币行为、资产消费货币行为、资源消费货币行为、潜能消费货币行为。从中可以看出，生存消费已经不是最重要的消费类别，消费主体比较注重与他人的交流，关注环境问题。同时，生存消费货币行为排在中间，也说明居民处于基本生存得到保障的阶段，对于休闲、投资、能源、个人发展等问题的关注度需要提升。

综合比较消费举止行为和消费货币行为的消费结构，发现在消费举止行为中，文明消费程度的高低突出在居住、用品、衣着上，而在消费货币行为中，文明消费程度的高低突出在交流、公平、生存上。这说明使用过程的文明与购买支付的文明存在差异。

三　消费水平不是决定文明消费程度高低的因素

文明消费货币行为类指标采用等距数据测量，在计算货币消费额度时采用条件计算法，对闭合区间采用上限值，对开放区间采用下限值与区间长度的和；数据以每元每个人每年为单位，对家庭数据除以家庭人口数，对月度数据乘以12，房产按70年折旧，家用电器按10年折旧，汽车按6年折旧，计算得出被调查者在每一消费类别上的货币支出，以方便从货币支出数量上判断文明消费的消费水平。

整体而言，文明消费程度高的组在各类消费上的货币支出均值高于文明消费程度低的组，如图8-7所示。

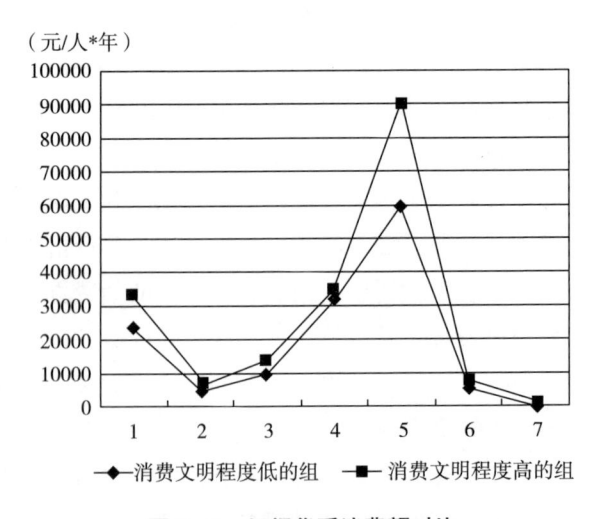

图8-7　组间货币消费额对比

图 8-7 中的横轴标签，1 表示个人生存消费货币支出，2 表示个人资源消费货币支出，3 表示个人休整消费货币支出，4 表示个人潜能消费货币支出，5 表示个人资产消费货币支出，6 表示个人交流货币支出，7 表示个人公平消费支出。从绝对量上看，贵阳市居民在资产类消费上的货币支出额度最多，在公平消费上支出的额度最低。

为了区分消费者个体在不同组间各大消费类别上的货币支出差异，将组进行平移，纵轴上奇数值对应的是第 1 组（文明消费程度低的组），纵轴上偶数值对应的是第 2 组（文明消费程度高的组），横轴表示各大消费类别的货币支出额度，作散点图见图 8-8。图 8-8 中，不论是文明消费程度高的组还是文明消费程度低的组，在各类消费类别的

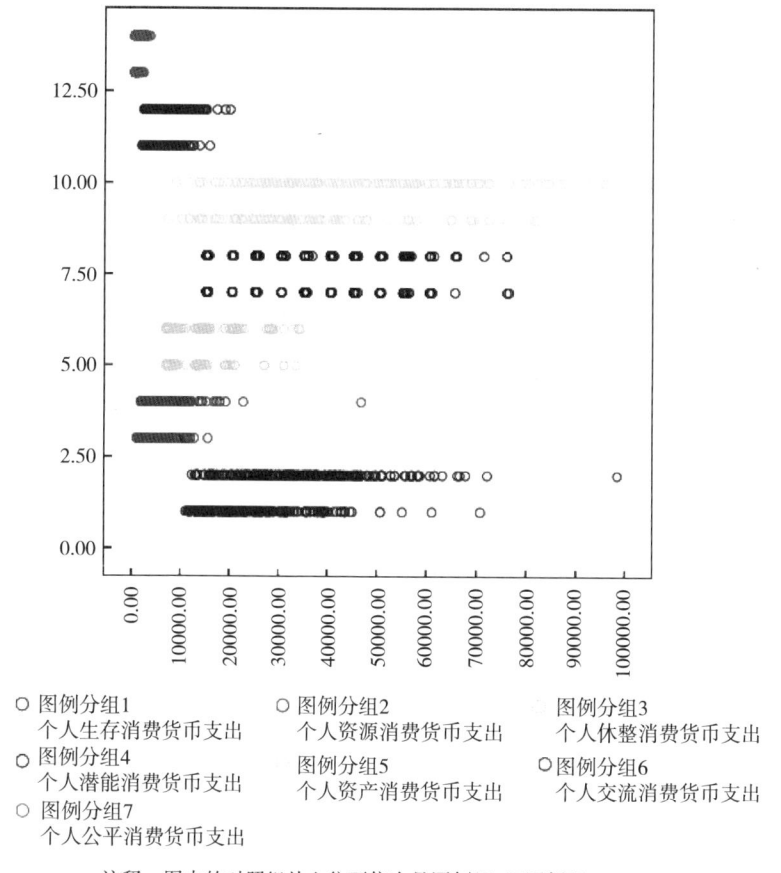

○ 图例分组1　　　　○ 图例分组2　　　　○ 图例分组3
　个人生存消费货币支出　　个人资源消费货币支出　　个人休整消费货币支出
○ 图例分组4　　　　○ 图例分组5　　　　○ 图例分组6
　个人潜能消费货币支出　　个人资产消费货币支出　　个人交流消费货币支出
○ 图例分组7
　个人公平消费货币支出

注释：图中的对照组从上往下依次是图例组1至图例组7。

图 8-8　组间消费类别对比

货币支出上存在较大重叠部分,这表明并不是文明消费程度高的消费者就一定比文明消费程度低的消费者支出的货币金额高。相反,可能文明消费程度低的消费者在货币支出上比文明消费程度高的消费者付出的还多。这说明,文明消费程度与消费水平的高低并不必然成正比例关系。

四 文明消费程度高的消费者更关注消费关系

反映消费关系的指标有两大类,一类是文明消费价值观量表中的"物质主义""集体主义""公平",另一类是文明消费货币行为量表中的"个人资产消费货币行为""个人交流消费货币行为"和"个人公平消费货币行为"。其中,"物质主义"和"个人资产消费货币行为"表明了人与物的关系,"集体主义"和"个人交流消费货币行为"表明了人与他人的关系,"公平"和"个人公平消费货币行为"表明了人与环境的关系。

设消费关系为 GX,人与物的关系为 GW,人与他人的关系为 GT,人与环境的关系为 GH,根据判别函数中各指标的系数,构建消费关系函数,如下:

$$GX = GW + GT + GH$$

其中,$GW = 0.402 \times$ 资产消费货币行为 $+ 0.115 \times$ 物质主义

$GT = 0.495 \times$ 交流消费货币行为 $+ 0.058 \times$ 集体主义

$GH = 0.486 \times$ 公平消费货币行为 $+ 0.136 \times$ 公平

代入数据,可得消费关系值。在消费关系构成中,三类关系的值不一样,人与物的关系值最低,人与他人的关系值第二,人与环境的关系值最高,而且在每个样本中,都呈现这样的排列关系。如图 8-9 所示。

在图 8-9 中,从上往下看,第一组线条表示人与环境的关系,第二组线条表示人与他人的关系,第三组线条表示人与物的关系,纵轴是各关系维度的观测值,横轴是观测样本编号。从左向右看,三条曲线都围绕着一个中心值上下波动,从上往下看,三类关系值在每个样本上没有交叉关系,呈现明显的高低错落关系。这说明,在文明消费中,人与环境的关系占绝对地位,人与他人的关系次之,最后才是人与物的关系。

消费关系各个维度的均值在文明消费程度高的组比文明消费程度低的组高,如图 8-10 所示。图 8-10 左侧为文明消费程度低的组,右侧

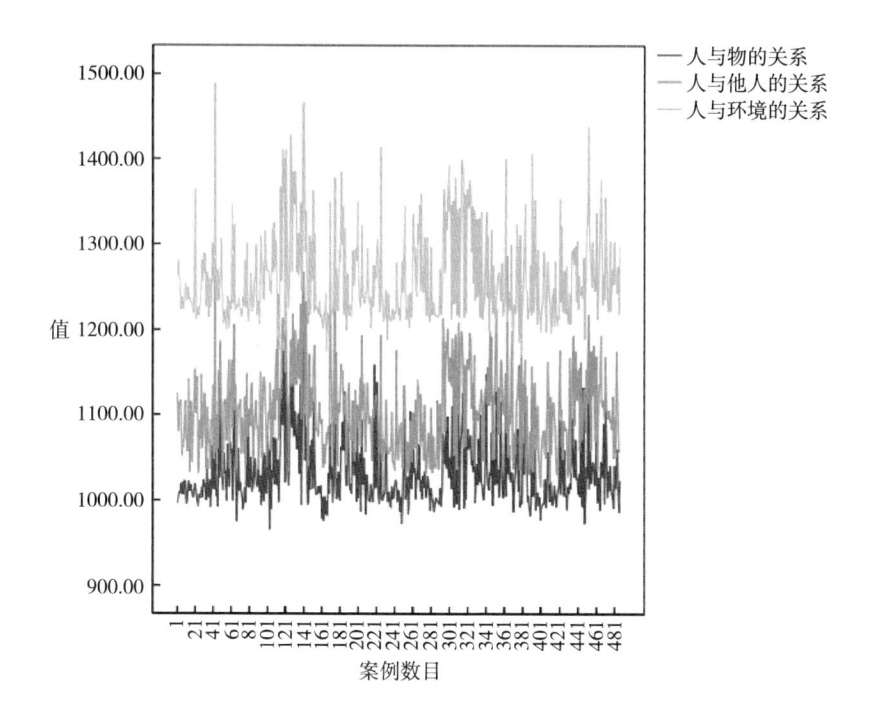

图 8-9 消费关系维度比较

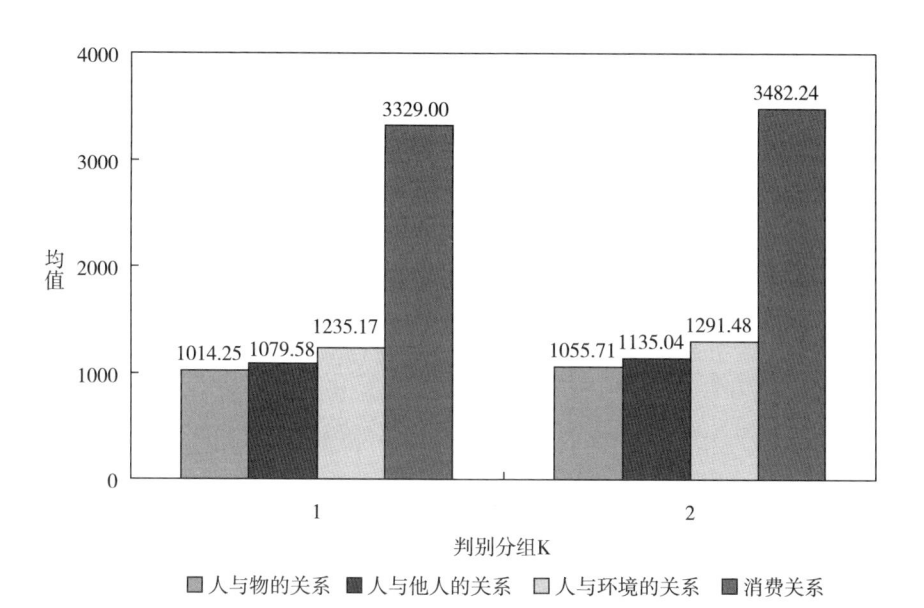

图 8-10 消费关系组间对比

为文明消费程度高的组。从均值差异看,在两组间,人与环境的关系值差别最大,为 56.31;人与他人的关系差值其次,为 55.46,最小的是人与物的关系差值,为 41.46。这说明从平均值上看,文明消费程度高的消费者更关注消费关系,关注程度依次是人与环境的关系、人与他人的关系和人与物的关系。

五 文明消费是可持续发展的必要条件

文明消费价值观中的"物质主义""公平""变化""积极""远见""风险"测量了可持续发展价值观,其中,"物质主义"反映了消费主体对消费对象的占有欲望,"公平"反映了代际可持续发展观,"变化"和"积极"反映了可持续发展的动力,"远见"是可持续发展的长远计划,"风险"反映了应对可持续发展中各种难题的态度。

文明消费举止行为中的"交通消费举止行为"和"休闲消费举止行为"反映了消费主体在个体基本生存问题解决之后的交流、发展方面的举止行为,是可持续发展的表现。

文明消费货币行为中的"资产消费货币行为""潜能消费货币行为""休整消费货币行为""交流消费货币行为""公平消费货币行为"是消费主体在个体生存需要满足之后向高阶消费需求延伸的货币支出行为。其中,"资产消费货币行为"反映了消费剩余,是为后续发展积累的物质资本,"潜能消费货币行为"反映了消费主体在个体素质和技能提升上的投入,是可持续发展必要的智力投资,"休整消费货币行为"是个体为可持续发展调整精力和体力的方式,是可持续发展的体格保证,"交流消费货币行为"是消费主体寻求社会关系,寻求知识溢出效应的方式,"公平消费货币行为"是消费主体对可持续发展环境问题的实际行动方式之一。

上述这些指标共同构成了个体层面的可持续发展测量指标,采用聚类方法(与文明消费一样)进行分析,分析结果显示,消费主体在可持续发展上可被划分为两组,其中,样本重合度为 75.15%。在差异样本中,可持续发展程度低的消费主体被划分到文明消费程度高的组的概率为 20.7%,可持续发展程度高的消费主体被划分到文明消费程度低的组的概率为 4.1%,小于 5%。将两种分类进行匹配,如表 8-38 所示，表中的匹配组合左边的数字是文明消费程度分组，右边的数字是可持续发展分组，如（1，1）表明文明消费程度低可持续发展性也低的消费主体。这说明文明消费程度低的消费主体可持续发展的可能性也低，文明消费程度高的消费者可持续发展性要具体分析，可能高也可能低，相对而言，可持续发展性高的消费主体多于可持续发展低的。反过来，可持续发展性高的消费者绝大部分文明消费程度也高，可持续发展程度低的消费主体有小部分是文明消费程度高的消费者。因此可判断，文明消费是可持续发展的保健因素，文明消费程度不高必然不能促进可持续发展。

表 8-38　　　　　　　　文明消费与可持续发展的匹配组合

文明消费与可持续发展的匹配组合	文明消费与可持续发展的匹配组数
（1，1）	235
（1，2）	20
（2，1）	101
（2，2）	131

第九章 文明消费方式的实现策略

在全国提倡文明的消费方式，需要满足两个条件：一是从需求侧，消费者自身选择文明的消费方式；二是从供给侧，社会提供符合文明发展趋向的生产方式。

第一节 政府规制

虽然文明消费有可能自发形成，但受社会现实条件的制约，无法在全体消费者中得到全面、快速的发展。这些现实制约体现在诸多方面，消费主体的文明消费素质参差不齐，部分消费者的短期逐利行为造成了负面社会示范作用，使文明消费程度高的消费者时常受到自身利益比较性损失的冲击。而且，中国贫富差距悬殊，市场纵深跨度大，劣质产品无法完全退出市场，优质绿色产品受到挤压，使文明消费程度高的消费者即使有购买绿色产品的意愿，也由于价格、渠道、产品种类等方面的限制，不得不选择非绿色产品。除此之外，在我国消费机制中，分配机制以按劳分配为主、按要素分配为辅，实行多元化分配政策，但是由于按劳分配建立在户口性质、企业性质及行业性质的基础上，致使占主导地位的劳动收入差距极大，再加上社会福利机制和社会保障机制不健全，如养老、医疗、教育、住房等需要耗费老百姓大部分收入，消费者在消费过程中感受到经济压力，不得不降低消费质量。因此，文明消费在当今商业消费信息充斥的环境下受到严重挑战，文明消费要冲破消费主义、机会主义的影响，必须借助于政府规制，强势实现文明消费系统中的消费文化、消费对象和消费机制。这种规制体现在三个方面：第一，消费主体在舆论引导下，树立正确的文明消费价值观，形成文明的消费文化；第二，消费主体在经济规制下，自行选择合适的消费对象；第三，消费主体在法律规制下，杜绝不文明消费行为。

一　舆论引导，塑造文明的消费文化

勤俭节约、艰苦朴素是中国延续几千年的传统美德，但在当今的新闻媒体中，我们几乎很少看到相关报道。翻开报纸、打开网络，充斥人们眼帘的是富豪、明星等的奢华生活，这样的舆论环境激发着消费主义的盛行，影响着消费者尤其是青少年消费群体的消费价值观。然而，我国的国情表明，以经济主义和消费主义为导向的生产方式和消费方式是不可持续的。要实现可持续发展，人类必须控制自己的物欲，形成中国特色的物质生活简朴、精神文化生活丰富的消费方式。文明消费价值观需要在舆论引导下被塑造成中国社会主流的消费思想。

围绕文明消费价值观，通过舆论传播文明消费价值观。文明消费价值观可以被自然化为常识，从消费主体的消费活动中，选出某些特定情境制作成交流文本，通过媒介加以传播，阐释特定问题的因果关系，评价正确与否，推荐解决方法，从而从知觉、认识上改变消费者思想，连接消费者的思想意识与消费行为。

由文明消费构成图（第三章图3-2）可知，消费文化是文明消费的一部分，包含发展文化、交流文化、启蒙文化和休闲文化。这些不同类别的文化从不同方面塑造了文明消费价值观，共同影响着消费主体的文明消费素质。第五章阐述了文明消费下的消费文化应包含的内容，这些内容包括价值追求、数量追求、地位追求、状态追求、时间追求，具体表现为一定的冒险精神，具有公平感和远见，轻物质，懂得知足，拥抱变化，积极上进，有集体感，适度、务实，能约束自己。文明消费价值观是消费文化重塑的内容源泉。

这些内容与我国传统美德结合，就是厉行节约，艰苦朴素，自力更生，奋发图强。这些理念和准则，应该被制作成文本、制作成生活行为标准，通过教科书、文艺节目、公益广告等多种形式广泛宣扬，尤其是要灌输给下一代青少年，大力弘扬道德、精神的力量，树立科学的消费观。普及适度消费、绿色消费、伦理消费、可持续消费、文明消费的理

念，努力营造资源节约、环境友好的消费氛围，形成勤俭节约光荣、奢侈浪费可耻的强大舆论。

除了宣传正面典型，对一些不文明的思想和行为也要加以批评指责。抵制追求虚荣、盲目攀比、奢侈浪费、乱丢垃圾、重物质轻精神、烹食珍稀动物、购买低价劣质产品等的不良风气。应该让居民知道，"那些有一千条裙子，一万双鞋子的女人们，她们是有罪的"；"那些有十几辆豪华轿车的男人们，他们是有罪的"；"有钱就为所欲为的人是有罪的。"坚决抨击炫富、摆场子等行为。

相对于口号式的号召，更有力量的是将文明的消费文化融入居民的生活细节中。比如，教育居民养成随手关电源、重复利用沐浴用水、参与二手市场交易、垃圾分类处理、减少外出就餐、减少一次性产品的使用频率、出行尽量乘坐公共交通工具、自行车或步行的习惯。节约资源，人人有责，需从点滴做起。

二 经济规制，选择合适的消费对象

在市场经济下，舆论只能在居民消费价值观的塑造中起引导作用，真正能够让居民执行文明消费价值观的，还需要从经济角度加以规制。政府经济规制的内容和方法主要包括进入与退出、价格、产量、补贴、税收、投资控制等。这些方法中能够对消费者起作用的是价格、补贴和税收规制。

（一）通过分时或阶梯定价限制水、电、气、油的消费量

中国是一个资源平均拥有量较低的国家，我们不能效仿美国的消费模式，而应该向日本学习，采用节约、环保的消费方式。但是，从现实情况看，我国居民并没有将节约行为贯彻落实到底。比如北京是缺水城市，国家为此还投巨资实施南水北调工程。但在北京家庭使用节水设施的很少，北京人均生活用水量是300升，是同样缺水的德国人的2.5倍以上。

对于人们无限制地使用资源的状况，必须通过价格上的变化来限制使用量。阶梯定价对居民的消费量进行分段计价，价格随着使用数量的增加而呈阶梯状变化。分时定价是指按照居民使用时间段的不同按照不同单价收费。分时和阶梯定价策略在我国得到了政府的大力推行，从

2004年开始,我国先在浙江、四川、福建等地施行分时电价试点,随后于2012年7月在除西藏与新疆外的其他29个省、市、自治区全面实施分时电价。2015年全国实行阶梯水价和阶梯气价。

在全国大部分地区对居民生活日用资源推行分时或阶梯定价策略起到了良好的能源节约作用。根据保守估计(各档加价均按方案中最低标准计算),"十二五"期间城镇居民可以节约用电超过100亿千瓦时,相当于减少1237234吨煤炭的开采和燃烧[①]。但是,阶梯定价的良好效果还需要进一步提升。对不同经济发展区域和不同收入群体的定价研究力度应进一步加强,在基本使用量、超额量、基础价格和超量价格的设置上应坚决杜绝有钱就可以多用的思想与行为。对于依然存在浪费的地区和居民,应重新审查阶梯定价的方法,制定更严格的价格策略。

除了水、电、天然气外,我国作为石油消费大国,石化产品中汽油、机油的消费量随着汽车消费量的增加而节节攀升。汽油阶梯定价策略一直没有得到实施。这与我国公共交通资源不足、汽油需求统计难度大有关,但是对于这个问题可以分步骤、有重点地推进,在完善公共交通设施的基础上,对个人车辆的主要用途、行驶距离等做一些自报统计与审核工作,为阶梯油价的推行做准备。

(二)通过货币补贴推广节能产品、绿色产品的消费

文明消费是消费活动的全程文明,不仅要求消费主体文明,消费对象也必须是绿色产品和绿色服务。绿色产品最主要代表的是节能减排产品和有机食品。涉及农业、家电行业、建筑行业、汽车行业、化妆品行业等。绿色服务是指在提供服务的过程中,通过贯彻环境保护和人文发展理念,使用环保产品,促进服务受体身心健康,不污染环境,不损害社会美德的服务,包括商业服务和生活服务,如绿色营销、高雅的文艺演出等。

从理论上讲,由于消费者的利己动机和利他动机,绿色产品和服务应该更受消费者青睐,但是,实际情况并非如此,绿色产品和服务在市场上的销售额低于一般商品,而且不同产品的销售状况存在差异。电

[①] 吴立军、曾繁华:《居民用电的阶梯定价方案及节能效果研究》,《统计与决策》2012年第5期。

器、照明、燃气、办公、机电、建筑节能、新能源、卫浴节水等工业品由于国家的补贴政策和政府采购计划，节能环保产品获得了一定市场销量；而有机食品、文化服务属于消费者个体消费，以零售为主，政府补贴等激励政策缺乏，销售量非常低。在诸如北京、上海、南京等大城市，有机食品的平均消费量仅占食品总消费量的0.08%。影响消费者选择节能产品和绿色食品的主要原因是价格，所以，应通过财政补贴，建立价格分担机制。2009年6月，国家发展改革委、财政部组织实施了"节能产品惠民工程"，以财政补贴方式推广高效节能空调、节能汽车、节能灯、三相异步电动机和稀土永磁电动机等高效节能产品，目前已形成家用电器、交通工具、照明产品、工业设备四大类高效节能产品推广体系。截至2011年1月，中央财政共安排160多亿元，推广高效节能空调3400多万台、节能汽车100多万辆、节能灯3.6亿多只。据初步测算，直接拉动消费需求1200多亿元，实现年节电225亿千瓦时，年节油30万吨，减排二氧化碳超过1400多万吨。"节能产品惠民工程"培育和形成了高效节能产品消费市场，促进了产业结构升级和技术进步，而且让普通消费者得到了"价格下降、节电省钱、生活质量提高"等多重惠民效果。这一良好政策应该继续推行。

（三）通过税收政策抑制非必需品的消费

为了引导居民养成轻物质重精神的好风气，必须区分产品的需求结构，判断哪些产品是必需品哪些产品是非必需品[①]，对非必需品征收高税收。比如，超出人均30平方米的住宅、超出1.1升（L）排放量的汽车、服装及其配件的奢侈品、超大屏幕的电视、酒、香烟等，对这些超规格商品和奢侈品征收重税，抑制人们的消费需求。

消费税作为我国一项特别的税种，以资源节约为目的，通过税收禁止或限制某些商品类别的消费，以引导消费需求，调控消费结构。自2006年实行的消费税改革为我国构建节约型社会发挥了很大的作用。但是，现行的消费税也存在若干问题，比如征税对象有限，尤其是与绿

---

① 由于消费者的非理性消费，不能完全按照需求收入弹性判断哪些商品是必需品哪些是奢侈品。因此，此处的非必需品是从通俗意义上讲的，不仅包含价格昂贵超出消费者收入能力的奢侈品也包含价格低廉但并不是生存所需的商品，如香烟等。

色环保相关的类目太少，大量不可降解的一次性用品如餐饮用品、包装物、塑料袋、含磷洗涤用品、建筑装饰材料、电池以及各种其他污染性电子产品、高档纸和煤炭制品等，都没有被纳入消费税的征收对象，使白色污染频发，处理这些产品的垃圾需要付出极大代价①。

税率偏低且缺乏必要的弹性，尤其是资源品的税率低于国际水平。我国对成品油采用定额税率、按量征收的方式，汽油、润滑油为1元/升，柴油、航空煤油为0.8元/升，与欧盟平均4.48元/升的平均税率相比，只是他们的1/4；而对于一次性木制品的税率也只为5%，过低的税率难以起到抑制资源使用、保护自然资源的目的②。

由此，消费税收的征收应针对不同性质、不同产品结构、不同价格水平的产品进行消费税的调整。扩大征收类别，尽可能将那些有损环境、属于生活非必需品的产品都列为征收对象；对造成资源浪费和环境污染的产品尤其是对资源类产品提高消费税税率。

三　完善法律，设立严格的消费机制

市场经济的有效治理手段之一是法律，法律是文明消费得以实施的有力保障。但遗憾的是，我国目前并没有对文明消费设立相关的明文规定，在有限的关于生态环境保护的法律中，多从生产者角度进行规制，比如《清洁生产促进法》《循环经济促进法》《环境影响评价法》等，为绿色产业的发展提高了行动准则。

文明消费行为法律的缺失是消费者不文明意识与行为得不到约束、文明消费的道德底线一再被突破的重要原因。文明消费行为的单独立法需要综合考虑居民生活的方方面面，从吃、穿、住、用、行、教育、通信、娱乐等消费活动上逐一考虑。比如，在吃的方面，公款吃喝、超标吃喝、吃国家级保护动物、喝过量高浓度烈酒、吸食毒品、在特殊场合如医院、封闭式火车和飞机上抽烟等都应该属于违法行为；在穿的方面，穿动物皮毛制品、穿不可化解的化纤制品、穿戴价格超出其个人一

---

① 孙开、金哲：《环境保护视角下的消费税改革路径》，《财经问题研究》2013年第1期。
② 国家税务总局税科所课题组：《基于可持续发展的中国消费税制改革》，《环境经济》2010年第5期。

年收入的首饰、名牌手表、包包等、文身等都应该明文禁止。当然，这些内容只是作者个人的臆想，究竟是否符合法律立项的条件，还需要借鉴和吸收先进国家的经验，请消费模式的研究者提出行为框架，请法律方面的专家根据立法流程进行法律的建立。这个过程无疑是文明消费方式能够在全国范围内被探讨、被研究、被弘扬的过程。

第二节　产业结构优化升级

产业结构优化是消费文明对可持续发展发生作用的重要路径。文明消费方式的实现离不开产业结构优化。在当前富裕型消费文明发展状态下，消费者的各项需求都在升级，消费者的消费结构从吃、穿、用向更高层次的住、行、娱等方向发展，消费水平从简单的基本量的需求向充裕量和储存量的方向发展，消费对象从简易的使用功能向高质量、高附加值的方向发展。消费需求升级反映了市场需求的变化，这种变化通过"倒逼"效应，迫使企业重视质量、改善管理、提高技术、提升效率，企业的变化沿着产业价值链波动，从而推动产业升级。产业结构优化升级是消费需求升级、劳动力素质提高、生产技术扩散、生态文明化的必然结果。这与消费文明追求的人本发展、人与社会和谐发展、人与自然和谐发展的目标相一致。因此，产业结构优化升级是消费文明下可持续发展的必然路径。

一　产业要素升级

产业结构优化升级建立在生产要素的基础之上。只有生产要素先升级，产业作为一个整体才能够升级。

（一）劳动力素质升级

劳动力素质是劳动力在生产过程中所表现出来的内在特性和质量，包括身体素质、能力素质和个性品质三方面。教育培训与体育运动是提高劳动力素质的重要方法[1]。

---

[1] 张大为、姚毓武：《身体素质（文献综述）》，《天津体育学院学报》1985年第1期。

（二）土地效率升级

中国近年来的经济增长中土地的价值发挥到了极致。在农用耕地红线一而再再而三地报警时，在城市变成了钢筋水泥体的阴密森林时，土地的利用效率问题又被推到了前端。

土地利用效率与土地规模、劳动力素质、城镇化水平、开放度、技术水平、资金投入、地理位置等诸多因素有关，在这些因素的背后，反映的是土地制度、土地规划、土地市场、土地整治等高层次问题。因此，需要完善土地产权制度，合理规划土地，建立土地交易市场，保护土地免受损害，治理已经受伤的土地。

（三）资本服务升级

扩充资本服务的对象。资本服务不能"嫌贫爱富"，应坚持公平思想与平等原则，使各类受众群体平等享有金融资源分配的机会，平等享受金融服务权利，进而达到金融需求与供给的相对均衡。

丰富资本服务的内容。发挥政府的宏观管理和服务职能，深化投资体制改革，打破保护壁垒，拆除市场分割，完善金融机构市场竞争机制，拓宽融资渠道。

提高资本服务的质量。金融服务质量重在安全、便利、及时。通过信息技术进行业务创新、管理创新、市场创新和监管创新，满足消费者显性和隐性的需求。

二 信息技术下的产业全面升级

消费文明使消费需求升级，对产品的环保要求、功能要求和质量要求均在提升。消费需求的升级通过市场机制的作用，使最终产品生产商以消费文明为导向重新设计产品功能，改进工艺，提高产品质量，这种新生产标准促使中间商及原材料供应商必须提供与之相匹配的半加工产品及初级产品，从而在整条产业链上出现生产、结构、功能、价值的提升，形成产业升级。产业升级是消费文明发展的必然要求，是产业整体由低附加值状态向高附加值状态发展的过程。

产业升级在不同地区和时间段，方式千差万别。在消费文明时代，消费者的消费需求向高质量、低污染发展，消费结构向健康医疗、素质教育、休闲娱乐方向发展，消费方式向绿色消费、体验消费和虚拟消费发展，消费水平向适度消费、合理消费发展。消费的这种变化使产业升级必须符合消费文明的标准，即产业升级后的商品不仅使用价值更加符合消费者多样化的需求，而且货币价值也能够满足多样化消费群体的要求。因此，消费文明下的产业升级，其前提条件是：生产活动不损害自然生态环境平衡、产品价格能够满足最广大消费群体的消费能力、产品功能能够促进消费者身体与精神的健康。由此可知，消费文明下的产业升级应是当前资源条件下的全面升级，即在信息技术条件下的产业内部升级、产业外部融合与新兴产业的培育。

（一）以信息技术为依托，进行产业内部升级

产业内部升级包括工艺升级、产品升级和功能升级。工艺升级是指对生产流程进行重组或采用更优良的技术提高投入产出率；产品升级是指通过引进更先进的生产线，比对手更快地改进老产品或推出新产品；功能升级是指通过获取新功能或放弃现存功能，以获得更高价值，比如从生产环节向设计和营销等利润丰厚的环节跨越。信息技术下的产业内部升级可以拥有许多优势。

（二）以信息技术为依托，进行产业的外部融合

产业融合本身就是信息技术发展的产物。信息技术下的产业融合有两种表现形式：一是信息产业本身与传统产业融合；二是传统产业之间通过信息技术进行融合。不论哪一种方式，一旦融合成功，这些产业以网络化和数字化为基础，通信方式和运输方式更迅速、准确，节约了交易费用；同时由于计算机、自动化与传统工业融合，提高了劳动效率，节约了生产成本。产业融合后的企业将获得新的竞争优势，并以网络正反馈作用发生锁定效应，保持优势领先，实现规模报酬递增。

（三）以信息技术为依托，进行新兴产业的培育

新兴产业是相对现有成熟产业而言的，它是在产业更替过程中处于孕育期、发展初期和成长期的产业。消费文明下的新兴产业是居民消费需求升级的要求，从诞生之日起就以提高效率、降低污染、减少损耗为目标，这些新兴产业既蕴含在国家战略性新兴产业的发展布局中，又孕育在信息技术渗透的产业融合中，使生产对象、内容形态发生了变化，产业经济要素由物质（原子）逐渐向信息（比特）偏倚，出现了内容

产业、物质产业和位置产业（周振华，2003）。内容产业是以信息加工为主的产业部门，如规划设计、营销策划、产品研发、文化体验等；物质产业是以物质加工为主的产业部门，如畜牧养殖、生产制造等；位置产业是由信息流带动的物质流，如商品快递、资金转移、位置导航基于GPS的美食推荐等。

第十章 研究总结与展望

一 研究内容与结论

通过观察中国当今社会突出的热点问题,如环境污染、生态破坏、社会报复、产能过剩、产业结构失衡等,发现中国的社会问题与经济问题已经不能截然分开。单纯从经济学角度研究经济问题,或者单纯从社会学角度分析社会问题,都不能提出全面有效的解决方案。因此,将两者结合,深入分析经济运行带来的社会问题,深度挖掘社会问题背后的经济缺陷,并结合我国当前生态文明建设、物质文明建设与精神文明建设的要求,发现消费文明是这几者的耦合点,因此,消费文明与可持续发展的研究主题诞生。本书包含几个子课题:

(1)消费文明系统论。通过论述消费文明的内涵、构成与运行机制,系统介绍了消费文明是什么。从结构上看,消费文明包括消费主体、消费文化、消费机制、消费行为、消费对象;从活动上看,消费文明是消费主体的文明消费思想及行为;从系统上看,消费文明是社会文明系统的一个分支,是生存系统、逻辑系统、引导系统、知识系统、交流系统和权力系统循环反馈作用的结果。

(2)消费文明动力论。在弄清楚消费文明是什么之后,新的问题出现:在当今社会中消费文明如何推动可持续发展?对此问题,从两方面论证:一是从消费者角度论证了消费者主体具有文明消费的自发动力;二是从生产角度分析了中国当代消费文明演变对可持续发展的影响。由此,打通了消费文明通过消费关系以及产业结构优化推动可持续发展的逻辑链路。

（3）文明消费方式的识别论。既然消费文明能够促进可持续发展，那么，在当今该采取什么样的消费方式？理所当然的是文明的消费方式。为了说明文明的消费方式是怎样的，本书从消费文明价值观、消费文明举止行为、消费文明货币行为三方面的测量量表出发，收集整理文明消费方式的具体表现，并设计成调查问卷，调查消费主体的文明消费状况，以发现其在不同维度上的不同特征，验证文明消费方式指标内容的有效性。

（4）文明消费方式实现的路径论。既然文明消费方式有重要功能，那么，如何实现？要实现文明的消费方式，需要从两方面入手，一是从需求侧依靠政府规制，通过舆论构建文明消费的价值观，通过经济规制引导消费者的文明消费行为，通过法律治理消费者的不文明消费行为，引导消费者选择文明的消费方式。二是从供给侧进行产业结构优化升级，作为生产者的消费主体完成自身素质的升级，作为自然馈赠的土地提高其利用效率，作为人造利益的资本应完善服务。在信息技术的支撑下产业内部工艺改进、质量提升与产品换新，产业之间实现产业融合，在现有产业之外培育新兴产业。

围绕研究子课题，通过采用数理推理法、调查分析法和演绎归纳法，得出以下研究结论：

（1）消费文明是与一定社会发展阶段相适应的，当前社会发展阶段已经进入富裕型消费文明阶段，必须提倡并推广消费文明观念与行为。消费文明是所有合理的、适度的、可持续的消费模式的总括，具有号召力与示范性。

（2）消费文明的系统性使其牵涉经济、社会、自然等诸多方面，对当代及后代人都有深远影响。推动消费文明有利于全面可持续发展。消费文明不是可持续发展的充分条件，但它是可持续发展的必要条件。

（3）产业结构优化升级是消费文明在演变过程中推动可持续发展的重要力量，消费文明的进化与结构优化升级的过程密切相关。产业结构优化升级也是文明消费方式实现的重要策略。

（4）消费主体因消费文明程度不同，表现出不同特征。文明消费程度高的消费主体，其在消费水平、消费对象、消费结构、消费模式上与消费文明程度低的消费主体存在差异。文明消费程度高的消费者一定是可持续消费者，注重个人发展。

（5）文明消费方式虽然能够自发形成，但在进化过程中容易受到不良因素的干扰，政府必须干预，加以人为引导，采取政策规制。规制政策应根据消费文明运行机制的需要制定，应在消费文明系统中整体思考。

消费文明的这些内容及功能使其在社会管理、经济发展中能够发挥重要作用。

二 研究贡献与不足

消费文明与可持续发展的研究具有较强理论与现实意义，其研究角度、研究方法、研究观点都存在一些新颖之处，具体表现为：

（1）在研究角度上，融合了消费经济学、产业经济学、发展经济学甚至社会学、管理学等众多学科的内容，"消费"活动是经济学的，"文明"思想是社会学的，"发展"路径是产业经济学的。这些学术词汇的交融碰撞出了消费文明理论。

（2）在研究方法上，本书的实证采用了调查问卷数据，这些数据真实可靠，具有很强说服力。首先，这与传统采用统计指标的年鉴数据不同，一方面调查问项能够直接反映调查指标，另一方面调查数据能够反映当年状况，不存在年度滞后性。其次，调查主体是研究人员，被调查者不存在政治顾虑，能够如实填写数据。最后，消费主体在接受调查的过程中，了解了调查目的及意义，对文明消费有了初步认识，对文明消费的普及有宣传作用。因此，采用调查数据是经济研究应该扩展的研究方法。

（3）在政策措施上，结合当前经济社会发展现状，聚焦核心问题，提出了消费者层面的政策建议。

当然，由于本书的研究内容比较宏大，笔者的理论功底及方法技术有限，本书也存在一些不足之处，表现为：

（1）由于消费主体行为的动态性和多变性，不能给文明消费一个完全清晰的标准。笔者曾经试图说明哪些消费行为是文明的，哪些消费行为是不文明的，结果发现当这些行为聚集到某个消费者身上时，反而不能分辨这个消费者是否文明，从而影响了对消费主体的判断。这犹如不能依据某些具体行为判断一个人是好人还是坏人一样。

（2）由于消费、产业结构优化升级和可持续发展处在三个不同的维度上，情况比较复杂。在证明消费文明对可持续发展的作用时，采用了消费水平、消费结构、消费倾向引起产业结构优化升级的思路，对比统计数据加以说明，证明力度上稍有欠缺。

（3）受调研条件的限制，本书只在贵阳进行了调查，样本的代表性稍显不足。

三　未来研究展望

消费文明理论的丰富内容使其可以在众多学科中与众多问题结合，产生许多值得研究的主题。基于本书现有的研究基础，未来研究可以从以下角度进行：

（1）文明消费指数的建立。在现有测量指标的基础上，每年定时定点进行调查，收集消费主体文明消费的状况数据，建立动态连续的文明消费数据库，构建文明消费指数，使其发挥更重要的作用，比如，证明其与经济增长的关系，预测经济社会发展前景等。

（2）消费文明下的消费机制研究。除了宏观体制，文明消费下的消费机制可以应用到某个商业模式中，根据文明消费要求及消费主体的体验，制定文明消费流程。

附 录

中国城镇居民文明消费调查问卷

尊敬的先生/女士：

您好！

我是中南财经政法大学产业经济学研究中心的研究员。随着中国经济的发展，我们迈入消费社会，消费已演变成一种生活方式。在以消费为主导的居民生活中，中国消费者的消费价值观、消费行为及消费结构与20世纪相比，发生了显著变化，并对社会发展带来了一系列影响。中国居民在传统"勤俭节约"与现代"及时享乐"的消费文明冲突中小心翼翼地左右平衡，为了全面了解中国消费者的观念意识、行为动向及结果特征，了解消费经济中消费价值观与财富积累的关系、消费结构与产业融合的关系、文明消费程度与经济发展的关系，我们组织了这次对贵阳的大型调查，希望能得到您的支持和协助。

本次调查严格按照《统计法》的要求进行，不用填写姓名，所有回答只用于统计分析。您只需要根据自己的实际情况，在每个问题所给出的几个答案中选择一个合适的答案，或者在____处填写。您的回答无所谓对错，您所提供的信息都将保密。您的意见对本书十分重要，非常感谢！

尽管我们经过了充分的思考与预测，但问卷设计难免存在不足之处，您在填写过程中如果认为不合理的地方，请将意见反馈在下方，我们会尽力修正，谢谢。

题号	问题及建议

衷心感谢您的支持和帮助！

祝您的生活越来越美好！

中南财经政法大学产业经济研究中心
2014 年 5 月

单位地址：武汉市南湖大道中南财经政法大学工商管理学院文泉楼 523 号

课题负责人：郭守亭教授　赵丽博士

联系方式：guost@126.com；yhfili@163.com

邮政编码：430072

一　个人及家庭特征

1. 您的性别：

①男　　　②女

2. 您的年龄：

①16 岁及以下　　②17—22 岁　　③23—35 岁　　④36—45 岁

⑤46—55 岁　　　⑥56—65 岁　　⑦66 岁及以上

3. 您的文化程度是：

①小学及以下　　②初中　　③高中/中专

④本科/大专　　　⑤硕士　　⑥博士及以上

4. 您目前的职业属于下列哪一类？

①政府公务员　　　②企业员工　　③事业单位员工

④自由职业　　　　⑤学生　　　　⑥其他

5. 您的婚姻状况：

①未婚　　②已婚　　③离婚　　④丧偶　　⑤其他

6. （此题未婚者和无孩子者不填）

请问您有＿＿个孩子。

其中有＿＿个孩子和您住在一起。

7. 你们家住在一起的有＿＿个人。

8. 您每月的收入（包括工资、奖金、补贴等）总共大概有＿＿元。

9. 你们全家一个月的总收入大概是＿＿元。

二 消费行为测量

下列情况与您的情况一致吗？请根据您与这些情况的相似程度，填写相应的分数，分数在 1—7 分，即最低分为 1 分，表示"一点都不相似"；最高分为 7 分，表示"我就是这么做的！"遇到空格类____题目，请在后面写上您的答案哦。

题号	题项	分数/答案
10.	我的饮食中蔬菜居多	
11.	我的零食以水果为主	
12.	我平常喝酒	
13.	我平常抽烟	
14.	我经常外出就餐	
15.	外出点餐时食物分量以刚好吃完为准	
16.	我会打包外出就餐没吃完的食物	
17.	不使用一次性碗筷	
18.	买回家的食物都会在有效期内吃完	
19.	我只买品牌服装	
20.	我喜欢棉麻面料的衣服	
21.	我跟随潮流买衣服	
22.	每个季节我都会添置新装	
23.	超过三年的衣服我都会处理掉	
24.	我会手洗衣服	
25.	我会针对不同材质的衣服使用不同洗衣剂	
26.	我的部分衣服是在干洗店洗的	
27.	买东西时我会自带环保袋	
28.	我的电脑屏幕是 14 寸以下的	
29.	不使用打印机时我会关掉它的电源	
30.	我的电视屏幕尺寸是 36 英寸以上的	
31.	我使用的是节能冰箱	
32.	我日常的饮用水通过饮水机获得	

续表

题号	题项	分数/答案
33.	我会及时拔下家用电器插头	
34.	我家使用节能热水器	
35.	我家使用节水龙头	
36.	避免家庭用水跑、冒、滴、漏	
37.	用微波炉代替煤气灶加热食物	
38.	选用节能电饭锅	
39.	空调温度设置在25摄氏度	
40.	我家使用节能灯泡	
41.	购买简易包装的物品	
42.	再利用可回收物	
43.	我一年进医院3次以下	
44.	我经常购买非处方药	
45.	家里储藏了很多药品	
46.	很多药品没有在有效期内吃完	
47.	我每天吃滋补类药品	
48.	短途出行，我的主要工具是：____ （参考选项：1公交，2私用轿车，3自行车，4电动车，5步行，6其他）	
49.	排量是我买汽车的首要考虑因素	
50.	距离较近时我不坐车	
51.	长途出行，我的主要工具是：____ （参考选项：1长途汽车，2火车，3飞机，4轮船，5轿车，6其他）	
52.	我调整作息时间避免高峰期出行	
53.	能拼车时尽量拼车	
54.	我经常泡夜店	
55.	我经常看电影	
56.	我经常看文艺演出	
57.	我经常看书	
58.	我经常参加培训	
59.	我经常健身	

续表

题号	题项	分数/答案
60.	我经常旅行	
61.	我每天上网休闲	
62.	我每天看电视休闲	
63.	我家的房屋类型是____ （参考选项：1 独立式房屋，2 半独立式房屋，3 电梯房，4 小高层，5 平房，6 其他）	
64.	我家的人均居住面积____平方米。（参考选项：①20 平方米以下，②20—30 平方米，③30—40 平方米，④40—50 平方米，⑤50—60 平方米，⑥60 平方米以上）	
65.	我家房子的装修是____ （参考选项：1 没有装修，2 简易装修，3 普通装修，4 精致装修，5 豪华装修）	
66.	我居住的小区配套设施完善	
67.	我居住的小区绿化面积较多	
68.	我居住的小区交通便利	
69.	我家采用隔音措施	
70.	我家采用隔热措施	
71.	我居住的建筑采用环保建材	

三 消费价值观测量

下列说法您认同吗？请根据您的意见选择合适的选项。①非常不同意；②很不同意；③不同意；④一般；⑤同意；⑥很同意；⑦非常同意。

题号	题项	选项
72.	我羡慕富人的生活	
73.	我喜欢生活中有很多奢侈品	
74.	如果我能支付更多的东西我会更幸福	
75.	我羡慕有学识的人	

续表

题号	题项	分数/答案
76.	我喜欢思考问题	
77.	我认为品德比能力重要	
78.	我非常看重事情的结果	
79.	我在工作中依据利益最大化采取行动	
80.	我注重行动效率	
81.	我不赞同当"月光族"	
82.	我崇尚过简单的生活	
83.	我认为在现今仍然需要节约	
84.	我现在的生活水平已经很好了	
85.	我比上不足，比下有余	
86.	多总比少好	
87.	我赞同每月的开销设限额	
88.	购买不实用的东西是在浪费金钱	
89.	我能控制不购买超出我所属阶层的东西	
90.	如果同事获得了奖，我会感到很自豪	
91.	如果亲戚有经济困难，我会尽我的能力帮助他	
92.	如果需要，我们应该为国捐躯	
93.	我说过的事情，我都会尽力做到	
94.	我分内的事情，我都会尽力做到	
95.	正确的道德是行动的依据	
96.	当我忘了关水龙头时，我会感到内疚	
97.	当我看到开采过度的矿山时，我会感到担忧	
98.	当我踩踏了绿草时，我会感觉不好	
99.	当生活一成不变时，我会感到不安	
100.	我喜欢购买最新的产品	
101.	我喜欢追随时尚	
102.	当财务超支时，我会责备自己	
103.	我的生活很充实	
104.	我会想办法改变现状	
105.	我未来的生活正在向我理想中的样子迈进	
106.	当我想做某件事时，即使有困难，我也愿意去尝试	

续表

题号	题项	分数/答案
107.	我相信我有能力克服困难	
108.	为了未来，现在少赚一点也没关系	
109.	我有理财	
110.	我有职业生涯规划	
111.	对于有利益的事，只要法律不禁止，就可以干	
112.	对于有利益的事，即使违反道德，也可以干	
113.	对于有利益的事，即使风险较大，也值得干	

四 消费行为结果测量

下面的内容可以帮助您弄清楚您的钱花到哪里去了，可能有点费神，不过很有用哦。请根据您的实际情况填写。

114. 我的家庭每个月的饮食支出____。

①1000 元以下　　②1000—2000 元　　③2000—3000 元
④3000—4000 元　　⑤4000 元以上

115. 我每个月外出就餐支出____。（指在单位餐厅、饭店、酒店等消费场所的用餐）

①500 元以下　　②500—1000 元　　③1000—1500 元
④1500—2000 元　　⑤2000 元以上

116. 每年我个人服装支出____元。

①500 元以下　　②500—1000 元　　③1000—1500 元
④1500—2000 元　　⑤2000 元以上

117. 我的家庭购房支出____。

①50 万元以下　　②50 万—100 万元　　③150 万—200 万元
④250 万—300 万元　　⑤350 万元以上

118. 每年我个人医药支出____。

①500 元以下　　②500—1000 元　　③1000—1500 元
④1500—2000 元　　⑤2000 元以上

119. 我的家用电器支出____。

①5万元以下　　　　②5万—10万元　　　③10万—15万元
④15万—20万元　　　⑤20万元以上

120. 每个月家庭水费____。
①100元以下　　　　②100—300元　　　③300—500元
④500—700元　　　　⑤700元以上

121. 每个月家庭电费____。
①100元以下　　　　②100—300元　　　③300—500元
④500—700元　　　　⑤700元以上

122. 每个月家庭燃气费____。
①100元以下　　　　②100—300元　　　③300—500元
④500—700元　　　　⑤700元以上

123. 每个月个人娱乐场所消费支出____。
①500元以下　　　　②500—1000元　　　③1000—1500元
④1500—2000元　　　⑤2000元以上

124. 每年个人旅游景区消费支出____。
①500元以下　　　　②500—1000元　　　③1000—1500元
④1500—2000元　　　⑤2000元以上

125. 每年个人健身运动消费支出____。
①500元以下　　　　②500—1000元　　　③1000—1500元
④1500—2000元　　　⑤2000元以上

126. 工作后，个人提升学历支出____。
①1万元以下　　　　②1万—2万元　　　③2万—3万元
④3万—4万元　　　　⑤4万元以上

127. 工作后，个人技能培训支出____。
①5000元以下　　　　②5000—1万元　　　③1万—1.5万元
④1.5万—2万元　　　⑤2万元以上

128. 个人一年在报刊书籍消费____。
①100元以下　　　　②100—300元　　　③300—500元
④500—700元　　　　⑤700元以上

129. 个人一年在博物馆、图书馆等消费____。
①100元以下　　　　②100—300元　　　③300—500元

④500—700 元　　　　　⑤700 元以上

130. 家庭一年能储蓄____。

①3 万元以下　　　　　②3 万—6 万元　　　　③6 万—9 万元

④9 万—12 万元　　　　⑤12 万元以上

131. 家庭投资性房产支出____。

①50 万元以下　　　　　②50 万—100 万元　　　③150 万—200 万元

④250 万—300 万元　　　⑤350 万元以上

132. 家庭汽车购买支出____。

①10 万元以下　　　　　②10 万—20 万元　　　　③20 万—30 万元

④30 万—40 万元　　　　⑤40 万元以上

133. 家庭汽车每个月加油费____。

①500 元以下　　　　　②500—1000 元　　　　　③1000—1500 元

④1500—2000 元　　　　⑤2000 元以上

134. 汽车使用维护费每年支出____。（包括保险、维修、洗车等）

①3000 元以下　　　　　②3000—6000 元　　　　③6000—9000 元

④9000—12000 元　　　　⑤12000 元以上

135. 每个月个人公共交通支出____。（包括公交车、计程车、火车、飞机、轮船等）

①100 元以下　　　　　②100—300 元　　　　　③300—500 元

④500—700 元　　　　　⑤700 元以上

136. 家庭购买股权支出____。（包括股票、债券等）

①10 万元以下　　　　　②10 万—20 万元　　　　③20 万—30 万元

④30 万—40 万元　　　　⑤40 万元以上

137. 每年个人保险支出____。

①1000 元以下　　　　　②1000—5000 元　　　　③5000—1 万元

④1 万—1.5 万元　　　　⑤1.5 万元以上

138. 个人平均每年购买电话____。

①1000 元以下　　　　　②1000—3000 元　　　　③3000—5000 元

④5000—7000 元　　　　⑤7000 元以上

139. 个人平均每个月电话费____。

①50 元以下　　　　　　②50—100 元　　　　　　③100—150 元

④150—200 元　　　　　⑤200 元以上

140. 家庭购买电脑花费____。

①2000 元以下　　　　②2000—4000 元　　　③4000—6000 元

④6000—8000 元　　　⑤8000 元以上

141. 每个月家庭网络通信费支出____。

①100 元以下　　　　　②100—200 元　　　　③200—300 元

④300—500 元　　　　　⑤500 元以上

142. 个人每年碳补偿支出____。（碳补偿是向专门机构缴纳的补偿个人碳排放的费用）

①100 元以下　　　　　②100—300 元　　　　③300—500 元

④500—700 元　　　　　⑤700 元以上

143. 个人每年环保基金捐赠支出____。

①100 元以下　　　　　②100—300 元　　　　③300—500 元

④500—700 元　　　　　⑤700 元以上

144. 个人每年环境保护费支出____。（包含垃圾处理费、物业管理费等）

①100 元以下　　　　　②100—300 元　　　　③300—500 元

④500—700 元　　　　　⑤700 元以上

145. 个人每年爱心捐赠支出____。（包含各类慈善捐款）

①100 元以下　　　　　②100—300 元　　　　③300—500 元

④500—700 元　　　　　⑤700 元以上

参考文献

阿兰·兰德尔:《资源经济学:从经济角度对自然资源和环境政策的探讨》,商务印书馆1989年版。

阿兰·佩雷菲特:《论经济"奇迹"》,中国发展出版社2001年版。

[法]阿兰·佩雷菲特著:《论经济"奇迹"法兰西学院教程》,朱秋卓、杨祖功译,中国发展出版社2010年版。

阿马蒂亚·森:《以自由看待发展》,中国人民大学出版社2002年版。

白书祥:《按生产要素分配与收入公平分配的关联分析及其对策》,《中州学刊》2007年第1期。

保罗·萨缪尔森、威廉·诺德豪斯:《微观经济学》(第十六版),华夏出版社1999年版。

包庆德:《消费模式转型:生态文明建设的重要路径》,《中国社会科学院研究生院学报》2011年第2期。

伯特·马尔库塞著:《现代文明与人的困境:马尔库塞文集》,李小兵译,上海三联书店1989年版。

波德里亚:《消费社会》,南京大学出版社2001年版。

[英]庇古著:《福利经济学》,金镝译,华夏出版社2007年版。

钞小静、任保平:《中国经济增长结构与经济增长质量的实证分析》,《当代经济科学》2011年第6期。

查道中、吉文惠:《城乡居民消费结构与产业结构、经济增长关联研究——基于VAR模型的实证分析》,《经济问题》2011年第7期。

曹玉书、尤卓雅:《资源约束、能源替代与可持续发展——基于经济增长理论的国外研究综述》,《浙江大学学报》(人文社会科学版)

2010年第4期。

曹丽娟：《试论绿色产品的定位与开发》，《新疆农垦经济》，1997年第4期。

巢桂芳：《公益广告发展现状调查及未来发展之思考》，《生产力研究》，2009年第22期。

陈新建、董涛：《有机食品溢价、消费者认知与支付意愿研究——以有机水果为例的实证分析》，《价格理论与实践》2012年第11期。

道格拉斯·C. 诺思：《经济史中的结构与变迁》，上海三联书店1994年版。

道格拉斯·C. 诺思：《制度、意识形态和经济绩效》，载詹姆斯·A. 道等《发展经济学的革命》，上海人民出版社2000年版。

董天策：《消费文化的学理内涵与研究取向》，《西南民族大学学报》（人文社科版），2008年第10期。

段雪梅：《浅析区域产业可持续发展的影响因素》，《特区经济》2006年第12期。

邓卫华、易明、杨斌：《基于信任的网络社区口碑信息链式传播机制研究》，《情报资料工作》2014年第2期。

范柏乃、汪涛、马庆国：《国际可持续发展经济政策综述》，《中国人口·资源与环境》1998年第3期。

冯丽、白桦：《陕西省产业结构、消费结构与经济增长的VAR模型分析》，《西安财经学院学报》2011年第4期。

高丽华、张璐：《电视公益广告的文化价值观研究——基于"黄河奖"的作品分析》，《电视研究》2014年第8期。

高娟：《美国社会福利体系的架构及启示》，《经济纵横》2014年第2期。

高波、张志鹏：《发展经济学——要素、路径与战略》，南京大学出版社2008年版。

郭守亭：《中国城市化过程中的消费结构研究》，河南人民出版社2006年版。

关琰珠、郑建华、庄世坚：《生态文明指标体系研究》，《中国发展》2007年第2期。

关兵、范德成：《基于消费者行为视角的我国有机食品发展研究》，《理论探讨》2013 年第 3 期。

郝枫：《要素份额决定机制与影响因素研究述评》，《财贸研究》2014 年第 4 期。

黄平：《生活方式与消费文化》，《天涯》2003 年第 6 期。

黄希庭、张志杰：《青少年时间管理倾向量表的编制》，《心理学报》2001 年第 4 期。

［美］霍利斯·钱纳里著：《结构变化与发展政策》，朱东海、黄钟译，经济科学出版社 1991 年版。

简新华：《产业经济学》，武汉大学出版社 2001 年版。

姜洋、邓翔：《替代还是互补——中国政府消费与居民消费关系实证分析》，《财贸研究》2009 年第 3 期。

贾绍凤、毛汉英：《国外可持续发展度量研究综述》，《地球科学进展》1999 年第 6 期。

金春华、王雷、王欣：《可持续发展研究的新视角——ICT、环境与经济增长的关系》，《工业技术经济》2013 年第 2 期。

姜磊、吴玉鸣：《中国省域能源边际效率评价——来自面板数据的能源消费结构考察》，《资源科学》2010 年第 11 期。

蒋建国：《论网络消费文化的特征》，《贵州社会科学》2010 年第 12 期。

［美］杰克·赫舒拉发，阿米亥·格雷泽，大卫·赫舒拉发著：《价格理论及其应用：决策、市场与信息》，李俊慧、周燕译，机械工业出版社 2009 年版。

［奥］卡尔·门格尔著：《国民经济学原理》，刘絜敖译，上海人民出版社 2005 年版。

孔竞成：《税收调节的是收入分配不公，还是收入分配差距过大》，《经济研究参考》2014 年第 6 期。

厉以宁：《论加尔布雷斯的制度经济学说》，商务印书馆 1979 年版。

［英］纳索·威廉·西尼尔著：《政治经济学大纲：节欲能积累更多资本》，彭逸林译，人民日报出版社 2010 年版。

李国璋、霍宗杰：《中国能源消费、能源消费结构与经济增长——基于

ARDL 模型的实证研究》,《当代经济科学》2010 年第 3 期。

李晓阳、吴彦艳、王雅林:《基于比较优势和企业能力理论视角的产业升级路径选择研究——以我国汽车产业为例》,《北京交通大学学报》(社会科学版) 2010 年第 2 期。

李景华:《运筹学:理论、模型与 Excel 求解》,上海财经大学出版社 2012 年版。

李敏:《运筹学基础及应用》,武汉大学出版社 2014 年版。

李博:《产业结构优化升级的综合测评和动态监测研究》,华中科技大学出版社 2013 年版。

李军,孙彦彬:《产业结构优化模型及其评价机制研》,华南理工大学出版社 2009 年版。

林毅夫:《关于制度变迁的经济学理论:诱致性变迁与强制性变迁》,载 R. 科斯等《财产权利与制度变迁——产权学派与新制度学派译文集》,上海人民出版社 1994 年版。

刘耀彬:《中国城市化与能源消费关系的动态计量分析》,《财经研究》2007 年第 11 期。

刘海云:《我国城乡居民消费结构与产业升级、经济增长》,《经济问题》2011 年第 11 期。

刘昱含:《某市重点用能企业的能源消费结构调查浅析》,《资源节约与环保》2013 年第 2 期。

刘涛、曲福田、金晶、石晓平:《土地细碎化、土地流转对农户土地利用效率的影响》,《资源科学》,2008 年第 10 期。

刘保珺:《产业结构演变成因分析模型及其应用》,中国统计出版社 2010 年版。

刘江:《消费者行为研究的新视野——消费文化》,《北京商学院学报》1994 年第 4 期。

[美] 罗斯托著:《从起飞进入持续增长的经济学》,贺力平等译,四川人民出版社 1988 年版。

罗浩波:《社会文明学导论》,浙江大学出版社 2010 年版。

吕宁、任旺:《抵制消费主义,构建健康文明的消费模式》,《消费导刊》2009 年第 20 期。

骆建建、聂家昕:《符号消费理论研究——解析波德里亚的"消费社会"》,《北方论丛》2005年第4期。

卢小丽、赵奥、王晓岭:《公众参与自然资源管理的实践模式——基于国内外典型案例的对比研究》,《中国人口·资源与环境》2012年第7期。

马克思:《资本论》第1卷,人民出版社1972年版。

孟夏:《经济增长的内审高技术分析》,天津人民出版社2001年版。

迈克尔·P. 托达罗著:《经济发展与第三世界》,印金强译,中国经济出版社1992年版。

彭华民、齐麟:《中国社会福利制度发展与转型:一个制度主义分析》,《福建论坛》(人文社会科学版)2011年第10期。

彭水军、包群:《环境污染、内生增长与经济可持续发展》,《数量经济技术经济研究》2006年第9期。

庞世伟、王英:《消费观变革与可持续发展》,《中国人口·资源与环境》2004年第2期。

庞晓波:《内生经济增长理论》,吉林大学出版社2004年版。

[奥] 庞巴维克著:《资本实证论》,陈端译,商务印书馆2011年版。

潘胜文、杨丽艳:《西方社会福利制度的改革及启示》,《武汉大学学报》(哲学社会科学版)2005年第6期。

曲振涛、杨恺钧:《规制经济学》,复旦大学出版社2006年版。

[法] 让·巴蒂斯特·萨伊:《政治经济学概论财富的生产、分配和消费》,商务印书馆1963年版。

芮明杰:《产业经济学》,上海财经大学出版社2012年版。

司金銮:《论生态需要与可持续发展问题——中国可持续消费模式理论的一个需要命题探究》,《经济体制改革》2001年第3期。

孙咏梅:《"要素所有权"与"要素贡献"——论"按要素分配"问题的实质与衡量标准》,《经济学家》2003年第3期。

孙长学:《完善资本要素参与分配的机制》,《宏观经济管理》,2014年第4期。

孙咏梅:《资本效率理论与产业增长》,博士学位论文,中国人民大学,2010年。

田志龙、杨文、龙晓枫：《影响中国消费行为的社会规范及消费者的感知——对消费者规范理性的探索性研究》，《经济管理》2011 年第 1 期。

田北海：《社会福利概念辨析——兼论社会福利与社会保障的关系》，《学术界》2008 年第 2 期。

汤跃跃、张毓雄：《农村居民消费结构与转变经济发展方式——基于 1978—2010 年经验数据的实证检验》，《财经科学》2011 年第 9 期。

汤建龙：《在萨特和马克思之间：安德瑞·高兹早中期哲学思想解读》，南京师范大学出版社 2011 年版。

唐召云：《可持续发展与消费方式的转变》，《统计与决策》2005 年第 7 期。

唐晓云：《产业升级研究综述》，《科技进步与对策》，2012 年第 4 期。

唐伯宽：《投入产出表编制与应用实践》，中国统计出版社 1988 年版。

［美］托斯丹·邦德·凡勃伦著：《有闲阶级论——关于制度的经济研究》，蔡受百译，商务印书馆出版 2004 年版。

谭崇台：《发展经济学概论》，武汉大学出版社 2008 年版。

［英］威廉·配第著：《赋税论》，邱霞、原磊译，华夏出版社 2006 年版。

威廉·伊斯特利，《在增长的迷雾中求索》，中信出版社 2005 年版。

［美］威廉·阿瑟·刘易斯著：《二元经济论》，施炜等译，北京经济学院出版社 1989 年版。

王玉生、陈剑旎：《关于节俭与消费的道德思考》，《道德与文明》2003 年第 1 期。

王军、朱垒：《绿色产品价格分担的经济学基础及机制探究》，《湖南社会科学》2014 年第 1 期。

王建明：《可持续消费管制的基本理论问题研究——内涵界定、目标定位和机制设计》，《浙江社会科学》2011 年第 12 期。

王志宏、刘荣英：《经济可持续发展分析模型的理论与方法》，《中国人口·资源与环境》1998 年第 1 期。

王定祥、李伶俐、冉光和：《金融资本形成与经济增长》，《经济研究》

2009年第9期。

王俊豪：《产业经济学》，高等教育出版社2012年版。

万红飞、周德群、高亚平：《可持续发展的能源、环境、经济（3E）关联模型》，《连云港化工高等专科学校学报》2000年第1期。

魏峰、江永红：《劳动力素质、全要素生产率与地区经济增长——基于安徽省17个地级市的研究》，《人口与经济》2013年第4期。

吴先满、蔡笑、徐春铭：《中外投资、消费关系的比较研究》，《世界经济与政治论坛》2006年第1期。

吴碧华、程宏：《消费与可持续发展》，《人文地理》2001年第5期。

吴振球：《政府经济规制理论研究》，湖北人民出版社2010年版。

邬义钧，胡立君：《产业经济学》，中国财政经济出版社2002年版。

［美］西蒙·库兹涅茨著：《各国的经济增长总产值和生产结构》，常勋等译，商务印书馆1999年版。

［瑞士］西斯蒙第著：《政治经济学新原理：或论财富同人口的关系》，何钦译，商务印书馆2011年版。

夏明，张红霞：《投入产出分析：理论、方法与数据》，中国人民大学出版社2013年版。

肖黎明：《凯恩斯节俭悖论之悖论——可持续发展模式中的消费观》，《生产力研究》2004年第1期。

肖浩辉：《加强消费文化研究提高消费文明》，《消费经济》1994年第6期。

［英］亚当·斯密著：《国富论：国民财富的性质和起因的研究》，谢祖钧等译，中南大学出版社2008年版。

杨艳琳、陈银娥：《经济可持续发展的消费模式转变》，《消费经济》2007年版。

杨小凯：《经济学新兴古典与新古典框架》，社会科学文献出版社2003年版。

杨智、董学兵：《价值观对绿色消费行为的影响研究》，《华东经济管理》2010年第10期。

尹世杰：《消费经济学》，高等教育出版社2007年版。

于伟：《消费者绿色消费行为形成机理分析——基于群体压力和环境认

知的视角》,《消费经济》2009 年第 4 期。

袁志彬:《中国绿色消费的主要领域和对策探索》,《消费经济》2012 年第 3 期。

袁建文:《投入产出分析实验教程》,上海人民出版社 2011 年版。

原毅军、董琨:《产业结构的变动与优化:理论解释和定量分析》,大连理工大学出版社 2008 年版。

阎志强、钟英莲:《劳动力素质对广东经济增长的影响》,《南方人口》2009 年第 4 期。

张洪慧、李家芝:《论可持续发展的消费模式》,《齐鲁学刊》2002 年第 4 期。

张力、田大钢:《中国现代城镇化水平与能源消费结构的实证研究》,《金融经济》,2013 年第 8 期。

张璐琴:《劳资分配与养老保险》,知识产权出版社 2011 年版。

张培刚:《发展经济学教程》,经济科学出版社 2001 年版。

张筱慧、李勤:《消费·消费文化·消费主义——从使用价值消费到符号消费的演变逻辑》,《学术论坛》2006 年第 9 期。

张开:《等价交换、等量劳动互换与干预分配》,《经济学家》2011 年第 5 期。

郑毅敏:《有机食品消费者的认知及购买行为实证分析》,《江苏商论》2009 年第 12 期。

郑功成:《中国社会福利的现状与发展取向》,《中国人民大学学报》2013 年第 2 期。

赵宝春:《消费者伦理信念水平与其出生地的关联:中国城乡二元社会背景下的实证研究》,《管理世界》2011 年第 1 期。

赵成:《生态文明的内涵释义及其研究价值》,《思想理论教育》2008 年第 5 期。

赵玉林:《产业经济学》,武汉理工大学出版社 2004 年版。

[日] 植草益著:《微观规制经济学》,朱绍文等译,中国发展出版社 1992 年版。

左冬梅、李树苗、吴正:《农村老年人家庭代际经济交换的年龄发展轨迹——成年子女角度的研究》,《当代经济科学》2012 年第 4 期。

朱信凯、骆晨：《消费函数的理论逻辑与中国化：一个文献综述》，《经济研究》2011年第1期。

朱小翠：《舆论的隐喻引导与组织认同：新媒体环境下新闻编辑舆论引导功能研究》，浙江大学出版社2014年版。

Aiyagari S. , "Optimal capital income taxation with incomplete markets, borrowing constraints, and constant discounting", *Serial Online*, 1994.

Aiyar, S. and J. Feyrer. , "A Contribution to the Empirics of Total Factor Productivity", *Dartmouth College Working Paper*, 2002.

Akihiko Kaneko, Daisuke Matsuzaki. , "Consumption Tax and Economic Growth in an Overlapping Generations Model With Money Holdings", *J Econ* (2009) 98: 155 – 175.

Albers – Miller, "Student Perceptions of Study Abroad Programs: A Survey of Us Colleges and Universities", *Marketing Education Review*. Fall 99, Vol. 9, Issue 1, pp. 29 – 38. 8p. 5 Charts.

Ameriks J, Caplin A, Leahy J, Tyler T. , "Measuring Self – Control Problems", *American Economic Review*, June 2007, 97 (3): 966 – 972.

Andrew Targowski. , "Towards A Composite Definition and Classification of Civilization", *Comparative Civilizations Review*, 2009.

Angeletos G. , "The Hyberbolic Consumption Model: Calibration, Simulation, and Empirical Evaluation", *Journal of Economic Perspectives*, Summer 2001, 15 (3): 47 – 68.

Bai Y, Zhou L, Li J. , "Organochlorine Pesticide (HCH and DDT) Residues in Dietary Products from Shaanxi Province, People's Republic of China", *Bulletin of Environmental Contamination & Toxicology*, March 2006, 76 (3): 422 – 428.

Benhabib, J. and M. M. Spiegel. , "The Role of Human Capital in Economic Development: Evidence from Aggregate Cross – country Data", *Journal of Monetary Economics*, 1994, 34.

Bergstrom T. , "On the evolution of altruistic ethical rules for siblings", *American Economic Review*, March 1995, 85 (1): 58.

Bilsky W, Schwartz S. , "Values and Personality. *European Journal of Per-*

sonality", September 1994, 8 (3): 163 – 181.

Blustein D, Palladino Schultheiss D, Flum H., "Toward a Relational Perspective of the Psychology of Careers and Working: A Social Constructionist Analysis. *Journal of Vocational Behavior*", June 1, 2004, 64 (3): 423 – 440.

Bole, David; Pipan, Primož and Komac, Blaž., "Cultural Values and Sustainable Rural Development: A brief introduction", *Geografski Zbornik/Acta Geographica Slovenica*, 2013, Vol. 53, Issue 2, pp. 4, 367 – 370.

Bond M, Feather N., "Some Correlates of Structure and Purpose in the Use of Time", *Journal of Personality & Social Psychology*, August 1988, 55 (2): 321 – 329.

Borgmann, Albert, "The Moral Complexion of Consumption", *Journal of Consumer Research*. Mar, 2000, Vol. 26, Issue 4, pp. 5, 418 – 422.

Britton B, Tesser A., "Effects of Time – Management Practices on College Grades", *Journal of Educational Psychology* [serial online]. September 1991, 83 (3): 405.

Cahill – O'Callaghan R., "The Influence of Personal Values on Legal Judgments", *Journal of Law & Society*. November 2013, 40 (4): 596 – 623.

Carrigan M, Attalla A., "The Myth of the Ethical Consumer – Do Ethics Matter in Purchase Behaviour", *Jornal of Consumer Marketing*. December 2001, 18 (7): 560 – 577.

Coulborn, R., "Structure and Process in the Rise and Fall of Civilized Societies", *Comparative Studies in Society and History*, 1996, Ⅷ – 4: 404.

Dolan P, Kahneman D., "Interpretations of Utility and Their Implications for the Valuation of Health", *Economic Journal*, January 2008, 118 (525): 215 – 234.

Edouard Challey, Xavier Ragotz, "Precautionary Saving over the Business Cycle", *Working Paper*, February 5, 2013.

Edwards G, Mitchell W., "Explaining Presidential Approval: The Significance of Issue Salience", *American Journal of Political Science*, February 1995, 39 (1): 108.

Farhat - Holzman L., "Civilization and Its Enemies: The Next Stage of History", *Comparative Civilizations Review*, n. d.; 2004 (53): 119 - 123.

Fudenberg D, Levine D., "A Dual - Self Model of Impulse Control", *American Economic Review*, December 2006, 96 (5): 1449 - 1476.

Gabriel C, Sherman E, Lang T, "Aichhorn M, Evertz H., Finite - temperature Investigation of Quarter Filled Ladder Systems", *Physica B*, April 30, 2005, 359 - 361, 1400 - 1402.

Greimel E, Nehrkorn B, Schulte - Ruther M, et al., "Neural Mechanisms of Encoding Social and Non - Social Context Information in Autism Spectrum Disorder", *Neuropsychologia*, December 1, 2012, 50 (14): 3440 - 3449.

Gul F, Pesendorfer W., "Self - Control, Revealed Preference and Consumption Choice", *Review of Economic Dynamics*, April 2004, 7 (2): 243 - 264.

Happaerts, Sander., "Sustainable Development in Quebec and Flanders: Institutionalizing Symbolic Politics", *Canadian Public Administration*, 2012 (4): 553 - 73.

Heath, Alexandra; Freudenthal, Franz P., "Chronic Hypobaric Hypoxia, Patent Arterial Duct and A New Interventional Technique to Close It.", *Cardiology in the Young*. Apr 2012, Vol. 22, Issue 2, pp. 8, 125 - 135.

Henrich J, Boyd R, McElreath R, et al., "In Search of Homo Economicus: Behavioral Experiments in 15 Small - Scale Societies", *American Economic Review*, May 2001, 91 (2): 73 - 78.

Hill C., Cooperation, "Opportunism, and the Invisible Hand: Implications for Transaction Cost Theory", *Academy of Management Review*, July 1990, 15 (3): 500 - 513.

Hiu - Wai Lai J, Bond M, Heung - Hung Hui N., "The Role of Social

Axioms in Predicting Life Satisfaction: A Longitudinal Study in Hong Kong", *Physcology* [serial online]. December 2007, 8 (4): 517 – 535.

Hobson K., "Environmental Psychology and the Geographies of Ethical and Sustainable Consumption: Aligning, Triangulating, Challenging", *Area*, September 2006, 38 (3): 292 – 300.

Huntington, Samuel P., "The Clash of Civilizations?", *Foreign Affairs*. Summer 93, Vol. 72, Issue 3, pp. 28, 22 – 49.

Humphrey J. Schmitz H., "Governance and Upgrading: Linking Industrial Cluster and Global Value Chain Research", *Briton, University of Sussex*, 2000.

Jaggar D., "History and Basic Introduction to Veterinary Acupuncture", *Problems In Veterinary Medicine*, March 1992, 4 (1): 1 – 11.

Kaplinsky R, Morris M., "Understanding Upgrading Using Value Chain Analysis", *A Handbook for Value Chain Research*, Paper for IDRC 2002.

Kilduff, P. D. F., Priestland C., "Strategic Transformation in the US Textile and Apparel Industries: A Study of Business Dynamics with Forecasts Up to 2010", Working Paper, *North Carolina state university*. 2011.

Klarer, David M., "Fahnenstiel, Gary L. Modeling Net Ecosystem Metabolism with an Artificial Neural Network and Bayesian Belief Network", *Environmental? Modelling & Software*. Oct. 2011, Vol. 26, Issue 10, pp. 1199 – 1210.

Koehn D., "Virtue Ethics, The Firm, and Moral Psychology", *Business Ethics Quarterly*, July 1998, 8 (3): 497 – 513.

Krusell P, Smith A., "Quantitative Macroeconomic Models with Heterogeneous Agents. Advances in Economics and Econometrics: Theory and Applications", *Ninth World Congress. Volume 1* [e – book]. Econometric Society Monographs No. 41, 2006: 298 – 340.

Krusell P, Smith A., "Consumption – Savings Decisions with Quasi – geometric Discounting", *Econometrica*, January 2003, 71(1): 365 – 375.

Kumar N, Scheer L, Steenkamp J. , "The Effects of Supplier Fairness on Vulnerable Resellers", *Journal of Marketing Research* (*JMR*), February 1995, 32 (1): 54 –65.

Kuran, Timur. , "Explaining the Economic Trajectories of Civilizations: The Systemic Approach", *Journal of Economic Behavior & Organization*. Sep. 2009, Vol. 71, Issue 3, pp. 13, 593 –605.

Leonard – Barton D. , "Voluntary Simplicity Lifestyles and Energy Conservation", *Journal of Consumer Research*, December 1981, 8 (3): 243 – 252.

Lorek, Sylvia. , "Fuchs, Doris. , Strong Sustainable Consumption Governance – Precondition for A Degrowth Path?", *Journal of Cleaner Production*. Jan 2013, Vol. 38, pp. 36 –43.

Lorek, Sylvia, Fuchs, Doris. , "Strong Sustainable Consumption Governance – Precondition for a Degrowth Path?", *Journal of Cleaner Production*, 2013 (38): 36 –43.

Lucas, R. E. , "On the Mechanics of Economic Development", *Journal of Monetary Economics*, 1988, 22.

Mak T, Sedcole P, Cheung P, Luk W. , "Wave – Pipelined Intra – Chip Signaling for on – FPGA Communications", *Integration: The VLSI Journal*, April 2010, 43 (2): 188 –201.

Mazur N, Deviatnin V. , "A Method for Determining Quinoline in the Presence of Isoquinoline", *Meditsinskaia Promyshlennost' SSSR* [serial online] . June 1966, 20 (6): 50 –53.

McDonald, Seonaidh, Caroline Oates, Maree Thyne, Panayiota Alevizou, and Leigh – Ann McMorland. , "Comparing Sustainable Consumption Patterns across Product Sectors", *International Journal of Consumer Studies*, 2009 (2): 137 –45.

McGaughey, W. , Five Epochs of Civilization. *Minneapolis, MN: Thistlerose Publications.* 2000.

Melko, Matthew. , "Hostility Between Civilizations Reconsidered", *Midwest Quarterly. Autumn*, 2006, Vol. 48, Issue 1, pp. 18, 50 –67.

Michelle Levander S. , "Female Scholars at Stanford University Discuss Problems of Gender Equity", *San Jose Mercury News* (CA); 2011 (2): 17 – 18.

Mino K, Shibata A. , "Growth and Welfare Effects of Monetary Expansion in An Overlapping Generations Model", *Jpn Econ Rev*, 2000 (51): 407 – 430.

Mzavanadze, Nora. , "Building a Framework for National Sustainable Development Assessment and Application for Lithuania: Sustainability in Transition", *Journal of Environmental Assessment Policy & Management*, 2009 (1): 97 – 130.

Porter M E. , "The Competitive Advantage of Nations", *New York, Free Press*, 1990

Pratt J. , "Food Values: The Local and the Authentic", *Research In Economic Anthropology*, September 2008, 28: 53 – 70.

Priyanto, Yul Fanani, Zaenal and Sasmitojati, Soemarno. , "Environmental Awareness As An Education Paradigm for Sustainable Development in Vocational High School of KediriI, East Java", *International Journal of Academic Research*. Sep. 2013, Vol. 5, Issue 5, pp. 6, 7 – 12.

Rabin M. , "Incorporating Fairness Into Game Theory and Economics", *American Economic Review*, December 1993, 83 (5): 1281.

Rascón B, Harrison J. , "Oxygen Partial Pressure Effects on Metabolic Rate and Behavior of Tethered Flying Locusts", *Journal of Insect Physiology*, November 2005, 51 (11): 1193 – 1199.

Richins M, Dawson S. , "A Consumer Values Orientation for Materialism and Its Measurement: Scale Development and Validation", *Journal of Consumer Research*. December 1992, 19 (3): 303 – 316.

Richins M. , "The Material Values Scale: Measurement Properties and Development of a Short Form", *Journal of Consumer Research* . June 2004, 31 (1): 209 – 219.

Romer, P. M. , "Increasing Returns and Long – run Growth", *Journal of Political Economy*, 1986, 94 (5) .

Sayer L, Mattingly M., "Gender Differences and Changes Over Time in the Relationship Between Free Time and Individual's Perceived Time Pressure", *Conference Papers—American Sociological Association*. August 16, 2003: 1 –21.

Schwartz R, Jones K, Gugino L, et al., "The Value of Cerebral Angiography in Predicting Cerebral Ishemia During Carotid Endarterectomy", *American Journal of Roentgenology*. November 1992, 159 (5): 1057 – 1061.

Scoones D, Wen J., "Common and Private Values of the Firm in Tax Competition", *Journal of Public Economic Theory*. October 2001, 3 (4): 373 – 389.

Seyfang G., "Consuming Values and Contested Cultures: A Critical Analysis of the UK Strategy for Sustainable Consumption and Production", *Review of Social Economy*. Special Issue 2004, 62 (3): 323 – 338.

Senet P., "Physiopathology of Normal Cutaneous Cicatrization and in Leg Ulcer", *Annales De Dermatologie Et De Vénéréologie*. March 2001; Suppl: 5 – 8.

Seelos C, Mair J., "Profitable Business Models and Market Creation in the Context of Deep Poverty: A Strategic View", *Academy of Management Perspectives* [serial online]. November 2007, 21 (4): 49 – 63.

Targowski A., "A Grand Model of Civilization", *Dialogue & Universalism* [serial online]. September 2003, 13 (9/10): 0 – 95.

Smith, Barry, "The Measure of Civilizations", *Academic Questions*. Winter 2002/2003, Vol. 16, Issue 1, pp. 7, 16.

Targowski, Andrew., "A Dynamic Model of An Autonomous Civilization", *Dialogue & Universalism*. 2004, Vol. 14, Issue 1/2, pp. 14, 77 – 90.

Thompson C, Coskuner – Balli G., "Enchanting Ethical Consumerism", *Journal of Consumer Culture*, November 2007, 7 (3): 275 – 303.

Throne R, Olson L., "Generalized Eigensystem Techniques for the Inverse Problem of Electrocardiography Applied", *IEEE Transactions on Biomedical Engineering*, June 1997, 44 (6): 447.

Titmus R., "Social Medicine", *British Journal of Sociology*, September 1952, 3 (3): 281-282.

Wang, Ping Liu, Qian and Qi, Yu, "Factors Influencing Sustainable Consumption Behaviors: A Survey of the Rural Residents in China", *Journal of Cleaner Production.* Jan 2014, Vol. 63, pp. 4, 152-165.

Ward D, Clark C, Jensen K, Yen S., "Consumer Willingness to Pay for Appliances Produced by Green Power Partners", *Energy Economics.* November 2011, 33 (6): 1095-1102.

Weil P, "Overlapping families of infinitely-lived agents", *J Public Econ*, 1989 (38): 183-198.

Wilensky H., *Industrial Sociology*: "The Social Relations of Industry and the Community", *American Sociological Review.* August 1958, 23 (4): 460-461.

Witt Ulrich., "The Dynamics of Consumer Behavior and the Transition to Sustainable Consumption Patterns", *Environmental Innovation and Societal Transitions*, 2011 (1): 109-114.

致　谢

时间已至2015年11月23日，我已经在消费文明这个主题上兜兜转转了两年半载。一千零一夜的思考一直萦绕在脑际：消费文明究竟是不是一个值得研究的主题？文明消费与可持续消费的区别在哪里？消费文明与可持续发展的关系究竟该从什么角度去论述？……这些疑惑促使我阅读了大量书籍，横跨多个学科去寻找答案。在不断的质疑中，我孑然前行，经历了挣扎与痛苦，也有顿悟的欣然与安慰。

消费文明是经济社会发展到一定阶段之后必须要思考的问题。通过观察中国当今社会突出的热点问题，如环境污染、生态破坏、社会报复、产能过剩、产业结构失衡等，我们可以发现中国的社会问题与经济问题已经不能截然分开。从消费的角度研究问题比从生产的角度研究问题能更直接地反映最广大人民群众的利益。一个社会的消费文明是经济、政治、文化的综合反映，是历史发展到某个阶段的一种状态。在中华人民共和国成立的60余年里，我国的消费文明发生了剧烈变化，由消费引起的各类问题日益凸显，是时候在全社会提倡文明消费了。虽然，可持续发展、生态文明的议题被提出后，学术界一直以"可持续消费"为消费方式的核心内容，但是，可持续消费与居民的日常思维相差较远，过强的学术化用语让消费者不能形成一个形象的意识。况且，可持续消费研究目前也停留在思想意识阶段，没有得到深化。文明消费让消费者以"文明人"的标准来要求自己，更容易构建和谐的关系。文明之所以是在人类社会中出现而不是在荒蛮的动物群落中出现，就是因为人类懂得建立规则来理顺群体关系。文明的字面意义是"以文明示"，即以文字表达规则，告知大家都必须遵守。文明消费的核心思想是建立"人与物质、人与他人、人与自然"的和谐关系,这一点与可持续消费的内容完全一致。文明消费方式的实行,重点是为了解决各类关系问题。但遗憾的是,消费关系在经济学中的研究并不多,人们更多关注的是投入产出的生产关系。因此,《中国当代消费文明与可持续发展研究》的论证过程经历了从以消费关系为基本出发点到以生产关系为基本出点的转换。

虽然,这样的转换更符合产业经济学的学科要求,但是,产业经济的问题不只是产业本身的问题,它与消费也紧密相连,消费需求、消费水平、消费结构、消费倾向的变化也会推动产业结构的调整与优化。这样的学术论证非常丰富,使消费与产业之间的关系波动机理成了公理。产业范围的抽象性与数据的难获取性,使产业经济理论在发展过程中受到诸多牵绊,尤其在网络经济时代,由消费需求推动的虚拟产业及产业虚拟集聚越来越多,如果还只将眼光放在产业本身,可能只会使研究的路越走越窄。

《中国当代消费文明与可持续发展研究》的写作是一个否定之否定的过程,作为博士生,选择一个新术语、新领域是有风险的。但正因为如此,我才能不拘泥于已有观点,用自己的眼睛和大脑去突破一个又一个质疑,训练自己发现问题、分析问题、解决问题的能力,这才是博士生应该学习的关键。这段经历让我无愧于自己的博士研究生学历。

"消费文明"主题是我的博士生导师郭守亭教授提出的,他敏锐的眼光和独到的分析让我有了钻研下去的动力。博士三年半,得到恩师的许多教导,学生感激不尽。在论文开题及写作过程中,得到了中南财经政法大学胡立君教授、任剑新教授、汪海粟教授、石军伟教授、陈建民教授、陈志浩教授、吴振球副教授的指导,得到了武汉大学简新华教授、武汉理工大学赵玉林教授、中南民族大学梁世夫教授、武汉市社会科学研究院吴永保研究员的指点,得到了贵州财经大学谢鹏教授、李家凯博士、李佛关博士的点拨,在此向他们表示衷心的感谢。

在此,也要感谢中南财经政法大学的博士生同学,俞彤晖、姜玉勇、寇垠、郑玉、李万方,是他们的陪伴与鼓励,让我在求学路上不孤单;感谢贵州财经大学的同事,是他们的大力支持让我能静心学习;感谢我的学生杨旭刚、宋可、王娇娇、彭琪、欧阳璇剑、刘秀江、高宇星、胡世凯、廖雷雷、袁启培、陆维敏、李华健，他们在炎炎夏日走上街头，帮我完成了调查问卷的发放与数据收集工作；感谢我的家人及好友，是他们的默默分担，让我有了今天的收获。

　　本书在写作过程中，参阅了大量学者的研究成果。虽然尽最大努力列出了参考文献，但难免存在疏漏之处，在此向这些前辈表示诚挚的谢意。由于我写作水平有限，文中肯定会有不如意之处，恳请各位专家、学者不吝批评指正。